Rudolph · Management der 1. Liga

Management der 1. Liga

Mit den Strategien des FC Bayern München zum Erfolg

Dr. Hagen Rudolph

Haufe

Die Deutsche Bibliothek – CIP-Einheitsaufnahme

Rudolph, Hagen:
Management der 1. Liga : mit den Strategien des FC Bayern München zum Erfolg /
Hagen Rudolph. – Freiburg im Breisgau : Haufe, 2002
ISBN 3-448-04959-X

ISBN 3-448-04959-X Bestell-Nr. 00101-0001

Postanschrift: Postfach, 82142 Planegg
Hausanschrift: Fraunhoferstraße 5, 82152 Planegg
Fon (0 89) 8 95 17-0, Fax (0 89) 8 95 17-2 50
E-Mail: online@haufe.de
Lektorat: Stephan Kilian
Redaktion: Ulrike Rudolph

Satz + Layout: WerbeAgentur S6 GmbH, 82166 Gräfelfing
Umschlaggestaltung: Atelier Höpfner-Thoma, 81679 München
Titelphoto: Hubert Höpfner-Thoma
Mit freundlicher Genehmigung des FC Bayern München
Druck: Bosch Druck, 84004 Landshut

Zur Herstellung des Buches wird nur alterungsbeständiges Papier verwendet.

Inhaltsverzeichnis

Der Anpfiff: Das erfolgreiche Fußballunternehmen – oder: Was hat Fußball mit Management zu tun?

Das letzte Spiel der Saison. Die 93. Minute. Der Titel scheint bereits verloren. Wer schießt trotzdem noch das Tor zum Ausgleich und wird Deutscher Meister? Der FC Bayern München. Vier Tage später gewinnt der Verein die Champions League, als Oliver Kahn im Elfmeterschießen nicht nur einen, sondern drei Elfmeter hält.

Manchmal entscheidet ein Sekundenbruchteil, ein Millimeter, eine einzige Bewegung, eine überraschende Aktion über Erfolg und Misserfolg, über das Ergebnis eines ganzen Jahres unermüdlicher Arbeit. Jeder könnte gewinnen, aber nur einer gewinnt. Dieser eine ist oft der FC Bayern.

Warum ist der FC Bayern München so erfolgreich? Wie schafft es dieses Unternehmen der Fußballbranche, die Konkurrenten mit seiner Jahrzehnte währenden Dominanz schier zur Verzweiflung zu bringen? Was können Führungskräfte anderer Unternehmen – von Großunternehmen über Mittelständler bis hin zum örtlichen Handwerksbetrieb – vom FC Bayern lernen?

Geht man vom Benchmarking als einer Methode aus, bei der man die Arbeit des Branchenführers beobachtet, um davon zu lernen, dann eignet sich das Beispiel Bayern München in einigen Aspekten durchaus.

Denn die Branche Bundesliga darf wohl mit Fug und Recht als eine schwierige bezeichnet werden. Das Auf und Ab der unterschiedlichsten Konkurrenten der Bayern in den letzten 30 Jahren – von Gladbach über Köln, Hamburg, Bremen bis hin zu Leverkusen, um nur einige zu nennen – verdeutlicht, dass es nicht einfach ist, oben zu bleiben. Allen gemeinsam ist, dass ihre Höhepunkte immer mit einer bestimmten Mannschaft zusammenhingen bzw. mit bestimmten Leistungsträgern in diesen Mannschaften. Über 30 Jahre kontinuierlich zur Spitze zu gehören heißt jedoch, dass es der Verein geschafft hat, immer wieder eine Spitzenmannschaft zusammenzustellen, unabhängig von einmaligen Konstellationen. Bayern München hat den Erfolg wiederholbar gemacht. Und damit wären wir bei der ersten wichtigen Parallele zur Wirtschaft.

Wie stellt man eine Spitzenmannschaft zusammen? In der Personalauswahl und -führung scheint der FC Bayern München anderen etwas vorauszuhaben. Wie gelingt es hier anscheinend besser als anderswo, Spitzenkräfte an den Verein zu binden, wo sich doch das Spielerkarussell wöchentlich dreht? Wie werden die Mitarbeiter hier immer wieder zu Spitzenleistungen getrieben, wo sie doch schon alles gewonnen haben und träge sein müssten?

Und schon drängen sich weitere Parallelen zwischen Wirtschaft und Fußball auf. Die einschlägige Wirtschaftsliteratur der letzten Jahre wird nicht müde, den „Mitarbeiter in den Mittelpunkt“ zu stellen, ihm die größte Verantwortung für das Scheitern oder den Erfolg eines Unternehmens zuzugestehen. In unzähligen Publikationen erfährt man, dass „Teams“ besser als Einzelkämpfer sein können, aber nur, wenn sie richtig „gecoacht“ werden. Von starken Führern ist in der Wirtschaft wie auf dem Fußballplatz die Rede, aber auch von der sinnvollen Mischung kreativer, arbeitsamer, rebellischer und loyaler Kräfte. Die „high potentials“ sind in der Wirtschaft so rar wie auf dem Fußballplatz. Und immer ist es schwer, den Mitläufern zu erklären, dass sie weniger verdienen sollen als andere. Und zwangsläufig gibt es Konflikte, wenn die einen Mitarbeiter zurückgestuft, andere aber plötzlich wichtiger werden.

Da ein Fußballverein wie Bayern München im Vergleich zu fast allen anderen Unternehmen von den Medien auf dem Präsentierteller serviert wird, lassen sich hier einige Merkmale der Unternehmensführung besser erkennen als beim Schraubenfabrikanten um die Ecke. Das wunderbare Gemisch von Wünschen und Sehnsüchten, von Erwartungen und Vereinbarungen unter allen Beteiligten in einem Unternehmen wird unter dem Brennglas der Medien schneller sichtbar als anderswo. Da sich jeder der Beteiligten mindestens einmal in irgendeiner Boulevardzeitschrift, einem Fernsehkanal oder auf der eigenen Homepage offenbaren kann, werden die Schwierigkeiten aller Unternehmen offen gezeigt, wenn es darum geht, sachliche Ziele (Schrauben herstellen oder einen Meistertitel holen oder ...) durch Menschen realisieren zu lassen. Dass es Lösungen dafür gibt, zeigt der Erfolg.

Aber nicht nur bezüglich der Führung gibt es Parallelen. Die starke Präsenz der Medien und der geschickte Umgang mit ihnen ist börsennotierten Unternehmen genauso wichtig geworden wie solchen, die aufgrund anderer Umstände plötzlich ins Rampenlicht gerieten und ihre Unerfahrenheit büßen mussten. Man denke nur an die Brent Spar und stelle sich die Frage, ob man sich im eigenen Unternehmen lieber die PR-Abteilung von Shell oder die von Greenpeace wünscht. Ein Fußballunternehmen wie Bayern München pflegt hingegen allein durch die Erfahrung einen geschickteren Umgang mit der Presse als andere.

Doch auch ein Begriff wie die „Globalisierung“ lässt sich anhand der Fußballbranche gewinnbringend diskutieren. Die besten und billigsten Kräfte kommen fast alle aus dem Ausland, die höchsten Gehälter und damit die attraktivsten Arbeitsplätze bietet ebenfalls das Ausland, und Ruhm und Ehre sichert sich auf lange Zeit ebenfalls nur der, der gegen das Ausland besteht.

All diese Parallelen aufzuspüren, ist ein Ziel des Buches. Denn die Gesetze des Marktes gelten hier wie dort, und der FC Bayern ist sehr erfolgreich – trotz mancher Fehler seiner keineswegs über magische Kräfte verfügenden Entscheidungs- und Leistungsträger.

Ein Beispiel. Uli Hoeneß sagt: „Das Thema Verlieren gibt es bei uns nicht. Es findet sicherlich mal statt, aber es kommt eben in unseren Köpfen nicht vor.” Ist das Arroganz oder Selbstbewusstsein?

Die Antwort auf diese Frage entscheidet, ob man aus dem Beispiel lernen kann. Viele seiner Gegner werden das Sprüchlein als für Hoeneß typischen Hochmut abtun, und Hochmut kommt bekanntlich vor dem Fall. Doch wer hat im Frühjahr 2001, auf dem Weg zum Champions-League-Titel, im Viertelfinale Manchester United und im Halbfinale Real Madrid jeweils im Hin- und Rückspiel zweimal geschlagen – Mannschaften, deren Ruhm ihnen vorauseilt und vor denen jeder zittert? Die Bayern. Sie haben die Herausforderungen angenommen und sich auf die hochkarätigen Gegner gefreut. Sie haben nicht über eine Niederlage nachgedacht. Sie waren vielleicht nicht stärker als ihre Gegner, aber sie hatten das entscheidende Quäntchen mehr Selbstbewusstsein. Und wenn zur mentalen Stärke, die sich in markigen Worten ausdrückt, tatsächliche Stärke hinzukommt, ist es kein Hochmut, sondern das laute Brüllen des Löwen, der niemanden fürchtet und seine Umgebung allein durch seine Gegenwart verzagen lässt.

Was können Führungskräfte aus beliebigen großen und kleinen Unternehmen daraus lernen? Eben nicht: Große Klappe, nix dahinter, sondern zunächst die eigene Stärke richtig einzuschätzen, die Position gegenüber den Konkurrenten auf dem relevanten Markt genau zu kennen. Wer gut ist, kann stark auftreten. Wer nicht zur ersten Liga gehört, sollte erst mal am Aufstieg arbeiten. Und wer allzu viel über Niederlagen nachdenkt, verliert schließlich.

Ausgangspunkt ist also der FC Bayern mit seinen Erfolgen. Zahlreiche Anekdoten, Aussagen, Analysen und Kommentare sollen zeigen, wie bei diesem Verein gearbeitet wird, was ihn groß und erfolgreich gemacht hat, aber auch, mit welchen Problemen er im Laufe der Jahre zu kämpfen hatte. Vieles davon haben Sie vielleicht selbst im Fernsehen miterlebt. Die Erinnerung soll Ihnen beim Lesen durchaus Vergnügen bereiten.

Dieses Material wird durch Beispiele aus Unternehmen, Forschungsergebnisse usw. ergänzt und damit verknüpft. Um die facettenreichen Informationen sinnvoll zusammenzufügen, beginnt jedes Kapitel mit Thesen, die auf wichtige Aussagen des Kapitels hinweisen.

Hagen Rudolph — im Februar 2002

Management der ersten Liga

1. Das Unternehmen: Mythen, Geschichten und Identität

Der FC Bayern gilt als etwas arroganter Erfolgsverein mit eingebautem Sieger-Gen – für ein gutbürgerliches Publikum. Dabei ist es ihm in erstaunlicher Weise über hundert Jahre gelungen, trotz ständiger personeller Wechsel, trotz mehrerer Verlegungen des Hauptsitzes, trotz turbulenter Jahrzehnte mit vielen Höhen und Tiefen eine Unternehmensidentität zu bewahren, die von Konstanz und einem hohen Wiedererkennungswert geprägt ist.

Wie hat der Verein das geschafft? Zur Klärung dieser Frage muss man sich mit den Bausteinen beschäftigen, aus denen sich ein Image zusammensetzt: Symbole, Traditionen, Geschichte, Geschichten und Legenden aller Art. Die folgenden Thesen mögen dabei als Leitmotiv dienen.

THESE 1: Es lohnt sich, das Profil eines Unternehmens in eine Richtung zu entwickeln. Der FC Bayern versucht nicht, der Verein mit dem elitären Anspruch des Siegers *und* der Verein der Arbeiter und Underdogs zu sein. Er pflegt gezielt das eine Bild des Siegervereins und grenzt bewusst Zielgruppen aus. Dadurch erst gewinnt er das klare Profil. Beschränkung auf Kernkompetenzen und Entscheidung für eine bewusste Markenpolitik nennt man das in der Wirtschaft.

THESE 2: Es lohnt sich, die Erfolge der Vergangenheit im Bewusstsein zu halten. Der Erfolg dient nicht nur als Maßstab für die Gegenwart, sondern auch als Beleg für die Qualität des Unternehmens. Durch die Einbeziehung von Altstars wie Beckenbauer, Hoeneß, Müller, Maier oder Rummenigge gelingt es, die Kontinuität des Erfolgs zu zeigen. Zudem werden erfolgreiche, produktive Mitarbeiter in anderen Funktionen gehalten.

Die Entwicklung: frühe Weichenstellung beim FC Bayern

Auch wenn in diesem Buch der FC Bayern München seit den Sechzigerjahren das Thema ist, so lohnt doch ein Blick in die Geschichte. Denn hier zeichnen sich schon Entwicklungen ab, die sich später zu dem Bild verfestigen, das wir vom FC Bayern im Kopf haben.

Am 27. Februar 1900 wurde der Verein gegründet. Genau genommen spaltete sich die bereits seit drei Jahren existierende Fußballabteilung des MTV München von 1879 während der Hauptversammlung unter Protest ab, weil die überwiegende Mehrheit des MTV es ablehnte, dem am 17. Oktober 1897 ins Leben gerufenen Verband Süddeutscher Fußballvereine beizutreten. Die gegenüber den Turnern noch um Akzeptanz kämpfenden Fußballer – mit so ehrenvollen Bezeichnungen wie „Fußlümmel“ belegt – verließen das Lokal, begaben sich in das Gasthaus „Gisela“ in der Frühlingsstraße und hoben noch am selben Abend den FC Bayern München aus der Taufe.

Der FC Bayern versuchte sich schon in seinen Anfängen durch besondere äußere Merkmale auszuzeichnen. Damals noch in Schwabing ansässig, einem Viertel für Künstler und Intellektuelle, trugen die Spieler französische Strohhüte, um sich vom Proletarierimage abzuheben, das dem Fußball noch lange Zeit anhaftete. Prompt galt der Verein als „Kavaliersclub“ (während der Lokalrivale TSV München 1860 heute noch, wie von jeher, der „Arbeiterverein“ ist). Und wer in der ersten Mannschaft des FC Bayern spielen wollte, musste – jedenfalls bis zum Ersten Weltkrieg – gar die Mittelschule absolviert haben.

1907 wurde der Fußballplatz an der Leopoldstraße eingeweiht. Dort boten die Bayern ihren Zuschauern einen ungewöhnlichen Komfort: die erste Zuschauertribüne Münchens. Besonderen Luxus war man seinen gehobenen Fans schuldig, fand man offenbar. Zugleich unterstrich man damit, dass der FC Bayern der Verein für anspruchsvolle Fans sei. Die Botschaft kam an.

Der FC Bayern wurde nicht nur als bürgerlich-elitär, sondern bald auch als weltoffen und liberal bekannt. Das war in einer Zeit recht ungewöhnlich, da innerhalb anderer Vereine fast ausschließlich derselbe Dialekt gesprochen wurde, weil alle Mitglieder aus demselben Viertel stammten. Der Berliner Franz John, Anführer der Gründungsrebellen und erster Präsident des FC Bayern, war Preuße, sein Nachfolger, Dr. Willem Hesselink, gar ein Niederländer. Damit galt der Verein von Anfang an als wurzellos, als nicht heimatverbunden.

Aber genau das war seine Stärke. In einem Brief aus dem Jahr 1919 berichtete Franz John: „Viel ist seinerzeit über die ‚Bayern-Mannschaft‘ gespöttelt worden, waren doch nur zwei oder drei ‚echte‘ Bayern in der Mannschaft; aber es ist ganz außer Frage, dass durch die ‚Auswärtigen‘ die Münchner Fußballer unendlich viel gelernt haben, dass erst durch sie der richtige Schwung ins Münchner Fußball-Leben kam“ (FC Bayern München: „100 Jahre FC Bayern München“, im Folgenden zitiert als „100 Jahre“, S. 83).

Die ersten Trainer waren fast ausschließlich Ausländer, vor allem Briten. Taylor, Hoer, Townley und McPherson hießen sie. England als das Heimatland dieses Sports war im Fußball noch führend, und der FC Bayern bewies bereits damals eine sehr moderne Einstellung, indem er qualifizierte ausländische Fachkräfte bevorzugte gegenüber weniger gut ausgebildeten Trainern aus der Heimat. Daneben wurden über die Jahre hinweg internationale Beziehungen immer wieder durch Freundschaftsspiele gepflegt, besonders häufig gegen Schweizer Mannschaften (weil die Schweiz relativ nah war und Reisestrapazen und Kosten sich in Grenzen hielten).

Schon in seiner Frühphase zeigte der FC Bayern recht untypische Eigenschaften, die noch heute überraschend gegenwärtig sind: Eine gewisse Arroganz, Qualitätsbewusstsein und Internationalität. Noch immer befindet sich der Verein auf dieser Schiene. Damit bestätigt er James C. Collins und Jerry I. Porras von der Stanford Graduate School of Business. Sie sehen die Firmenphilosophie als eine Art genetischen Code, der im Hintergrund „als gestaltende Kraft jederzeit präsent" ist. „Die Philosophie geht auf jene Persönlichkeiten zurück, die das Unternehmen in seinen Anfängen geformt und ihm ihre persönlichen Einstellungen dem Leben und Geschäft gegenüber eingeimpft haben, weniger in schönen Reden als in ihrem alltäglichen Tun" (S. 110).

Der Juden-Club

Ob es an der Weltoffenheit lag oder an seiner Ausrichtung auf gehobene gesellschaftliche Kreise – zu den Mitgliedern des FC Bayern gehörten zahlreiche Juden, weshalb man ihn auch „Juden-Club" nannte. Einer von ihnen, Kurt Landauer, leitete den Verein viele Jahre lang. Der FC Bayern besaß sogar die „Frechheit", sich 1933, nach der Machtübernahme der Nazis, nicht sofort und freiwillig von Landauer zu trennen. Der FC Bayern hatte seinen eigenen Kopf. Erst nach größerem Druck von außen trat Landauer am 22. März zurück, um nach dem Zweiten Weltkrieg, den er im Schweizer Exil verbrachte, erneut für vier Jahre Präsident zu werden.

Landauer, 1884 in Planegg als Sohn jüdischer Kaufmannsleute geboren, gehörte dem FC Bayern seit 1901 an. Er war mit Unterbrechungen seit 1913 Präsident des Vereins und wesentlich daran beteiligt, dem FC Bayern zu internationalem Renommee zu verhelfen. Außerdem legte er großen Wert auf eine sorgfältige Jugendarbeit. Nach vier Wochen im KZ Dachau zog er 1939 in die Schweiz. 1940 besuchte ihn dort die gesamte Bayern-Elf, was den Spielern anschließend einigen Ärger durch die Nazis einbrachte, hatten sie doch mehr als nur symbolisch das propagierte Feindbild mit Missachtung gestraft.

Während der NS-Zeit blieb der FC Bayern seiner Linie treu und war im Gegensatz zum TSV 1860 und anderen Clubs wenig kooperativ gegenüber den Machthabern. Allerdings konnte auch der FC Bayern sich nicht dagegen wehren, dass „am 24. Mai 1933 allen Vereinen eine Einheitssatzung verordnet [wird], die die Durchsetzung des Führerprinzips und den Ausschluss aller jüdischen Mitglieder fordert" (100 Jahre, S. 102).

Der Besuch der Mannschaft bei Landauer zeigte, dass die antijüdische Propaganda hier auf keinen sehr fruchtbaren Boden gefallen war. Der judenfreundliche

Verein vermied es bis 1938, einen für die Partei tragbaren Mann an die Spitze zu wählen. Dann ließ sich auch dies nicht mehr vermeiden, weil die Vereinsrechte so stark eingeschränkt waren, dass Mitglieder ihren Vorsitzenden nicht mehr selbst wählen, sondern nur noch vorschlagen durften. Die Entscheidung fiel letztlich beim „Gaubereichsführer".

Die Zahl der Mitglieder ging zurück. Nur notdürftig konnte der Spielbetrieb im Krieg aufrechterhalten werden. Darunter litt der Verein, wie viele andere auch. Als die Bayern 1944 trotzdem Südbayerischer Meister wurden, verzichtete die Stadtführung auf eine Ehrung (welche dem TSV 1860 ein Jahr zuvor zuteil geworden war) mit der Begründung, dass „bei 1860 andere Beziehungen zur Stadt bestehen durch die Ratsherren Gleixner und Ketterer (beide SA-Mitglieder; d. Red.), und dass der FC Bayern bis zur Machtübernahme von einem Juden geführt worden ist" (zitiert nach Süddeutsche Zeitung, 25.02.00).

Nach dem Krieg konnten die Bayern sich dafür deutlich schneller rehabilitieren. „Bereits eine Woche nach der Kapitulation hatte der FC Bayern den neuen Oberbürgermeister darüber in Kenntnis gesetzt, dass ‚wir bisher als Juden-Club, der es ablehnte, sich eine nationalsozialistische Vereinsführung aufzwingen zu lassen, mit allen Mitteln unterdrückt wurden'. Und in einem Schreiben Landauers an die alliierten Behörden, in dem er diesen mitteilt, er habe die Leitung des FC Bayern übernommen, heißt es: ‚Getreu den Traditionen unseres Clubs werden wir auch weiterhin ihre Bestrebungen zu fördern helfen'" (FAZ, 26.04.01).

Diese Geschehnisse liegen ein halbes bis ein Jahrhundert zurück. Viel hat sich seither getan. Trotzdem wirkt die Frühgeschichte des FC Bayern immer noch nach. Ihr „genetischer Code" ist unverändert geblieben. Zwar dürften die historischen Wurzeln vielen heutigen Fans unbekannt sein. Doch ganz vergessen sind sie nicht, zumal sie immer wieder aufbereitet werden, wie zum 100. Geburtstag des Vereins im Februar 2000, als etwa die Süddeutsche Zeitung in einem Sonderteil ausführlich über die Vergangenheit berichtete. Da kamen ehemalige Spieler wie Willy Simetsreiter (zum Jubiläum 85 Jahre alt), Herbert Moll (83) und Adi Kunstwadl (60) zu Wort, die dem Verein noch immer eng verbunden sind. Auch sie halten die alten Geschichten in ihren Erinnerungen wach.

Traditionen und Klischees

Fragmente eines halben Jahrhunderts, das wiederum ein halbes Jahrhundert zurückliegt, geben dem FC Bayern ein Gesicht. Sie sind das Fundament für sein heutiges Erscheinungsbild. „So war es früher, und an dieser Tradition knüpfen wir an", heißt es. Ist diese Haltung zufällig, ist sie repräsentativ, ist sie gewollt? Kennt überhaupt noch jemand diese Fragmente? Auf alle Fälle passen sie gut in das Bild, das sich der FC Bayern jetzt gibt.

Natürlich kann man Zeichen setzen, einen Unternehmenszweck formulieren, eine Mission ausrufen. Doch nur besonders markante Zielsetzungen, spektakuläre Erfolge und Misserfolge, bleiben in Erinnerung und reichern den Legendenschatz einer Organisation an. Das ist die identitätsstiftende Mythologie eines Unternehmens, oder – in unserem Fall – des FC Bayern München.

Besonders klar ist das Image des FC Bayern im Kontrast zum TSV 1860 erkennbar: Jener „wird – zumal außerhalb Münchens – meist als der Münchner Traditionsverein porträtiert. Der FC Bayern wird dagegen oft abschätzig als ‚neureicher Aufsteiger' abgetan, dessen Spieler und Anhänger seit jeher lediglich ‚Zuagroaste' seien. Für viele Münchner ‚Bayern-Hasser' beginnt die Geschichte des Rekordmeisters erst mit dem Aufstieg in die Bundesliga, der die Löwen bereits seit deren Gründung angehörten. Dass letztere zwischenzeitlich sogar in die dritte Liga abgestiegen waren, tut dem Image keinen Abbruch. Überzeugungen wirken oft stärker als Tatsachen.

Tatsächlich ist der FC Bayern mit seinem Ursprung, der Fußballabteilung des MTV, älter als die Fußballabteilung des TSV, und die Bayern haben auch den Spielbetrieb früher aufgenommen als die 1860er. „Ausschlaggebend ist aber wohl auch der soziale Charakter des FC Bayern und sein traditioneller ‚Mangel' an ‚Bodenständigkeit'. Clubs mit kleinbürgerlichen und proletarischen Wurzeln erlangen eher das Etikett ‚Traditionsclub'. Dies korrespondiert mit einer stark verengten, aber gängigen Sichtweise, nach der die Geschichte des Fußballs erst mit der sozialen Ausbreitung des Spiels und dem Aufstieg von stark lokalorientierten ‚Arbeitervereinen' beginnt", analysiert Schulze-Marmeling.

Ersatz-Klassenkampf

Es sollte nicht unerwähnt bleiben, dass eine emotional aufgeheizte, lokale Vereinsfolklore wie in München auch in anderen Städten anzutreffen ist. In Hamburg etwa steht dem „bürgerlichen" HSV der „proletarische" FC St. Pauli gegenüber. Dabei hat die Konkurrenz zwischen einem Arbeiterverein und einem bürgerlichen Verein durchaus Elemente von einem Ersatz-Klassenkampf. Jedes Lokalderby wird mit beinahe ideologischem Eifer und allergrößtem Ernst verfolgt. In solchen Momenten steht für die Fans das Weltgeschehen still, weil es nicht wichtig genug ist. Denn auf dem grünen Rasen kann die „Arbeiterklasse", wenn auch nur symbolisch, das „Bürgertum" besiegen.

Blickt man auf Real Madrid, das große Leitbild der Bayern, was Einfluss und Bedeutung betrifft, so spielt sich dort in der Auseinandersetzung mit Atletico Madrid der gleiche vermeintliche „Klassenkampf" ab.

In allen Fällen bieten die Vereine eine Projektionsfläche für eine klare Schwarz-Weiß-Malerei der Wirklichkeit. Der Fan kann hier noch so tun, als ob die Welt in Bürger und Proletarier, Arm und Reich, Gut und Böse, Blau und Rot eingeteilt sei. Eine differenziertere Betrachtung, nach der sich leider Gut und Böse in beiden Lagern eingenistet haben, ist nicht erwünscht. Gleichwohl akzeptiert der Fan, dass dies eine Bühne der Projektionen ist, nicht die Wirklichkeit. Denn sonst könnte der Präsident von 1860 München nicht zugleich Mitglied der Bayern sein.

Bemerkenswert ist, dass die heutigen Images dieser beiden Münchner Vereine ziemlich genau denen aus ihrer Frühzeit entsprechen. Seinen einmal erworbenen Ruf verliert man anscheinend nicht so schnell. Die Fans schenken ihre Sympathien dem passenden, ihrem Milieu am nächsten stehenden Club. Dieses Verhalten wird von einer Generation an die nächste weitergegeben, obwohl die Ursachen kaum noch präsent sind. Gleiches gesellt sich zu Gleichem, und die Fanstruktur bleibt, wie sie war.

Zwar stehen die Roten (FC Bayern) den Blauen (1860) in puncto Tradition in nichts nach, doch der TSV München 1860 entspricht gängigen Klischees, während die FC Bayern aus dem Rahmen fallen und sich der leichten Einordnung entziehen. Die bessere Übereinstimmung mit Klischees wird vom Publikum als größere Authentizität wahrgenommen.

So ist es auch zu verstehen, wenn Rudi Assauer, Manager auf Schalke, den Bayern Tradition abspricht: „Die nicht immer zu verstehende Liebe der Fans hat den Verein [Schalke 04] bis zum heutigen Tag gerettet. Er wäre sonst längst tot. Das werden wir nie vergessen. Der Mythos ist in den schwierigen Dreißiger-, Vierzigerjahren entstanden, als die Mannschaft zu Freundschaftsspielen für ‚ne Kartoffel und ‚ne Mettwurst über die Dörfer gezogen ist. Deshalb haben wir heute Fans in ganz Deutschland, Borussia Dortmund nur 50, 60 Kilometer rund um den Kirchturm. Und die Bayern? Die haben drei Jahrzehnte Erfolg gehabt, damit ist die Jugend am Fernseher groß geworden, aber die haben *keine Tradition in dem Sinne*".

Mit der Umschreibung „in dem Sinne" bemüht Assauer genau jenes proletarische Klischee. Unausgesprochen denunziert er den FC Bayern als fremde Macht, die sich unrechtmäßig, weil mit falscher Tradition behaftet, im deutschen Fußball eingenistet habe. Dann besitze der Verein auch noch die Frechheit, Erfolg zu haben. Schalke hingegen habe sich hochmalocht und seine einmaligen Fans ehrlich verdient.

Dabei wurde Schalke von 1934 bis 1942 sechsmal Deutscher Meister und hat in dieser Zeit durch seine Erfolge viele Fans gewonnen – ähnlich wie die Bayern in den letzten drei Jahrzehnten. Nach dem Krieg (nicht in den Dreißigerjahren) zogen übrigens auch die Bayern zu „Kalorien- und Kartoffelspielen" über Land, denn Hunger gab es nicht nur in Gelsenkirchen. „Noch vor Spielbeginn lag die Antrittsprämie in der Bayern-Kabine bereit. Mehl, Eier, Butter, Wurst, Gemüse und ein paar Gockel", erinnert sich Hans Schiefele. Die Spieler wurden nur von der Aussicht auf einen gefüllten Magen angetrieben und machten nach dem Spiel erst mal eine ordentliche Brotzeit.

Ähnlich dem FC Bayern hat Schalke 04 einen Mythos aufgebaut, dessen Grundlage langjährige Erfolge sind. Noch zwei Generationen später, in denen manche Krise überwunden wurde, zehrt Schalke von diesem Polster. Die Treue seiner Fans ist bemerkenswert und rational kaum zu erklären.

Basteln am Image

1965 stieg der FC Bayern endlich in die seit zwei Jahren bestehende Bundesliga auf. Dass Sepp Maier, Franz Beckenbauer und Gerd Müller in der Mannschaft spielten, ließ damals noch niemanden aufhorchen. Das Team war ein weitgehend unbeschriebenes Blatt, was sich sehr bald ändern sollte. Seine Erfolge hatte der Verein jedenfalls noch vor sich. In dem Moment war es vielleicht mehr Glück als Absicht, dass man den Faden des gutbürgerlichen, weltgewandten Images wieder aufnahm. Indes – man tat es.

Als der FC Bayern 1965 die Aufstiegsrunde erreichte, versprach Neudecker: „Wenn wir in die Bundesliga kommen, marschiere ich rund um den Tegernsee." Bayern stieg auf. „Als Neudecker seinen Marsch antrat, wurde er auf der 27,5 Kilometer langen Strecke von über 500 Anhängern begleitet, die eine Fußballprozession veranstalteten. Sogar eine inoffizielle Abordnung der Löwen war dabei. Der Marsch um den Tegernsee hatte Symbolwert: Während die Löwen ihre Basis im Münchner Stadtgebiet hatten, begann der FC Bayern nun das Bundesland Bayern zu erobern." So schildert Dietrich Schulze-Marmeling die Zementierung eines Merkmals des FC Bayern, die ihn bis heute kennzeichnet, ihm aber auch zu schaffen macht. Die typischen Besucher der Heimspiele kommen nämlich weniger aus München selbst als aus dem weiteren Umland. 70 Prozent der Fans fahren über 200 Kilometer weit, bei den Löwen nur zehn Prozent. Daher sind vor allem die Abendspiele der Bayern oft schwach besucht.

1962 hatte Wilhelm Neudecker das Präsidentenamt übernommen. Aus dieser als vorübergehend geplanten Besetzung wurde die längste Präsidentschaft der Vereinsgeschichte (bis 1979). Der Bauunternehmer, ein autoritärer Wirtschaftswunder-Aufsteiger, wollte den FC Bayern führen wie ein bzw. wie sein Unternehmen, nicht ahnend, wie modern er mit dieser konservativen Einstellung war. Er ersetzte den ehrenamtlichen Spielausschussvorsitzenden (Obmann) durch einen hauptberuflich tätigen, gut ausgebildeten Manager. Dieser Schritt machte sich bezahlt.

Ab 1966 war Robert Schwan Manager des Vereins. Er bemühte sich sehr um ein professionelleres Auftreten als bis dahin üblich. Dietrich Schulze-Marmeling beschreibt, wie Schwan seine Fußballer gesellschaftlich hoffähig zu machen versuchte: „Für die Spieler wurde ein Englischlehrer engagiert, der sie in der Sportschule Grünwald unterrichtete. Die Mannschaft stieg bei Reisen in den besten Hotels ab, um zu lernen, ‚wie man sich benimmt'. Die Fußballer sollten so geformt werden, dass sie auch die Anerkennung der ‚besseren Gesellschaft' erfuhren. Dies sollte wiederum die ‚bessere Gesellschaft' (und wohl auch deren Geld) in die Nähe des Clubs und in seine Arena bringen. Als Modell für den neuen Spielertyp galt Franz Beckenbauer, dem sich Schwan mit besonderer Intensität widmete. Auf dem gesellschaftlichen Parkett war der Kaiser eine Kreation seines Managers, mit dem er noch heute Tür an Tür lebt.

Aufgrund seiner Sozialgeschichte und seines Standorts München eignete sich der FC Bayern für ein derartiges Experiment besser als die meisten anderen deutschen Proficlubs. München war keine Proletarierstadt, und der FC Bayern genoss bereits seit seiner Gründung nicht zu Unrecht einen bürgerlich-elitären Ruf. Aufgrund dieses historischen Vorsprungs musste sich der FC Bayern nicht verstellen" (S. 98).

Die Revolution

Das moderne Auftreten des FC Bayern, in dessen Reihen sogar Abiturienten kicken, und der autokratische Führungsstil des Präsidenten Neudecker, der sich gerne als Alleinherrscher sah, passten nicht zusammen, ein typischer Bruch zwischen Soll- und Ist-Zustand, zwischen Schein und Sein. Ein derartiger Bruch, eine gespaltene Identität sozusagen, erzeugt Spannung. Das konnte auf Dauer nicht gut gehen. Und es ging nicht gut, sondern endete in einer „Revolution", in einem unerhörten, noch nicht da gewesenen Spieleraufstand, über den sogar die Abendnachrichten des öffentlich-rechtlichen Fernsehens berichteten.

Uli Hoeneß und Paul Breitner erinnern sich an dieses denkwürdige Ereignis, das die Zukunft des Vereins maßgeblich verändern sollte (Süddeutsche Zeitung, 25.02.00):

„*Breitner:* Wir hatten die Philosophie des FC Bayern verinnerlicht: Man darf sich keine vermeidbare Schwäche erlauben.

Hoeneß: Und wir waren natürlich auch Teil dieser 68er-Generation, die sich gegen das Establishment auflehnte, und auch gegen verkrustete Hierarchien im Verein. (...)

Breitner: Als Uli 1979 Manager wurde, hatte der FC Bayern 3,5 Millionen Miese wegen einer zurückliegenden Steuergeschichte. Von der Basis haben wir angefangen.

Hoeneß: Neudecker hatte vor, mich zu verheizen, weil er damals schon wusste, dass diese Steuerprobleme auf den Verein zukommen. Er hat gemerkt, hier geht alles den Bach runter.

Breitner: Trainer war Gyula Lorant. Dieser Mann war unfähig, mit dem FC Bayern Erfolg zu haben. Er hat nur Streit und Zwist in die Mannschaft gebracht. Uli ist wegen ihm im Herbst 78 nach Nürnberg gegangen.

SZ: Kurz darauf wurde Lorant selbst gegangen. Nachfolger sollte Max Merkel werden, was ein Spieleraufstand verhinderte. Eine Mannschafts-Abstimmung ging damals mit 16:0 Stimmen gegen Merkel aus.

Breitner: Unsinn, nicht 16:0, 2:0. Sepp Maier war damals Kapitän, ich war Vize. Neudecker hatte lange an dem unfähigen Lorant festgehalten. Erst als wir in Düsseldorf 1:7 verloren und auf den elften Tabellenplatz abgerutscht waren, hat er ihn entlassen. Neudecker hat Sepp und mich gefragt, was er denn jetzt tun soll. Da haben wir gesagt, ganz einfach: Pal Csernai nehmen, Lorants Assistenten. Es gibt überhaupt keinen anderen Weg, wir haben ohnehin kein Geld. Und ich habe, was nun die Vorbereitung auf ein Spiel, das Training an sich angeht, noch keinen Besseren erlebt. Gut, hat Neudecker gesagt, ich gebe euch zwei Spieltage, um zu beweisen, dass es funktioniert. (...)

Breitner: Schon auf dem Rückflug nach dem ersten Spiel (0:0 in Braunschweig; d. Red.) hat mir ein Journalist mitgeteilt: Neudecker hat gerade erklärt, Max Merkel übernimmt ab Sonntag das Training. Daraufhin hab ich die Mannschaft zusammengetrommelt und gesagt: Es geht mir nicht um den Herrn Merkel, sondern um die Zusage des Präsidenten, dass wir zwei Spieltage Zeit haben. Und jetzt hat er gelogen, das lassen wir uns nicht bieten. Der Merkel ist morgen um zehn Uhr an der Säbener Straße, und wir machen frei. Und wir treffen uns wieder am Montag um zehn Uhr, wo, das sag ich euch noch. Hamma uns? Kein Widerspruch. Dann hab ich den Neudecker angerufen: ‚Herr Neudecker, Sie können morgen den Herrn Merkel präsentieren, aber ohne die Mannschaft.' ‚Das ist Aufstand, das ist Aufruhr', sagte er. Da sag ich: ‚Wie immer Sie meinen. Sie haben uns belogen, mit so einem Grattler will ich nichts mehr zu tun haben. Am besten, Sie treten zurück.'

SZ: Die erste Mannschaft, die nicht nur den Trainer, sondern auch gleich den Präsidenten mit gekippt hat.

Breitner: Neudecker berief für Montagmorgen eine interne Sitzung ein. Er sagte, mit so einer Mannschaft könne er sich nicht mehr identifizieren, und er würde zurücktreten. Aus. Peng. Na, dann haben wir gesagt, wunderbar, schleich di, auf Wiederschaun. Dann sind wir mit Csernai nach Gladbach gefahren und haben 7:1 gewonnen.

SZ: Und Uli Hoeneß hat bei dem Aufstand die Fäden gezogen?

Hoeneß: Nein, das war ja das Schicksalhafte: Neudecker ist im März/April zurückgetreten, da war ich noch Spieler beim 1. FC Nürnberg. Wäre ich an diesem Krach beteiligt gewesen, hätte ich hier nie Manager werden können."

Schulze-Marmeling kommentiert diese Situation treffend, indem er auf die Entwicklung der Unternehmenskultur hinweist: „Auch wenn der Präsident die Rädelsführer als ‚Anarchisten' denunzierte: Der Konflikt Breitner/Maier contra Neudecker war nicht in erster Linie politisch motiviert, sondern Ausdruck des Wandels, den der Fußball erfahren hatte. Mit Breitner siegten nicht die ‚Roten', sondern die Modernisierer. Es war alles andere als ein Zufall, dass sich die vielleicht bedeutendste Spielerrevolte in der Geschichte des deutschen Profifußballs beim FC Bayern ereignete. Und es ist sicherlich auch kein Zufall, dass der FC Bayern heute der einzige Club der Bundesliga ist, der fast komplett von ehemaligen Spielern geführt wird."

Die Spielerrevolte beim FC Bayern zeigt, wohin es führen kann, wenn die idealerweise geforderte und die tatsächlich gelebte Unternehmenskultur nicht zusammenpassen.

Einerseits verfügte der Verein über Spieler mit einem vergleichsweise hohen Bildungsniveau, legte auch großen Wert auf eine gewisse Bildung und ein weltgewandtes Auftreten (Englischunterricht, beste Hotels). Andererseits forderte eine autoritäre Führungskraft an der Spitze des Vereins unbedingten Gehorsam. Der Konflikt war vorprogrammiert.

Professionalisierung

Ein Neuaufbau der Vereinsführung wurde auch in München vollzogen. Weiter mit dem SZ-Interview.

„SZ: Mit dem Ende der sportlichen Laufbahn in Nürnberg kehrte auch Uli Hoeneß nach München zurück. Und damit hatten die beiden Spezeln die Macht beim FC Bayern übernommen ...

Breitner: Präsident war Willi O. Hoffmann als Nachfolger Neudeckers ...

Hoeneß: ... ein angenehmer und sehr kreativer Mann.

Breitner: Hoffmann hat gesagt: Ihr zwei macht das jetzt. Sie, Paul, das Fußballerische, und Sie, Uli, das Finanzielle. Und ich, ich repräsentier'. Und wir haben geantwortet: Wunderbar, Herr Hoffmann, Sie brauchen sich um nichts zu kümmern. Schaun's bloß, dass Ihr Kopf so oft wie möglich in der Zeitung ist.

Hoeneß: Und dann haben wir angefangen, den Verein nach neuen Kriterien aufzubauen.

Breitner: Wir hatten eine Aufgabenteilung. Ich war für die Mannschaft verantwortlich, und er musste verkaufen, was die Mannschaft produzierte.

Hoeneß: Ich als Manager des Vereins, Paul als Manager der Mannschaft. Wir sind oft zusammengeprallt. Manchmal haben wir Monate nicht geredet. Ich saß ganz vorne im Bus, Paul ganz hinten.

SZ: War der Spieler Breitner eklig zum Manager Hoeneß?

Hoeneß: Er hat mich unglaublich gefordert. Doch ohne ihn hätte ich den Job nicht so gut gemacht.

SZ: Was hat er denn verlangt?

Hoeneß: Bessere Spieler. Bequemeres Reisen. Bessere Betreuung der Mannschaft, weniger Freundschaftsspiele. Und er hat sich gerade für die jungen und kleinen Spieler eingesetzt.

SZ: Sie haben sich aneinander gerieben und so schnell den Erfolg gehabt."

So gingen die schwächsten Jahre des FC Bayern in der Bundesliga – in fünf Jahren kam man viermal nicht unter die ersten drei – zu Ende. Eine neue Ära brach an.

Dem Erfolg wurde durch eine Professionalisierung des Vereins der Boden bereitet. Um die Betreuung der Mannschaft zu optimieren, baute der FC Bayern eine eigene medizinische Abteilung auf, die heute aus dem Vereinsarzt Dr. Hans-Wilhelm Müller-Wohlfahrt, dem Mannschaftsarzt Dr. Wolfgang Peter, drei Masseuren (Fredi Binder, Gerry Hoffmann, Wolfgang Gebhardt) sowie dem Reha- und Konditionstrainer Norbert Hauenstein besteht.

Müller-Wohlfahrt als international anerkannter Facharzt für Orthopädie und Sportmedizin, der auch Spitzensportler wie Boris Becker oder die Sprinter Linford Christie und Merlene Ottey zu seinen Kunden zählt, ist eine Koryphäe, eine „Wunderwaffe" im Hintergrund. Seiner Kunst war es zu verdanken, dass Giovane Elber am 2. Mai 2001, zwölf Tage nach seiner Knieoperation, im Champions-League-Halbfinale gegen Real Madrid überraschend wieder spielen konnte und das entscheidende Tor machte. Doch auch sonst werden die Spieler gut umsorgt. Am Komfort spart der FC Bayern nicht, denn nur unter besten Arbeitsbedingungen sind Höchstleistungen dauerhaft möglich – nicht nur im Fußball, sondern überall.

Auch das Reisen soll so angenehm wie möglich sein, wie Breitner es seinerzeit schon verlangt hatte. Schließlich darf die Fahrt zu diversen Spielen nicht allzu viel Kraft rauben. Im Januar 2001 legten sich die Bayern daher einen neuen Mannschaftsbus zu, den „modernsten Reisebus Europas", über den der Verein stolz berichtete: „ein 13,85 m langes Gefährt mit drei Achsen, das Platz für 30 Personen bietet und 476 PS leistet. Auch ansonsten bietet das neue Gefährt alles, was das Spielerherz begehrt: von der Sat-TV-Anlage mit Video und DVD bis hin zur Bordküche mit Mikrowellengerät und Espressobar."

Für längere Reisen ins Ausland steht sogar ein „eigenes" Flugzeug, ein Airbus A321, zur Verfügung. Möglich wird das durch einen exklusiven Kooperationsvertrag mit der Gesellschaft „Aero Lloyd." Die Maschine ist auf den Namen „FC Bayern" getauft und trägt das Vereinswappen am Leitwerk.

Dazu passt natürlich auch ein entsprechendes Stadion, das Aushängeschild eines jeden Vereins. Der FC Bayern hat das Glück, seit 1972 mit dem Münchner Olympiastadion über ein Heimstadion zu verfügen, das durch seine Architektur mit dem schwebenden Zeltdach Modernität und eine gewisse Leichtigkeit des Seins ausstrahlt. Als Zentrum der Sommerolympiade hatte es von Beginn an internationales Flair. Das Stadion bot nicht nur Platz für viele zahlende Zuschauer, die den Bayern überdurchschnittliche Einnahmen bescherten. Es unterstrich auch das gutbürgerliche Image des Vereins und gab eine ideale Kulisse für seinen Aufstieg zum internationalen Spitzenverein ab. Man kann wohl davon ausgehen, dass der architektonische Rahmen dem Selbstbewusstsein des FC Bayern einen Schub gegeben hat.

Vor diesem Hintergrund ist auch das Engagement für ein neues Stadion zu sehen: Nicht nur, dass das bisherige den Ansprüchen der übergreifenden Vermarktung nach dem Vorbild von Manchester United nicht genügen konnte. Das Olympiastadion hat nie den Status eines „Tempels", einer heiligen Stätte des Fußballs errungen, weil die Spieler allzu weit von den Zuschauern entfernt sind. Ist die Anlage auch eine architektonische Meisterleistung, so muss eine moderne „Arena" doch ein besonderes Erlebnis ermöglichen.

Die spezielle Bindung des Kunden, des Fans wird dadurch verstärkt, dass jedes Spiel zu einer einzigartigen Erfahrung werden soll. Und liegt dies natürlich zuerst an der Güte des Spiels, so muss doch das Umfeld so perfekt wie möglich gestaltet werden. Je näher der Zuschauer am Spieler sitzt und je besser er sich in einem geschlossenen Rund als Teil einer großen Masse begreifen kann, desto eher kann ein Spiel zur theatralischen Feier werden, zum rituellen Ereignis, das den heutigen Nicht-mehr-Kirchgängern ja meistens versperrt ist.

Die Forderung nach einem neuen Stadion entspricht dem Gang der Zeit, in der „Event Marketing" dem Kunden das einzigartige Erlebnis bieten möchte, damit er auch garantiert wiederkommt.

Den Ruf festigen

Einen Ruf zu festigen fällt in der Regel leicht. Ihn auf einfallsreiche Weise positiv zu entwickeln, indem man den Angriff des Gegners aufnimmt, gelingt selten.

Paul Breitner berichtet: „Eine unserer ersten großen Geschichten war im August 1979, Bundesligaspiel irgendwo im Westen. Danach sitzen wir im Flugzeug, und plötzlich sagt Uli: ‚Hörst du's noch, diese Melodie?' Ich sag: ‚Welche Melodie?' ‚Was die Leute im Stadion gesungen haben: Zieht den Bayern die Lederhosen aus.' Wir haben überlegt, und auf einmal meint er: ‚Genau, wir brauchen Lederhosen.' Vier Wochen später hatten wir maßgefertigte Lederhosen und haben – wieder im Westen – Platzbesichtigung gemacht. Das Publikum wurde verrückt, ein Riesen-PR-Gag."

So wurde der Ruf des Vereins, arrogant zu sein, gekonnt unterstrichen und zugleich positiv gewendet: Arroganz wird zu Selbstbewusstsein, die Lederhosen werden zum Zeichen der Stärke. Seitdem gehört die Tracht zur Ausrüstung und wird gerne zu Siegerehrungen getragen als Demonstration der Unverletzbarkeit. Damit dokumentieren die Spieler nicht nur ihre folkloristische Verbundenheit mit Bayern und München, sondern sie zeigen der zerknirschten Konkurrenz: „Seht her, es ist euch mal wieder nicht gelungen, uns die Lederhosen auszuziehen!" Der Hohn des Gegners fällt auf diesen zurück.

Von den Bayern-Profis wurde bereits sehr früh – in den Sechzigerjahren nämlich – ein gepflegtes, niveauvolles Erscheinungsbild erwartet. Das hat sich nicht geändert und ist erforderlich, um den Sponsoren einen seriösen Rahmen für ihre teuer bezahlte Präsentation zu bieten. Damit blieb der Verein, der seit seiner frühesten Zeit als Kavaliersclub galt, nicht nur seinem Image treu, sondern er wurde so etwas wie ein Trendsetter.

Inzwischen ist ein uniformer Auftritt der mit edlen Tuchen durchgestylten Spieler von Spitzenmannschaften alltäglich geworden. Und mehr denn je wird bei öffentlichen und halböffentlichen Veranstaltungen Wert darauf gelegt, dass bei jeder Porträtaufnahme eines Spielers oder Offiziellen der Sponsorenschriftzug am Hemdkragen zu erkennen ist.

Mit der Kleidung unterstreicht man seine Ambitionen auch äußerlich: etwas Besonderes zu sein. Endgültig beeindruckt sind Publikum und Gegner, wenn man mit seinem Nobelbus vorfährt oder gar im „eigenen“ Flieger aus der untergehenden Sonne einschwebt. Eine solche Demonstration von Geschlossenheit, Macht und Reichtum kann die entscheidende psychologische Wirkung haben, um den Gegner zu verunsichern – in der Wirtschaft ebenso wie im Sport.

Deshalb werden alle Ausfälle wie der von Kapitän Stefan Effenberg bei der Weihnachtsfeier 2000 sofort gerügt. Franz Beckenbauer erinnerte die Profis daraufhin an ihre Verantwortung. „Disziplin und Ordnung sind Grundvoraussetzungen. Das Erscheinungsbild in der Öffentlichkeit ist bei einem Verein wie dem FC Bayern wichtiger Bestandteil.“

Auch Ottmar Hitzfeld mahnte seine Spieler zum Trainingsauftakt nach dem Jahreswechsel an ihre Pflichten, wobei er nicht zuletzt Carsten Janckers verbalen Ausfall gegen den Leverkusener Trainer und früheren Bundestrainer Berti Vogts im Sinn hatte. Er forderte in der zweiten Saisonhälfte neben einer Leistungssteigerung ein tadelloses Auftreten – nicht nur auf dem Spielfeld. „In unserer Gesellschaft ist alles gläserner geworden. Der Respekt untereinander ist verloren gegangen. Als Repräsentanten des FC Bayern haben wir eine Vorbildfunktion, das müssen die Spieler begreifen, nicht nur in der Mannschaft, sondern auch privat.“

Jancker zeigte sich einsichtig. Reumütig gab er einige Wochen später zu: „Diese Entgleisungen hätten nicht passieren dürfen. Als Bayernspieler nicht und als Nationalspieler erst recht nicht. (...) Ich habe daraus gelernt, aus dieser ganzen Zeit, in der das sehr intensiv behandelt wurde. Da denkt man auch sehr drüber nach. Man bleibt ja nicht unberührt, wenn man zwei Wochen lang auf die Fresse bekommt.“ Im Aktuellen Sportstudio bestätigte er das alles noch einmal vor dem versammelten Fernsehpublikum.

Branchenübliches Verhalten, Regeln und Gesetze

Jeder muss in seiner Branche, in seiner Liga, ein passendes Ambiente schaffen. Dieses vermittelt dem Publikum, wer und was man ist und welche Ansprüche man hat. Während im Baumarkt ein Betonfußboden genügt, muss in der Parfümerie alles glitzern. Auch innerhalb der Branche kann man seine Position durch Symbole betonen, etwa durch die Ausstattung des Geschäfts bzw. der Empfangsräume oder durch Kleidung und Verhalten des Personals. Allzu deutlich sind die Unterschiede zwischen McDonalds und einem Fünfsternerestaurant, die sich auch im Preis widerspiegeln.

Im Fußball ist das nicht anders, daher die Kleiderordnung bei Spitzenvereinen. Wenn mit teuren Fußballstars Glanz und Glamour Einzug halten und gut situierte Zuschauer sowie Prominente in die Stadien kommen sollen, müssen die Arenen mit Sitztribünen und VIP-Lounges ausgestattet sein.

Aber für die „beinharten" Fans mit geringerem Einkommen darf irgendwo in der Südkurve das Stehplatzrefugium nicht fehlen. Diese „Kuttenträger" in der Südkurve sind, wie Uli Hoeneß betont, „die allerwichtigsten. Weil sie für die Stimmung im Stadion zuständig sind und sich viel mehr mit dem Verein identifizieren als die Leute, die in der Loge sitzen. Ich gehe mal davon aus, dass sich 80 Prozent unserer Stehplatzfans total mit dem Verein identifizieren, dass er Teil ihres Lebensinhalts ist."

Die Spieler hingegen verdienen ordentlich. Dafür wird einiges von ihnen verlangt. Sie haben sich stets der Tatsache bewusst zu sein, dass sie Verein und Sponsoren repräsentieren. Ihr Verhalten wirkt sich auf deren Image aus. Daher sollen sie fein herausgeputzt als eloquente Interviewpartner glänzen. Dann aber, auf dem Platz, sollen sie als bissige Kämpfer auftreten. Denn Fußball ist nun mal ein kampfbetonter, emotionaler Sport. Die Spieler sollen keine satten „Millionarios" sein, sondern „hungrig" und engagiert. Wenn man sie jedoch im Kampf um wichtige Punkte aufeinander loslässt, muss man sich über den einen oder anderen branchenüblichen Gefühls- oder Wutausbruch nicht wundern – Beleidigungen gehören leider dazu wie der Rauch zum Feuer.

Auch aus der Wirtschaft ist bekannt, dass Unternehmen durch ihre Branche geprägt werden. Denn die jeweiligen Produkte (Flugzeuge oder Gummibärchen), ihre Herstellung (am Hochofen oder am Computer), die Art des Vertriebs (Außendienst oder Katalogbestellung) und weitere Charakteristika des Marktes ebenso wie das übliche Bildungsniveau beeinflussen die Umgangsformen. In der Werbebranche herrscht daher ein anderer Ton als auf Baustellen. Wiederum ganz anders geht es in Geschäftsbanken zu, wo Diskretion, gedeckte Farben, gedämpfte Lautstärke, Sachlichkeit und Emotionslosigkeit (nach außen hin) den Alltag beherrschen.

Das Verhalten der Beschäftigten untereinander sowie vor allem gegenüber Kunden und Geschäftspartnern ist zu einem gewissen Grad branchenspezifisch. Damit ist es jedoch nicht unveränderlich, denn Branchen können reifen oder einem (technischen, gesellschaftlichen) Wandel unterworfen sein, was sich auf die Umgangsformen auswirkt. Selbst die soeben noch unkonventionellen, jugendlich-dynamischen „Dot.coms" (Internet-Firmen) entdecken Konventionen und stellen fest, dass es ohne das kleine Einmaleins der Ökonomie, ohne Kostenbewusstsein und Gewinnerzielung, nicht geht. Andererseits färbt die Lockerheit der unbekümmerten

Start-ups auf konservative Branchen ab, und wenigstens in amerikanischen Firmen gibt es inzwischen den „casual friday", an dem vor dem Gang ins Wochenende keine Krawatten- und Anzugspflicht mehr herrscht.

Unternehmen müssen ihren Kunden mindestens die Standards bieten wie ihre wichtigsten Konkurrenten. Wer kein Enfant terrible oder Außenseiter sein möchte, passt sich den jeweiligen Gepflogenheiten an. Wer hingegen an der Spitze stehen möchte, muss deutlich besser sein als der Durchschnitt. Andererseits kann man gezielt aus der Rolle fallen und mit Traditionen brechen, um sich von der Konkurrenz abzuheben.

Exkurs:
Die Geschichte am Leben erhalten – das Beispiel Mercedes

Nicht nur Fußballvereine, auch Unternehmen (und letztlich Nationen ebenso) zehren von ihrer Geschichte, die in Form von Anekdoten und Legenden überliefert ist. Die Vergangenheit – auch wenn sie lange zurückliegt und keines der gegenwärtigen Mitglieder sie erlebt hat – ist Teil des kulturellen Erbes. Sie verbindet und schafft ein Gefühl der Zugehörigkeit.

Nichtmitglieder teilen genau diese Geschichte nicht. Durch die Historie lässt sich daher eine Abgrenzung zwischen „uns" (Insidern) und „den anderen" (Outsidern) vornehmen. So ist es kein Wunder, dass Daimler-Benz immer wieder stolz seinen legendären und berühmten 300 SL Flügeltürer in Erinnerung ruft, denn er ist ein Symbol für Ingenieurskunst gepaart mit einzigartigem Design. Und die Herkunft des Namens „Mercedes" ist so schön menschlich:

„Käufer des Mercedes Nr. 1 war der in Nizza lebende und in Leipzig geborene Kaufmann Emil Jellinek. Der bekennende Automobilliebhaber erwarb 1897 seinen ersten Daimler-Wagen, engagierte sich im Rennsport, wurde schnell zu einem Großhändler der Marke und beauftragte am 2. April 1900 die DMG(Daimler-Motoren-Gesellschaft)-Geschäftsführung und den Chefkonstrukteur Wilhelm Maybach, ein besonders schnelles, leichtes und sicheres Auto zu konzipieren.

Jellinek unterbreitete an jenem Tag einen zweiten Vorschlag: Der neue Wagen solle den Namen seiner damals zehnjährigen Tochter tragen: Mercédès." Das war der erste von über 19 Millionen Mercedes-Personenwagen.

Das Unternehmen wiederholt diese Geschichte und spielt in Werbekampagnen immer wieder auf diese Tradition und die großartige Leistung an. Es liefert damit ein Musterbeispiel für lebendig gebliebene Geschichte und ihren Beitrag zur heutigen Unternehmensidentität. Die Mitarbeiter – „Wir von Daimler-Benz" – wissen, dass sie etwas Besonderes sind. „Wir haben das erste Auto gebaut!" oder „Unser Flügeltürer". Das verleiht Selbstbewusstsein und Stolz.

Fazit zu These 1 und 2:

Erfolge machen Helden, und um Helden ranken sich Legenden. Haben solche Mythen sich erst im allgemeinen Bewusstsein festgesetzt, beweisen sie eine erstaunliche Stabilität. Diese manifestiert sich in einer Zuneigung, die selbst ruhmlose Zeiten übersteht.

Interessant ist hier die Personalpolitik des FC Bayern. Die Präsenz ehemaliger Helden wie Franz Beckenbauer, Uli Hoeneß und Karl-Heinz Rummenigge an vorderster Front, das fortgesetzte Wirken verdienter Haudegen wie Sepp Maier, Gerd Müller, Wolfgang Dremmler und Hansi Pflügler enthält eine mächtige Symbolik. Diese Persönlichkeiten waren und sind Sympathieträger. Ihre Anwesenheit selbst nach über 30 Jahren signalisiert Konstanz und bietet dem Fan Halt und Orientierung im eigentlich doch so hektischen Fußballgeschäft.

Sie sind für den FC Bayern, was der 300 SL Flügeltürer für Mercedes, der Käfer für VW, Lurchi für Salamander und der Tiger für Esso darstellen. Ältere Fans behalten ihre bereits in Jugendzeiten lieb gewonnenen Identifikationsfiguren. Also bleiben sie mit ganzem Herzen loyale Fans.

Legendäre, erfolgreiche Namen, Produkte und Marken – Aspirin von Bayer, Hansaplast und Nivea von Beiersdorf, Persil von Henkel – sollte man also unbedingt zum Bestandteil der unternehmenseigenen Folklore machen. Sie vermitteln Nostalgie und zeigen einfacher und klarer als jede Statistik, dass der Erfolg im Hause Tradition hat. ◆

Exkurs: Symbole, Sprache und Identität

Organisationen im Allgemeinen, Unternehmen oder Vereine im Besonderen, werden als eigenständige Gebilde wahrgenommen, weil sie sich von ihrer Umwelt abgrenzen. Dies kann auf unterschiedlichen Wegen geschehen, die teilweise in Form gesetzlicher Bestimmungen vorgegeben sind, etwa das Konstrukt der juristischen Person. Damit Organisationen als solche identifizierbar sind – wichtig etwa für Ansprüche von außen – muss genau geregelt sein, wer oder was zu ihnen gehört oder nicht, und wer für bestimmte Dinge in welcher Weise zuständig oder verantwortlich ist. Entsprechende Informationen sind in Handels- oder Vereinsregistern etc. dokumentiert und abfragbar.

Den Konsumenten ist die juristische Person jedoch ziemlich gleichgültig. Sie nehmen keine Handelsregister wahr, sondern Sichtbares wie Symbole, Zeichen, Farben, Schriftzüge. Daher legen viele Organisationen Wert auf ein einheitliches Erscheinungsbild. So können ihre Produkte, ihre Mitarbeiter und ihre Aktivitäten immer und überall sofort erkannt werden. Sie pflegen ein Firmen- oder Vereinslogo, eine markante Schrift oder bestimmte Farben, die ihre Produkte, Anzeigen, Briefköpfe, Visitenkarten, Dienstkleidung, Firmenfahrzeuge, Werksgebäude, Websites, Kugelschreiber usw. schmücken. Bekannte und erfolgreiche Symbole verleihen dem Unternehmen gewissermaßen ein Gesicht, das der Kunde kennt. Erst dieses Gesicht oder Erscheinungsbild – nicht die Eintragung in irgendeinem Register – wird vom Publikum bemerkt und verschafft dem Unternehmen eine Identität, die „Corporate Identity".

Corporate Identity

Mit dem Instrument der Corporate Identity (CI) möchte ein Unternehmen sich von seiner Konkurrenz absetzen. Das Unternehmen soll als Gebilde mit eigener Identität erkannt und wiedererkannt werden. Davon verspricht man sich Vorteile im Wettbewerb.

Wie ein Mensch bestrebt ist, sein Gesicht „gut" aussehen zu lassen, und zur Not ein wenig nachhilft (mit Schminke oder gar Schönheitsoperationen), streben auch Unternehmen nach einem positiven Erscheinungsbild nach innen (gegenüber den Mitarbeitern) und außen (gegenüber der Umwelt). Dabei besteht das Risiko, sich unglaubwürdig zu machen, wenn Worte und Taten nicht übereinstimmen. Aufwändig erarbeitete Leitsätze zur Unternehmenspolitik wie DaimlerChryslers Versprechen „Wir wollen ein fairer und geschätzter Partner unserer Zulieferer sein" werden zur Makulatur, wenn sie der Realität offensichtlich widersprechen, weil der Konzern einseitig die Lieferantenpreise kürzt. Wer soll da den anderen Versprechen des Unternehmens noch glauben?

Markenzeichen und Statussymbole sind nicht neu. Sie begleiten die Menschen schon seit Jahrtausenden. Herrscher nutzten Symbole wie Kronen, Zepter oder Federn, um als Staats- oder Stammesoberhäupter erkannt zu werden. Mächtige und reiche Adelsgeschlechter und Familien entwickelten Wappen und weitere Kennzeichen, um sich von anderen abzugrenzen. So waren die früher in Schottland auf Stoffen und Kleidungsstücken benutzten Karomuster, „Tartans" genannt, keine beliebigen Muster. Farben und Breiten der Linien waren streng vorgegeben und standen für bestimmte Clans. Die Zugehörigkeit zu einer Familie war somit für jeden Eingeweihten erkennbar. Ob Wappen oder Tartans – auf einen Blick ist zu sehen: Das ist einer von uns – oder einer von den anderen.

Die Ausdrucksweise ist ein weiteres wichtiges Merkmal. Da gibt es nicht nur Sprachen und Dialekte verschiedener Völker und Regionen, sondern auch die Slangs und Fachausdrücke unterschiedlicher Schichten, Gruppen, Cliquen, Subkulturen und wissenschaftlicher Disziplinen. Das sind keine eigenständigen Sprachen, sondern abweichende Verwendungen oder Neuschöpfungen einzelner Worte oder Floskeln, die nur Eingeweihten bekannt sind und als Ausweis der Zugehörigkeit gelten. So ging schon mancher Scharlatan jahrelang als Arzt durch, weil er virtuos mit dem Vokabular der Mediziner umgehen konnte.

Organisationen haben Erkennungszeichen schon früh für ihre Zwecke übernommen. Zu den ältesten zählen Kirchen und Armeen. Den geschickten Einsatz einer differenzierten Symbolik haben religiöse Gemeinschaften bereits im Altertum vorgemacht. Sie kamen rasch auf die Idee, Würdenträger durch spezielle Kleidungsstücke (Roben, Schärpen, Kopfbedeckungen usw.), Farben und Utensilien aus der Masse herauszuheben. Sie entwickelten ihre eigenen Zeremonien und schufen eine würdige Inszenierung herausragender Feierlichkeiten – von der Taufe bis zur Beerdigung. So gewannen sie Einfluss auf das Verhalten der Menschen bis weit in ihre Privatsphäre hinein und bestimmen bis heute die alltäglichen Riten und Gebräuche. Sie boten den Gläubigen – ihren Kunden – geistigen Halt und die Zusammengehörigkeit der Gemeinde – eine Dienstleistung, für die offenbar große Nachfrage herrschte. Kirchen wurden fast überall auf der Welt wesentliche Träger der jeweiligen Kultur – und nebenbei reich und mächtig.

Auch in Armeen ließen (und lassen) sich Zugehörigkeit und hierarchischer Rang leicht an Uniformen und diversen Abzeichen ablesen. Selbst Geheimbünde verfügen über unauffällige Begriffe und Signale, an denen die Mitglieder sich untereinander erkennen.

Uniformen und Trikots

Zugehörigkeit auf einen Blick festzustellen ist in Armeen besonders praktisch und wichtig, damit man selbst im dichten Kampfgetümmel sofort den Freund vom Feind unterscheiden kann. Aus ähnlichen Gründen wurden für Mannschaftssportarten – hier gibt es ja ebenfalls eine Art Kampfgetümmel – Mannschaftstrikots eingeführt.

Fans haben somit keinerlei Schwierigkeiten, ihre Sympathien auszudrücken. Sie tragen Schals, Mützen, vor Aufnähern kaum noch zu erkennende Jeansjacken und wehende Fahnen in den entsprechenden Vereinsfarben. Diese Symbole erkennt jeder. In die Jahre gekommene, gesetzte und gut situierte Anhänger begnügen sich standesgemäß mit einem dezenten Pin am Jackett.

Was mag Organisationen bewogen haben, die beschriebenen Erkennungszeichen einzuführen? Nun, sie nutzten – zunächst nur intuitiv – schon früh einen ähnlichen Mechanismus wie die später als klassische Konditionierung bekannt gewordene Form des Lernens.

Klassische Konditionierung

Die klassische Konditionierung ist eng mit dem Namen des russischen Physiologen Iwan P. Pawlow und seinen Hundeexperimenten verbunden. Er zeigte, wie eine angeborene Reaktion durch eine erlernte Reaktion ergänzt wird, und erhielt 1904 den Nobelpreis für Medizin.

Die Experimente verliefen folgendermaßen: Hunden läuft das Wasser im Mund zusammen, wenn sie Nahrung vorgesetzt bekommen. Dieser Speichelfluss ist angeboren. Pawlow verknüpfte das Füttern regelmäßig mit einem vorher ohne Reaktion gebliebenen Lichtsignal. Die Hunde lernten, dass Nahrung und Lichtsignal zusammengehören. Als Pawlow schließlich die Nahrung wegließ und nur das Licht zeigte, setzte der Speichelfluss ebenso ein wie beim Füttern. Die angeborene Reaktion (Speichelfluss beim Füttern) wurde durch eine erlernte Reaktion (Speichelfluss beim Lichtsignal) ergänzt.

Solche Konditionierung beginnt beim Menschen schon früh, nämlich in der Familie, der kleinsten und natürlichsten Form menschlicher Gemeinschaft, die von Geburt an Geborgenheit und Zugehörigkeit vermittelt. Kinder wachsen in ihrer Familie auf. Irgendwann lernen sie, dass das innere Band der Verwandtschaft durch Erkennungszeichen wie Wappen und Tartans oder auch den Familiennamen nach außen sichtbar gemacht werden kann.

Organisationen drehen den Spieß um und hoffen, dass durch gemeinsame äußerliche Merkmale (Symbole) ein inneres Band, also ein über bloße Funktionalität und Vertragsbindung hinausgehendes Gefühl der Zugehörigkeit erzeugt wird, ähnlich wie in Familien. Corporate Identity durch Corporate Design, könnte man sagen.

In kleinen Unternehmen oder in Abteilungen großer Firmen gilt es als durchaus positiv, wenn von einer familiären Atmosphäre die Rede ist. Diese Wertung muss von den Betroffenen nicht unbedingt geteilt werden. Volker Finke, Trainer des Freiburger SC, hat jedenfalls so seine Probleme damit. „Wenn ich das Wort ‚familiär' beim hoch bezahlten Leistungssport nur höre, klingeln bei mir alle Alarmglocken. Am schlimmsten ist es, wenn sich Präsident und Trainer vor den Kameras in den Armen liegen und sagen: Wir werden Erfolg haben, weil wir so ein tolles Wir-Gefühl haben. Furchtbar, diese selbst gestrickten Mythen. Und für mich ein Indiz, dass der Laden bald auseinander bricht" (Welt am Sonntag, 11.02.01).

Finke spürt: Die Familien-Metapher ist doppeldeutig. Einerseits beschwört sie das verklärte Ideal von Liebe, Vertrauen und Selbstlosigkeit: trautes Heim, Glück allein. Andererseits weiß wohl jeder, wie wenig viele Familien diesem Bild entsprechen und stattdessen hinter einer sorgfältig gepflegten Fassade eine Arena für Einengung, Streit, Ausbeutung und Terror abgeben.

Motivation

Wozu dient nun also die Zugehörigkeit? Sie verbindet die Mitglieder, fördert Vertrautheit – und vor allem ihre Motivation, sich stärker für die Organisation zu engagieren – hoffen jedenfalls die Verantwortlichen. Über den subtilen Umweg eines Gefühls der Zugehörigkeit soll Corporate Identity alle Mitarbeiter motivieren, soll Leistungsbereitschaft und Engagement aller verbessern. Deshalb werden immer wieder Versuche unternommen, zur Motivation der Mitarbeiter alle Werkshallen, Büroräume und Firmenfahrzeuge mit derselben Farbe zu bemalen.

Doch kosmetische Eingriffe in die Farbgebung der Firmenfassade reichen nicht aus. Echte Motivation kann nur bei aufrichtiger Zuwendung, bei der Erweiterung von Handlungsspielräumen und der Übertragung von Verantwortung entstehen. Wer mehr leisten soll, muss mehr entscheiden dürfen. Solche „weichen" Faktoren bestimmen die Unternehmensidentität mindestens ebenso stark wie äußerlich sichtbare Symbole. Daher haben Organisationen in jedem Fall eine Identität, auch wenn niemand versucht, sie bewusst zu gestalten.

Wenn man die Identität eines Unternehmens oder einer Organisation analysieren möchte, wird man eine bunte Kollage vorfinden, bestehend aus:

- äußeren Merkmalen, wie den genannten Zeichen, Symbolen, Farben oder auch Flaggen (das in zwischenstaatlichen Konflikten praktizierte Verbrennen von Flaggen zeigt, welches symbolische Gewicht ihnen zukommt);
- Traditionen, Ritualen und Bräuchen, die gemeinsam gepflegt und praktiziert werden (dazu kann das Singen einer eigenen Hymne gehören oder der beschwörende „morning cheer" bei Wal-Mart, der in Deutschland allerdings auf erhebliches Befremden stößt und eher als „Gehirnwäsche" angesehen wird, – woran man erkennt, dass nicht jedes Ritual in jede Kultur passt);
- dem Bewusstsein geteilter Erlebnisse oder einer gemeinsamen Geschichte (wach gehalten durch Erzählungen, Mythen und Legenden);
- einer Philosophie, die beispielsweise vom Gründer und ersten Firmenpatriarchen festgelegt oder in den Neunzigerjahren „gemeinsam erarbeitet" wurde, als Corporate Identity eine von vielen Managementmoden war.

Eine von Designern entworfene „Unternehmensidentität" muss diese Bestandteile entweder neu schaffen oder aus der Vergangenheit der Organisation ausgraben, aufpolieren und ins aktuelle Bewusstsein rufen. Der Erfolg freilich ist ungewiss – mit Tendenz zum Scheitern, weil ein künstlich geschaffenes Selbstverständnis unnatürlich und unvollständig ist, Brüche aufweist und keine Akzeptanz findet. So spricht einiges dafür, die gewachsene Identität nicht zu verleugnen, sondern sich mit ihr zu arrangieren, sie allenfalls behutsam zu verändern.

Fazit

Der FC Bayern hat das Image des etwas arroganten Erfolgsvereins für Besserverdienende nie geändert und ist diesem Erscheinungsbild immer treu geblieben. Man hat keine nennenswerten Versuche unternommen, dem Image eine grundlegend andere Richtung zu geben.

Das wesentliche Merkmal des FC Bayern ist der hohe Anspruch. Die Marktführerschaft wird offen als Ziel verkündet. Im Fußballgeschäft heißt dies aber auch, dass kurzfristig die Taktik geändert werden muss und die Ziele dem Machbaren angepasst werden. Es macht keinen Sinn, von Meisterschaft zu sprechen, wenn diese nicht mehr erreichbar ist. Entscheidend scheint jedoch zu sein, dass dieses Ziel nie aus den Augen verloren wird und demnach die nächste Saison wieder als Möglichkeit gesehen wird, dies unter Beweis zu stellen. Bis dahin wird alles getan, damit die erkannten Fehler behoben werden.

Beim FC Bayern stehen verdiente und geschätzte Helden für Konstanz: Franz Beckenbauer, Uli Hoeneß, Karl-Heinz Rummenigge, Sepp Maier und Gerd Müller, die den Erfolgsmythos aufgebaut haben und immer noch im Verein tätig sind. Man denke nur an Gerd Müller, den „Bomber der Nation“, den Torjäger schlechthin, „kleines dickes Müller“, wie Trainer Tschik Cajkovski ihn nannte. In 427 Bundesligaspielen für die Bayern schoss er 365 Tore, in 62 Länderspielen 68 Tore. Mit ihm brummte die Münchner Tormaschine. In der Saison 1971/72, als die Bayern mit 101 Toren den bisherigen Bundesligarekord aufstellten, gingen 40 davon alleine auf sein Konto, auch das ein Rekord. „Dieser Müller ist ein Phänomen. Wie ein Gummibaum federt Müller auf seinen dicken Beinen unberechenbar vor dem Tor herum, sodass kein Gegenspieler weiß, was er in den nächsten Zehntelsekunden tun wird, und wenn die Chance da ist, so nimmt Müller sie wahr“, schreibt die Westdeutsche Allgemeine. Unvergessen ist das Bild, wie er im WM-Endspiel 1974 in München gegen die Niederlande das 2:1 schoss – aus der Drehung, wie es seine Spezialität war, und durch die Beine des heranspringenden Krol. „Ich schimpfe immer, wenn ich den Elber sehe“, sagt Müller heute. „Der beste Mittelstürmer. Aber er macht die leichten Tore nicht. Der zaubert und macht dann die schwierigen Dinger rein. Ich habe immer die leichten gemacht. Hauptsache drin.“

Symbolfiguren wie Gerd Müller geben ihrem Club das unverwechselbare Gesicht in einer enorm schnelllebigen Branche. Angesichts der hohen Fluktuation unter Spielern und Trainern ragt der FC Bayern mit seinen lebenden Legenden und ihrem Wiedererkennungswert wie ein solider Fels aus rauer See. Allein das dürfte viele Fans bei der Stange halten, die ihrem „guten, alten FC Bayern“ treu bleiben.

Neue Fans gewinnt er durch seine Erfolge. Der FC Bayern drängt sich aufgrund seiner überragenden Rolle im deutschen und internationalen Fußball ins Bewusstsein der Öffentlichkeit. Permanente Aufmerksamkeit – freundlich bei Fans, feindselig bei Gegnern – ist ihm gewiss. Aber mit einem gewissen Maß an Gegnern kann man leben, wenn die Fans dafür umso begeisterter sind.

Nach innen und nach außen muss ein Unternehmen allerdings halten, was es verspricht. Wenn die innerbetriebliche Wirklichkeit (Arbeitsbedingungen, Betriebsklima usw.) oder das äußere Erscheinungsbild (Produktqualität, Umgang mit Kunden oder Lieferanten etc.) nicht mit dem propagierten Image in Einklang stehen, leidet das Ansehen des Unternehmens.

2. Der Erfolg: Chancen, Siege und Titel

Erfolg ist seit über 36 Jahren ein nahezu ständiger und überaus gern gesehener Begleiter des FC Bayern München. Wie hat es dieser Verein geschafft, den Erfolg wiederholbar zu machen?

Im Sport ist Erfolg ebensowenig klar messbar wie in der Wirtschaft, wie später ausgeführt wird. Man weiß zwar genau, wer Meister ist (auch in der Wirtschaft weiß man genau, wer die meisten Mitarbeiter und die höchsten Umsätze hat), aber das ist eben nicht das einzige Kriterium, und viele Vereine haben andere Ziele. Hat dies im Vergleich zu den meisten anderen Unternehmen den Vorteil, dass klar messbare Ziele auf der Hand liegen, so fordert es zugleich, sich diesen Zielen zu stellen. An einer Niederlage im Sport gibt es nichts zu rütteln, Unternehmensergebnisse dagegen können auf zahlreiche Arten interpretiert werden.

Als Fußballverein ist der FC Bayern München gezwungen, sich an klar vorgegebenen Zielen wie der Meisterschaft messen zu lassen, und dies in einer Strenge, wie sie kaum einem börsenorientierten Unternehmen zukommt, denn jede Abweichung vom Ziel wird sofort öffentlich in alle Einzelheiten zerlegt.

Auffallend ist, dass sich der Verein und seine Verantwortlichen dieser Anforderung immer gestellt haben. Erfolg wurde möglich, da er eingefordert wurde.

Dass dabei die Wahl der richtigen Leute, die richtigen Strategien und jede Menge Glück geholfen haben, wird nicht bestritten. Wichtig scheint jedoch zu sein, dass mit der hohen Anforderung auch immer der Blick nach vorne gegeben ist: Die Potenziale einer Mannschaft wurden immer als wichtigste Größe erachtet. „Nach dem Spiel ist vor dem Spiel“ heißt eben auch, dass die Karten immer wieder neu gemischt werden und eine Niederlage nicht die nächste zur Folge haben muss. Dieser Anspruch ermöglicht es auch, Misserfolge und Durststrecken zu überwinden. Denn offensichtlich ist, dass niemand den Erfolg gepachtet hat und wirklich jeder jeden schlagen kann. Der Pokal zeigt immer wieder, wie es den Davids gelingt, den Goliaths ein Bein zu stellen. Aber den Blick konstant nach vorne zu richten, auf das Ende einer langen Meisterschaft und damit immer auf die noch auszuschöpfenden Möglichkeiten aller Mitspieler, das kann man vom FC Bayern lernen.

Erfolg ist das Erreichen eines positiven Ergebnisses oder eines gesetzten Zieles. In der Wirtschaft wird meist ein Bündel von Indikatoren herangezogen, um zu messen, ob die wirtschaftliche Tätigkeit als erfolgreich eingeschätzt werden kann. Umsatz, Gewinn, Kostendeckung, Investitionen sind messbare Größen, aber für ein Unternehmen genauso wichtige Werte sind weitaus schwieriger zu quantifizieren: Kundenzufriedenheit, Mitarbeitermotivation und die Chancen zur Innovation. Auch für den FC Bayern München gibt es neben den „harten“ Indikatoren wie Tabellenplatz, Pokalgewinn und Torverhältnis, die „weichen“ Faktoren wie Zufriedenheit der Fans, Zusammenhalt der Mannschaft und Spielfreude.

Verantwortlich Tätige müssen die Ziele und damit die möglichen Erfolge auf das Marktumfeld und die eigenen Möglichkeiten abstimmen: Wer seine Ziele zu niedrig hängt, verschläft den Anschluss an die Konkurrenz; wer sie zu hoch ansetzt, der demotiviert sein Team und erreicht noch nicht einmal das Mögliche. Drei Thesen sollen auf einige zentrale Inhalte dieses Kapitels vorbereiten:

These 3: Der Blick auf die Potenziale eines Teams ermöglicht es, auch hoch gesteckte Ziele nicht aus den Augen zu verlieren und Niederlagen oder Zwischentiefs zu überwinden. In der Wirtschaft werden häufig nur vergangenheitsbezogene Daten (Shareholder-Value) zur Beurteilung des Unternehmens herangezogen.

These 4: Der Erfolg eines Unternehmens, einer Abteilung, einer Person, eines Produkts hängt von der gesteckten Zielen ab. Ziele müssen zur Leistungskraft eines Unternehmens passen. Sie müssen sportlich ambitioniert hoch, aber sie müssen zu schaffen sein. Die größten Krisen hatte der FC Bayern, wenn das Management Ziele vorgab, die die Mannschaft auch mit größtem Einsatz nicht erreichen konnte.

These 5: Erfolg ist leicht verderblich und muss immer wieder neu erarbeitet werden. Erfolgreiche Teams wie der FC Bayern werden für Fehlleistungen verspottet, die für andere Mannschaften völlig normal gewesen wären.

In der Wirtschaft gibt es eine Vielzahl von Indikatoren für Erfolg, die sich unterschiedlich bewerten lassen. Damit verliert der Erfolg seine Eindeutigkeit. Hat ein Unternehmen, das seine Umsätze steigern konnte, aber Gewinneinbußen hinnehmen musste, erfolgreich gewirtschaftet? Ist eine Firma mit Umsatzverlusten der Einäugige unter den Blinden, wenn es der Konkurrenz noch schlechter ergeht? Was ist wichtiger: Umsatz, Gewinn oder Wachstum?

Erfolg ist abhängig von Erwartungen, Potenzialen, aktuellen Entwicklungen, dem Abschneiden der Konkurrenten sowie der Fähigkeit, sich selbst in einem besseren Licht erscheinen zu lassen. Das gilt in Wirtschaft und Fußball gleichermaßen. Wer trotz neun Saisonniederlagen am Ende die Tabelle anführt, ist Meister. Wer am Saisonende einen kaum für möglich gehaltenen zweiten Platz einnimmt, vorher aber Tabellenführer war, gilt als großer Verlierer. Wer nach der Hinrunde abgeschlagen auf dem letzten Platz liegt und dann den Klassenerhalt schafft, ist überglücklich. Wer sich als Aufsteiger im sicheren Mittelfeld bewegt, hat erfolgreich gearbeitet.

Erfolg am unteren Ende

In der Saison 1998/99 ist Eintracht Frankfurt mit viel Glück dem Abstieg entronnen. Knapper ging es kaum: punktgleich und mit demselben Torverhältnis wie der 1. FC Nürnberg. Das gelang nur, weil Frankfurt am letzten Spieltag den Vorjahresmeister Kaiserslautern mit 5:1 besiegte, und Nürnberg – vor dem letzten Spieltag noch Zwölfter und damit unwahrscheinlichster von fünf Abstiegskandidaten – eine 1:2-Niederlage kassierte. Frankfurt hatte eigentlich nur eine theoretische Chance auf den Klassenerhalt gehabt. Sie wurde bei dem äußerst dramatischen Saisonfinale jedoch genutzt. Damit war Trainer Jörg Berger der gefeierte Held, der Retter von Frankfurt.

Erfolg ist von Bewertungen, Auslegungen und der Perspektive des Beobachters abhängig. Und: Glück und Zufall spielen oft eine große Rolle. Schau'n mer mal.

Erfolgreicher FC Bayern

Erinnern Sie sich noch an den Himmelfahrtstag 2001? Der machte seinem Namen alle Ehre, vor allem in Bayern. München war im Fußballhimmel.

Der FC Bayern München kam triumphierend zurück aus Mailand, wo er am Abend zuvor den lange ersehnten Champions-League-Titel gewonnen hatte. Vier Tage vorher war die Mannschaft glücklich Deutscher Meister geworden. Das musste gefeiert werden, und das wurde richtig gefeiert. Stundenlang übertrug das Fernsehen live und in Aufzeichnungen den Autokorso der Helden vom Flugplatz zum Marienplatz sowie die gigantische Feier vor dem Rathaus. Auf dem Balkon Spieler, Trainer, Manager, Präsident, Oberbürgermeister, Ministerpräsident und andere Prominente, die viele, wenige oder gar keine Worte herausbekamen, je nach konsumierter Biermenge.

Es wird wohl niemand bestreiten wollen, dass der FC Bayern die erfolgreichste Fußballmannschaft Deutschlands ist. 42 Prozent aller Bundesliga-Titelgewinne, nämlich 16 von 38 (von 1963/64 bis 2000/01), gingen an den FC Bayern, der überhaupt erst seit dem dritten Bundesligajahr mit von der Partie ist. Zählt man noch die sieben zweiten, drei dritte und drei vierte Plätze hinzu, dann wird die permanente Dominanz des Vereins deutlich. In dieser Zeit kamen und gingen die direkten Konkurrenten der Bayern, oder sie verabschiedeten sich sogar zwischenzeitlich in die zweite Liga, wie Borussia Mönchengladbach, Werder Bremen, der 1. FC Köln oder der 1. FC Kaiserslautern.

Das „Triple" (Europacup, Deutsche Meisterschaft und DFB-Pokal gleichzeitig) hat der FC Bayern bislang noch nicht geschafft. Immerhin sechsmal, nämlich 1967, 1969, 1974, 1986, 2000 und 2001, erreichte man wenigstens zwei Erfolge (der zweimal gewonnene Weltpokal zählt in dieser Rechnung nicht mit). Eine derartige Bilanz ist im deutschen Fußball unerreicht.

Jahr	Saison	Weltpokal	Europapokal	Meisterschaft	DFB-Pokal
1	65/66		–	3	•
2	66/67		Pokalsieger	6	•
3	67/68		c	5	
4	68/69		–	•	•
5	69/70		d	2	
6	70/71		a	2	•
7	71/72		c	•	
8	72/73		d	•	
9	73/74		Landesmeister	•	
10	74/75		Landesmeister	10	
11	75/76		Landesmeister	3	
12	76/77	•	d	7	
13	77/78		b	12	
14	78/79		–	4	
15	79/80		b	•	
16	80/81		d	•	
17	81/82		d (Finale)	3	•
18	82/83		c	4	
19	83/84		b	4	•
20	84/85		c	•	(Finale)
21	85/86		d	•	•
22	86/87		d (Finale)	•	
23	87/88		d	2	
24	88/89		b	•	
25	89/90		d	•	
26	90/91		d	2	
27	91/92		b	10	
28	92/93		–	2	
29	93/94		b	•	
30	94/95		e	6	
31	95/96		UEFA-Cup	2	
32	96/97		b	•	
33	97/98		e	2	•
34	98/99		e (Finale)	•	(Finale)
35	99/00		e	•	•
36	00/01		Champions League	•	
37	01/02	•	e (offen)	(offen)	(offen)

• = Titel Zahl = Tabellenplatz

Beteiligung an Europapokal-Wettbewerben: a = Messepokal (1), b = UEFA-Cup (8), c = Pokalsieger (5), d = Landesmeister (13), e = Champions League (6)

Erfolge des FC Bayern München in seiner Bundesliga-Zeit (Stand: Februar 2002)

Die ewige Tabelle der Bundesliga (mit allen Punkten seit 1963 – Stand: Sommer 2001) führt der FC Bayern jedenfalls mit deutlichem Vorsprung (2321 Punkte nach der 3er-Regel) vor dem Hamburger SV (1956 Punkte, aber zwei Spielzeiten mehr) an. Nur zehnmal in 36 Jahren beendeten die Bayern die Saison *nicht* unter den ersten drei. Borussia Mönchengladbach kam *insgesamt* gerade zwölfmal unter die ersten drei, keine andere Mannschaft schaffte dies auch nur zehnmal.

Im Herbst 2000, als Hertha BSC vorübergehend Tabellenführer war, wurde in einer Fußballsendung folgende Rechnung aufgestellt, die eindrucksvoll vermittelt, wie herausragend die Erfolge des FC Bayern sind: Würde Hertha von nun an ohne Unterbrechung so oft Bundesliga-Tabellenführer sein wie es der FC Bayern bislang war, dann müsste die Serie bis ins Jahr 2013 reichen. Mit den bis dahin anfallenden Meisterschaften hätten die Berliner die Münchner aber noch immer nicht als Rekordmeister eingeholt. In der Tat: Vor Saisonbeginn lag Bayern mit 413 Bundesliga-Tabellenführungen einsam an der Spitze vor Borussia Mönchengladbach (128). Hertha (4) lag gemeinsam mit Kickers Offenbach und Hannover 96 auf Platz 18.

Der FC Bayern ist also „Forever Number One", wie es auf diversen Fanartikeln heißt. Diese Dominanz kann einschüchternd wirken. Schalke 04 jedenfalls, in der Saison 2000/01 noch Herbstmeister und als Titelaspirant gehandelt, verlor am 20. Spieltag nicht nur 1:4 in Cottbus, sondern auch die Tabellenführung an den FC Bayern. Der Kommentar von Manager Rudi Assauer klang ziemlich resignierend, um sich im weiteren Saisonverlauf zunächst als Zweckpessimismus oder Tiefstapelei, schließlich aber als sich selbst erfüllende Prophezeiung zu erweisen: „Die Tabellenführung ist nicht interessant. Wir wissen genau, wo wir hingehören. Bayern wird eh Meister." Wie sagte einst Bertolt Brecht: „Wer kämpft, kann verlieren. Wer nicht kämpft, hat schon verloren."

Angst essen Seele auf ...

Wir schreiben den denkwürdigen vorletzten Spieltag der Saison 2000/01. Schalke und Bayern liegen punktgleich an der Spitze. Schalke hat das bessere Torverhältnis. In der 90. Minute steht es bei Stuttgart gegen Schalke 0:0, bei Bayern gegen Kaiserslautern 1:1. Schalke kann aus eigener Kraft Meister werden.

Dann das Sieben-Sekunden-Drama. Grausam schlägt das Schicksal zu. Es ist 17 Uhr 16 und 45 Sekunden: Stuttgarts Krassimir Balakov schießt das Siegtor für Stuttgart. Schalke am Boden. Einen Atemzug später, 17 Uhr 16 und 52 Sekunden: Alexander Zickler, eine Minute zuvor eingewechselt, schießt das 2:1 für die Bayern. Die Münchner jubeln. Bayern geht mit drei Punkten Vorsprung in die letzte Runde (und wird an jenem noch denkwürdigeren Spieltag Meister).

Einhellige Kommentare zur vorletzten Runde: Schalke spielte Angsthasenfußball ohne Mumm, war dem Druck nicht gewachsen. Bereits vorher hatte Oliver Kahn festgestellt: „Andere lähmt der Druck, uns beflügelt er." Das stellten die Bayern mit ihrem eindrucksvollen Schlussspurt nach einer mäßigen Saison unter Beweis.

Das Bewusstsein bestimmte das Sein. Udo Lattek analysierte: Wer keine „Erfahrung im Nervenkrieg des Bundesliga-Titelrennens hat, bei dem ist die Gefahr besonders groß, im entscheidenden Moment zu verkrampfen.

Man kann also sagen: Bei den international zusätzlich geforderten Bayern hat der vom Erfolg beflügelte Kopf über den geschwächten Körper gesiegt, bei den Schalkern dagegen hat er verhindert, dass der Körper die gewünschte Leistung abrufen konnte. Die Angst, Fehler zu machen und das nahe Ziel zu verpassen, kann geradezu lähmen. (...)

Mehr denn je ist dieser fast perfekte 17. Meistertitel nach einer bestimmt nicht perfekten Bundesliga-Saison der Bayern das Verdienst des Trainers Ottmar Hitzfeld. Seine Körpersprache, die Selbstsicherheit und Überzeugungskraft, die er ausstrahlt – dies alles sind Dinge, die Spieler brauchen, um sich daran hochzuziehen. Schalkes Huub Stevens dagegen wirkte – bei aller Autorität – immer ein bisschen introvertiert und so, als ob er dem Glück nicht traue. Solche Unsicherheiten spüren Spieler wie Seismographen.

Auch der ansonsten starke Manager Rudi Assauer hat zuletzt eine fragwürdige Rolle gespielt, als er selbst zwei Spiele vor Saisonschluss und bei Schalker Vorteil in der Tabelle standhaft bei dem Spruch blieb, die Bayern würden dennoch Meister. Das kam einem Misstrauensvotum gegenüber dem eigenen Team gleich und signalisierte: Ich traue euch die zwei Siege nicht zu".

Die Besten

Befragt, welche er für die beste Bayern-Mannschaft aller Zeiten halte, antwortete Ottmar Hitzfeld: „Das ist einfach zu sagen, das war, als Franz Beckenbauer und Sepp Maier hinten spielten und Paul Breitner, Uli Hoeneß, Kalle Rummenigge und Gerd Müller als unvergesslicher Torjäger mit dabei waren. Diese Mannschaft war einmalig in der Welt." Kleiner Schönheitsfehler: Beckenbauer, Breitner und Rummenigge haben nie gleichzeitig bei den Bayern gespielt. Ansonsten wird ihm wohl kaum jemand widersprechen.

Und wie sieht Hitzfeld die aktuelle Situation? „Unsere jetzige Mannschaft hat auch Topleistungen gebracht. Man kann es nicht vergleichen mit dem Fußball vor 20 oder 30 Jahren. Heute wird mit viel höherem Tempo gespielt, die Akteure müssen noch seriöser leben und sich noch mehr für den Sport engagieren. Wir haben auch eine ausgezeichnete Mannschaft, können uns aber leider mit dem Team von vor 20 Jahren nicht so vergleichen, das ja sehr erfolgreich war. Dafür müssten wir auch mal die Champions League gewinnen. Wir waren ja im vergangenen Jahr nahe dran und hätten es fast geschafft – in diesem Jahr [2000] wollen wir es besser machen." Das wurde leider auch nichts. Erst 2001 klappte es endlich, und es wurde mit Meistertitel, Champions League und Weltpokal das erfolgreichste Jahr der Vereinsgeschichte.

Der Erfolg des FC Bayern ist natürlich auch wirtschaftlich messbar. Umsatz und Gewinn nach Steuern erreichten in den letzten Geschäftsjahren folgende Werte (jeweils 1. Juli bis 30. Juni; die Zahl der Mitglieder und Fanclubs wird jeweils am Tag der Jahreshauptversammlung im November nach Ende des Geschäftsjahres ermittelt; zum Vergleich das Jahr 1992/93):

Jahr	**00/01**	**99/00**	**98/99**	**97/98**	**92/93**
Umsatz (Mio. €)	173,2	144,7	127,7	100,5	33,3
Gewinn (Mio. €)	28,5	8,7	12,3	8,1	2,5
Mitglieder	91.288	84.717	81.957	77.075	24.285
Fanclubs	1909	1845	1761	1617	720

Mit einer Netto-Umsatzrentabilität von 16,5 Prozent kann sich der FC Bayern durchaus sehen lassen und braucht sich im Vergleich zu Wirtschaftsunternehmen nicht zu verstecken. Das sind keine schlechten Voraussetzungen für einen Börsengang.

Beim Thema Börsengang lache er sich „ein bisschen kaputt", so Uli Hoeneß im Januar 2001. „Borussia Dortmund hat 75 Prozent ihrer Aktien an die Börse gebracht. Jetzt besitzt Borussia noch 25 Prozent am Verein. Dafür haben sie, glaube ich, rund 280 Millionen Mark erzielt. Wenn die irgendwann weg sind, haben sie noch 25 Prozent, jedoch keine Marketingrechte mehr."

In einem Interview mit der Welt am Sonntag machte Uli Hoeneß klar, dass die Umwandlung in eine Aktiengesellschaft so lange wie möglich vermieden werden soll. „Nach einem Börsengang hätten wir rund eine Milliarde auf dem Konto. Allein an Zinseinnahmen wären das jedes Jahr etwa 60 Millionen. 60 Millionen! Stellen Sie sich mal das Aufheulen in der Bundesliga vor."

Das ist natürlich kein allzu gravierender Grund. Der FC Bayern hat schon manches Aufheulen überstanden. Erst das nächste Argument ist wirklich wichtig für den Manager: „Ich sehe auch kritisch, dass wir als Aktiengesellschaft einen Teil unserer Eigenständigkeit aufgeben würden. Und wir könnten weniger menschlich handeln. Dazu gehört auch, dass wir verdienten Spielern wie Gerd Müller, die einmal Probleme hatten, helfen. Als Vereinsmanager habe ich bei einer Jahreshauptversammlung kein Problem, wenn einer fragt, was macht der Gerd Müller eigentlich genau für sein Gehalt. Als Manager einer AG schon."

Später konkretisierten sich die Pläne jedoch, denn für den Neubau des Stadions benötigte man viel Geld. Auf der Mitgliederversammlung im November 2001 wurde die Umwandlung in eine nicht börsennotierte AG beschlossen. Zehn Prozent der Aktien sollen für etwa 150 Millionen Mark (76,7 Millionen Euro) an adidas als strategischen Partner verkauft werden.

Sollten die Bayern doch eines Tages an die Börse gehen, genügt es nicht mehr, nur sportlich erfolgreich zu sein. Auch die Aktionäre wollen dann Erfolge sehen, und hier zählt zunehmend der Shareholder-Value als Maß für Erfolg. Grund genug, sich etwas genauer anzusehen, was es mit ihm auf sich hat.

Shareholder-Value

Jeder strebt nach Erfolg. Das ist in der Wirtschaft nicht anders als im Fußball. Als Erfolgsindikator wurde während der letzten Jahre besonders häufig der Shareholder-Value gepriesen und gleichzeitig kritisiert.

Allgemein bekannt ist sicherlich, dass der Shareholder-Value *irgendwie* den Erfolg eines Unternehmens widerspiegeln soll. Es ist der Versuch, einen komplexen Sachverhalt in einer *einzigen* Zahl auszudrücken. Als Gründe sind zu nennen:

- Anleger wollen ihr Kapital möglichst gewinnbringend anlegen und wollen wissen, welche Unternehmen die besten Erfolgschancen haben. Dazu benötigen sie *vergleichbare* Zahlen aus verschiedenen Unternehmen.
- Führungskräfte mit erfolgsabhängigen Gehältern brauchen eine Messgröße für den Erfolg ihrer Bemühungen. Ihr Einkommen hängt weniger vom Erfolg als abstrakter Tatsache, sondern vielmehr von der *Messung* des Erfolges ab – also von irgendeinem Messverfahren, auf das man sich geeinigt hat.
- Erfolg lässt auf gute Arbeit schließen. So *stärkt* er die eigene Position gegenüber Partnern und Konkurrenten und natürlich auch das Selbstbewusstsein.
- Erfolg verbessert die *Bonität*, senkt also die Kosten von Krediten, zumal Banken in Zukunft verstärkt die Bonität selbst kleiner Betriebe berücksichtigen wollen.

Welche Möglichkeiten gibt es nun, den Erfolg in einer Größe auszudrücken? Neben dem Gewinn (vor oder nach Steuern); Umsatz oder Umsatzrentabilität sowie Wachstum (von Gewinn, Umsatz, Marktanteilen usw.) wurde in den Achtzigerjahren von Alfred Rappaport der Shareholder-Value entwickelt. Diesem wurde von Gegnern des Konzepts der Stakeholder-Value gegenübergestellt, der den Nutzen aller Anspruchsgruppen (Eigentümer, Anleger, Mitarbeiter, Gemeinde, Land usw.) aus der Tätigkeit eines Unternehmens erfassen soll, quantitativ allerdings kaum zu ermitteln ist.

Diese Indikatoren haben eines gemeinsam: Sie signalisieren den Erfolg vergangener Perioden. Zukünftigen Erfolg können sie nicht vorhersagen, auch wenn der Shareholder-Value eigentlich zu genau diesem Zweck konzipiert wurde.

Er soll nämlich die Auswirkungen strategischer Entscheidungen auf den künftig zu erwartenden Cashflow ausdrücken. Dazu werden die Kapitalzuflüsse des Unternehmens auf fünf bis zehn Jahre hinaus geschätzt und auf den Berechnungszeitpunkt abdiskontiert. Der Cashflow ist eine finanzielle Stromgröße, die den in einer Periode erfolgswirksam erwirtschafteten Zahlungsmittelüberschuss angeben soll. Je mehr Einnahmen den Ausgaben gegenüberstehen, desto besser.

Zwar erlaubt die Cashflow-Analyse gewisse Einsichten in die Aktivitäten von Unternehmen. Sie arbeitet jedoch mit historischen Daten, während man prinzipiell nicht von der Vergangenheit auf die Zukunft schließen kann. In einem stabilen Umfeld lässt sich zwar mit einer gewissen Trefferwahrscheinlichkeit die Entwicklung in näherer Zukunft einschätzen, doch erstens ist selbst hier das Risiko des Irrtums nicht gering. Zweitens ist ein stabiles Umfeld in der Wirtschaft angesichts ständiger Veränderungen der Märkte häufig nicht gegeben. Jede vermeintliche Stabilität kann durch Brüche in einer Entwicklung, wie grundlegende Innovationen, unerwartete Absatzflauten, Naturkatastrophen, Terroranschläge, internationale Konflikte usw., flugs aus den Angeln gehoben und zur Makulatur werden.

Geänderte Vorzeichen

Bei DaimlerChrysler etwa war es eine teils selbst verschuldete Absatzflaute. Dabei wurde die Fusion von Daimler-Benz und Chrysler zunächst als vorbildlich und wegweisend angesehen. Während der Vorverhandlungen sickerten keine Informationen an die Öffentlichkeit, die Verschmelzung wurde nach einem straffen Zeitplan in Windeseile über die Bühne gebracht usw. Genau so macht man das ...

Aber bei Chrysler zeigten sich bald große Probleme. Ein Modellwechsel wurde falsch angegangen (der alte Voyager wurde mit so hohen Rabatten verkauft, dass für das Nachfolgemodell kaum noch Nachfrage vorhanden war). Absatzprobleme führten zu erheblichen Überkapazitäten. Werksschließungen und 26.000 Entlassungen bei Chrysler wurden nötig (obwohl Chrysler sich gegenüber der Automobilarbeiter-Gewerkschaft UAW verpflichtet hatte, bis 2003 keine Arbeiter zu entlassen). Dieter Zetsche, im Herbst 2000 von Schrempp als Sanierer nach Auburn Hills geschickt, sollte den Turnaround schaffen.

Doch die Zeit lief ihm davon. Der Börsenkurs war so weit gefallen (von 95,35 auf 43,10), dass eine feindliche Übernahme möglich wurde. Zunächst pfiffen es die Spatzen von den Dächern, dann verplapperte sich Rolf-Ernst Breuer, Chef der Deutschen Bank, und verriet am 1. Februar 2001, dass man bereits gemeinsam mit der Investmentfirma J. P. Morgan an einer Verteidigungsstrategie bastele – ein Eklat!

„Die Branche reagierte auf Breuers Aussagen empört. ‚Über Kunden und Mandate spricht man nicht' schimpft ein führender Investmentbanker am Main. ‚Herr Breuer hat einen massiven Interessenskonflikt, weil er Aktien hält und gleichzeitig berät', klagt ein anderer. Zudem war der Daimler-Auftrag nach Informationen dieser

Zeitung aus Bankenkreisen bis zum Donnerstag lediglich mündlich erteilt worden" (Welt am Sonntag, 04.02.01).

Die Nerven lagen blank. Dunkle Wolken waren aufgezogen. Nur noch wenig war von der Begeisterung der ersten Monate nach der Fusion übrig geblieben. So ist also der Erfolg unsicher und nur unter Risiko vorhersehbar.

Erschwerend kommt hinzu, dass die Bewertung derselben Strategie zu verschiedenen Zeitpunkten unterschiedlich ausfallen kann. Eine gestern noch vielversprechende Strategie kann sich heute als Fehler erweisen. Das hat erhebliche Auswirkungen auf den erwarteten Cashflow, denn der in einer Krise für die Zukunft erwartete Cashflow sieht plötzlich ganz anders aus als der vor der Krise erwartete. Man denke nur daran, wie die Terroranschläge in den USA vom 11. September 2001 Fluggesellschaften vor ungeahnte Probleme stellten (und für einige von ihnen wie Swissair und Sabena das schnelle Ende einläuteten).

Auch im Mobilfunkgeschäft zeigte sich, welchen Änderungen die Einschätzung einer Strategie unterworfen sein kann. Jahrelang galt die Kundenzahl als „Killerkriterium für die Bewertung einer Gesellschaft", mehr noch als Umsatz oder Gewinn. Offenbar geben Anleger sich gerne der Illusion hin, dass in neuen, boomenden Märkten die Schwerkraft außer Kraft gesetzt sei, um nach einer Konsolidierung doch nur wieder auf dem Boden der Tatsachen zu landen. Jedenfalls war dieser Punkt erreicht, als die ersten Telefongesellschaften wie Teldafax in ernsthafte Schwierigkeiten gerieten.

Mobilcom schien Anfang April 2001 bereit, die 170.000 Teldafax-Kunden zu übernehmen. Das hätte einige Monate zuvor ungeachtet des Preises für Euphorie gesorgt. Doch inzwischen, sensibilisiert durch die Milliardenschulden für UMTS-Lizenzen, rückte recht konservativ das Preis-Leistungs-Verhältnis in den Vordergrund. Im Raum stand ein Preis von 400 Millionen Mark für die Teldafax-Kunden, und obwohl Mobilcom-Chef Gerhard Schmid auf der Hauptversammlung gesagt hatte, dass ihm dieser Preis zu teuer sei, sackte der Kurs der Mobilcom-Aktie binnen weniger Stunden um sieben Prozent ab.

Der Blick in die Zukunft

Jedes Jahr im Dezember stellt sich in der Bundesliga die Frage nach dem Herbstmeister. Erste Hochrechnungen für den Ausgang der Saison gibt es spätestens dann. Wird der Herbstmeister auch am Saisonende oben stehen? Man würde es zu gerne wissen, aber das ist unmöglich. In 26 von 38 Spielzeiten wurde der Herbstmeister tatsächlich Meister. Bleiben zwölf Fälle, in denen dies nicht gelang. Der prognostische Wert der Herbstmeisterschaft in jedem Einzelfall ist also begrenzt.

Ebenso wenig sagt der Halbzeit- bzw. Zwischenstand einer Partie über das Endergebnis aus. Man denke nur an den 20. Oktober 1973, als der FC Bayern nach einer 4:1-Führung in Kaiserslautern mit 4:7 unterging. Oder an den 18. September

1976, als die Bayern einen 0:4-Rückstand in Bochum noch zum 6:5 drehten. Alles ist möglich. Der Ball ist rund.

Verrücktes Spiel

Für Mehmet Scholl waren es „die verrücktesten, weil aufregendsten 90 Minuten, die ich bisher erlebt habe." Es war der 18. September 1999. In Frankfurt führte die Eintracht mit 1:0. Dann traf Sammy Kuffour Oliver Kahn unglücklich mit dem Bein am Kopf. Kahn blieb bewusstlos liegen und konnte nicht weiterspielen. Für ihn kam Bernd Dreher. Sein Einsatz dauerte ganze sieben Minuten, dann setzte ihn ein Kreuzbandriss außer Gefecht. Kein weiterer Torhüter war verfügbar. So stellte sich ab der 64. Minute der Mittelfeldspieler Michael Tarnat ins Tor. Als wäre nicht bereits genug passiert, drehten die Bayern durch Tore von Giovane Elber (66. Minute) und Unglücksrabe Kuffour (80.) das Spiel auch noch. Kuriosität am Rande: So dürfte Michael Tarnat der einzige Bundesliga-Torhüter der Bayern ohne Gegentor sein.

Auch vom Shareholder-Value als *prognostischem* Instrument erwartet man weit mehr, als er leisten kann. Denn er berechnet sich aus dem abdiskontierten, künftig erwarteten Cashflow. Über die Zukunft liegen jedoch keine Informationen vor.

Fehlende Informationen erzeugen Unsicherheit. Unsicherheit erzeugt Angst. Wer vor Entscheidungen steht, möchte verständlicherweise Unsicherheit und Angst reduzieren und stattdessen sicher sein, die *richtigen* Entscheidungen zu treffen. Daher legen sich manche Menschen die Karten oder befragen einen Wahrsager. Wie sonst kann man erfahren, was die Zukunft bringt?

In der Wirtschaft sind solche Techniken natürlich verpönt. Da zählen Fakten. Man meint, streng rational zu handeln, wie die ökonomische Theorie es vorsieht. Doch das ist eine schöne Illusion, der sich die Akteure allzu gerne hingeben.

Gemäß dem Rationalitätsmythos arbeiten sie mit Zahlen, die ihnen Sicherheit für ihre Entscheidungen geben. Die Zahlen werden umständlich berechnet, und weil die Mathematik als exakte Wissenschaft gilt, glaubt man, dass auch die errechneten Zahlen exakt seien. Sie basieren jedoch auf Modellen, denen Annahmen und Erwartungen zugrunde liegen. Annahmen und Erwartungen freilich sind nicht exakt, sondern Hypothesen und Vermutungen. Übrig bleibt nur eine Pseudorationalität.

Die prognostischen Grenzen des Shareholder-Values spielen in der Diskussion jedoch keine Rolle. Sie werden gar nicht beachtet. Trotzdem wird der Shareholder-Value häufig sehr kritisch betrachtet oder rundheraus abgelehnt, weil er angeblich nur die Interessen der Anteilseigner an einer hohen Rendite berücksichtige.

Short Termism

Die Börse honoriere vor allem soziale Leistungen nicht, wirft man ihr vor. Entlassungen würden mit Kurssteigerungen belohnt. Die kreative Erhaltung von Arbeitsplätzen (wie durch die Vier-Tage-Woche bei Volkswagen, als man vereinbarte, dass jeder Mitarbeiter 25 Prozent weniger arbeitet, statt ein Viertel der Belegschaft zu entlassen) hingegen werde eher als Nachteil gewertet. Auf einem Auge seien die Börsianer blind.

Dabei gelten deutsche Unternehmen als vergleichsweise sozial. Sie seien nicht so ausgeprägt „kapitalistisch" orientiert wie die amerikanischen mit ihren vierteljährlichen Rechenschaftsberichten. Diese seien – nach Ansicht vieler Beobachter – einer langfristigen Strategie nicht gerade förderlich, weil sie die Manager verführen, Quartalsgewinne kurzsichtig zu maximieren („Short Termism").

Tatsächlich möchte kein Manager solchen Short Termism zugeben. Ed Zander, Geschäftsführer des Softwareunternehmens Sun Microsystems, spielt, wie viele seiner Kollegen, die sich aus einer Fokussierung auf den Shareholder-Value ergebende Bedeutung der Quartalsberichte herunter: „Firmenpolitik wird bei uns nicht mit der Vorgabe gemacht, allein Wall Street zu gefallen. Natürlich wollen wir langfristig den Unternehmenswert steigern. Aber wenn du jeden Morgen aufwachst und an nichts anderes denkst, als dass noch 90 Tage bleiben, um Wall Street glücklich zu machen, dann wirst du wahnsinnig" (WirtschaftsWoche 39/00).

Aber von der Börse kommen gegenteilige Signale. Die Deutsche Börse muss sich sogar vorwerfen lassen, ihren Fetisch, die Quartalsergebnisse, für wichtiger zu halten als Erfolg! Wie sonst soll man es verstehen, dass Porsche trotz seiner glänzenden Bilanz im Juli 2001 aus dem M-DAX (dazu gehören die 70 wichtigsten Aktien hinter den 30 DAX-Schwergewichten) geflogen ist, weil das Unternehmen sich weigerte, alle drei Monate seine Quartalsberichte vorzulegen? Dabei hat Porsche seine Informationspflicht gegenüber den Aktionären durchaus ernst genommen und wurde 2001 sogar mit dem Investor-Relations-Preis für die beste Information aller im M-DAX gelisteten Firmen ausgezeichnet.

Doch die Börse ist selbst ein Unternehmen und will Umsatz machen. Wer nicht mitspielt, wird bestraft. „Also nützen Quartalsberichte letztlich nur den Aktienhändlern, weil sie bei jeder Umschichtung im Depot Geld verdienen", stellt Die Zeit (29/01) fest, und der Interviewpartner, Porsche-Chef Wendelin Wiedeking stimmt zu: „Das zeigt doch die ganze Kurzatmigkeit. So lenkt man kein Unternehmen, sondern man bemüht sich um die langfristigen Perspektiven. Ein Unternehmen hat fundamental wichtigere Indikatoren als ein Quartalsergebnis."

Der bekannte amerikanische Management-Publizist Henry Mintzberg fürchtet genau diesen Short Termism und seine Folgen. „Das Shareholder-Value-Verständnis, die Heroisierung der Manager und die überzogenen Share-Options-Programme machen aus Vorständen Götter. Das ist ungesund, denn viele von diesen Helden-Managern erfüllen ihre Aufgaben nur ungenügend. Ihnen geht es um ihr Image und ihre Geldbörse und nicht um die Zukunft ihrer Unternehmen. (...)

Wir erleben gerade einen massiven Produktivitätsverlust im Namen der Produktivitätssteigerung. Die Frage ist doch: Stärkt man die Prozesse im Unternehmen, die langfristigen Erfolg sichern – wie Produktentwicklung, Mitarbeiter- und Kundenloyalität – mit massiven Kosten- und Personalreduktionen, oder schwächt man sie? Das Shareholder-Denken hat alle diese langfristigen Prozesse stark unter Druck gesetzt. (…)

Die Produktivität sieht erst mal besser aus, wenn man das Lebensblut aus einer Organisation saugt. (...) Viele US-Manager sind dabei, die Institutionen zu zerstören, die ihnen ihre Boni zahlen" (WirtschaftsWoche 46/00). „Crowding out" nennt man dieses Phänomen. „Aktivitäten, die schwer messbar, aber notwendig für das langfristige Überleben des Unternehmens sind, werden verdrängt durch leicht messbare Aktivitäten, die einen unmittelbaren Gewinnanstieg verursachen" (Die Zeit 47/00).

Wer jedoch auf lange Sicht erfolgreich sein will, muss langfristig planen und handeln. Unternehmen müssen ständig modernisiert, die Technik auf den neuesten Stand gebracht werden. Und Unternehmen wie Sportvereine müssen für abgehende Mitarbeiter bzw. Spieler rechtzeitig Ersatzleute verpflichten. Insbesondere der bevorstehende Abgang von Schlüsselspielern wie Stefan Effenberg (2002) und Managern wie Uli Hoeneß (angekündigt für 2006) bedarf einer sorgsamen Vorbereitung.

Stakeholder-Value

Rolf-Ernst Breuer, Vorstandssprecher der Deutschen Bank, stellt abwiegelnd fest, dass in Deutschland das „Gefühl für soziale Verpflichtungen" eben doch ein anderes sei, und unter Shareholder-Value etwas anderes verstanden werde als in den USA (wo bleibt dann übrigens die Vergleichbarkeit?), nämlich „nicht das kurzfristige Denken und nicht das ausschließliche und primäre Zentrieren auf den Erfolg des Unternehmens, wie er sich in den Quartalsberichten niederschlägt. Wir [die Deutsche Bank] sehen (...) unseren Daseinszweck in der Befriedigung der Ansprüche eines Vierklangs. Erstens muss der Kunde zufrieden sein. Zweitens müssen die Mitarbeiter motiviert sein, sonst würden wir auch keinen Erfolg erzielen, der – drittens – unseren Aktionären, die uns das Kapital geben, zugute kommt. Wenn uns das alles erfolgreich gelingt, dann kommen wir – viertens – auch unserer Verpflichtung gegenüber der Gesellschaft nach" (Die Zeit 46/00).

Nun ja, solche Aussagen sind offenbar als PR zu werten. Wer soll denn glauben, dass die Deutsche Bank der Zufriedenheit ihrer Kunden oberste Priorität einräumt? Mit den berühmten „Peanuts" und dem Versuch einer Abschiebung des „ärmeren" Teils ihrer Kundschaft (mit einem Guthaben von weniger als 250.000 Mark/ 127.823 Euro) zur billigen Online-Tochter Bank 24 hat sie in der Öffentlichkeit den gegenteiligen Eindruck vermittelt. Das ist wieder solch eine Diskrepanz zwischen vollmundig deklarierten Zielen und erlebtem Handeln, die dem Vertrauen in das Unternehmen geschadet hat.

Dabei müssen Unternehmen natürlich Gewinne machen. Nur ein Unternehmen, dem es wirtschaftlich gut geht, kann seinen Stakeholdern (Mitarbeitern, Standortgemeinden usw.) nützen. Damit hat Breuer Recht. Ohne Shareholder-Value kein Stakeholder-Value. Erfolgreiche Unternehmen betätigen sich denn auch als Sponsoren, Mäzene, Philanthropen. Geht es dem Unternehmen hingegen schlecht, haben die Stakeholder wenig davon, und über kurz oder lang ist die Existenz gefährdet (eine bemerkenswert komprimierte Lektüre hierzu ist der Artikel „Verteufelter Shareholder-Value" von Gerhard Schwarz in der Neuen Zürcher Zeitung, 24.08.96).

Ähnlich sieht es Coca-Cola-Chef Douglas Daft: „Der Aktienkurs ist ein Maßstab für den Erfolg unserer Marke. (...) Shareholder-Value ist die logische Folge unseres unternehmerischen Handelns." Auf die Frage, ob unternehmerisches Handeln sich auch an den Folgen für die Stakeholder (Beschäftigte und Gemeinwesen) orientieren muss, antwortet er: „Absolut. Gutes zu tun ist gut für das Geschäft. Es bringt Geschäftserfolg und damit auch Shareholder-Value. Ein ‚Unternehmen als guter Bürger' ist Teil eines lokalen Gemeinwesens und unterstützt dort zum Beispiel Schulen. Oder den Umweltschutz" (Die Zeit 34/00).

So bleibt als Zwischenergebnis festzuhalten, dass eine Orientierung am Shareholder-Value durchaus nicht so negativ zu bewerten ist, wie das häufig geschieht. Es ist nachvollziehbar, dass ein Unternehmen nur dann gegenüber seiner Umgebung spendabel auftreten kann, wenn es das Geld zuvor verdient hat. Soziale Belange geraten durch das Shareholder-Value-Denken nicht per se ins Hintertreffen.

Auf Sand gebaut

Aber es ist schon merkwürdig, wie die Kritiker des Shareholder-Value gewissermaßen den Regen beklagen, während sie unter der Traufe stehen. Dass Analysten soziale Aspekte vielfach ausklammern und Finanzkennzahlen überbewerten, ist sicher ein Problem, welches aber dadurch gemildert wird, dass erfolgreiche Unternehmen langfristig die Zufriedenheit ihrer Mitarbeiter nicht ignorieren können. Viel elementarer ist freilich, dass es prinzipiell *unmöglich* ist, in die Zukunft zu blicken, und dass jede Kennzahl, die dies zu tun vorgibt, auf Sand gebaut ist und ihre Aufgabe *nicht erfüllen kann!*

Daher hat der in der Unternehmenspraxis verwendete Shareholder-Value wenig mit dem ursprünglichen Ansatz, die zukünftige Stärke eines Unternehmens zu bewerten, zu tun. De facto drückt er wenig mehr aus als die vergangenheitsorientierte Aktienrendite (Total Shareholder Return: Börsenwertsteigerung plus Dividendenzahlung). Mehr noch: Wie eine umfassende Studie der KPMG Consulting aus dem Jahr 2000 herausgefunden hat, kommen nur allein unter den DAX-100-Unternehmen mindestens 14 verschiedene Methoden oder Ansätze zur Ermittlung des vermeintlichen Shareholder-Values zum Einsatz. Dies mindert erheblich die Vergleichbarkeit, die ja gerade ein wichtiger Grund zur Schaffung eines allgemein verwendeten Erfolgsindikators ist. Obendrein fehlen häufig die nötige Einbindung in die Planung (Zukunftsorientierung) und die systemtechnische Unterstützung (Computer, Programme). Daneben hat die KPMG-Studie weitere methodische Mängel aufgedeckt. Das heißt, die Unternehmen kümmern sich bestenfalls halbherzig um ihren Shareholder-Value. Wenn sie das Gegenteil behaupten, dann nur, weil es von ihnen erwartet wird – mehr aber nicht. Das erinnert irgendwie an „Des Kaisers neue Kleider“.

Fazit zu These 3:

Erfolge der Vergangenheit lassen sich am Tabellenstand oder an Geschäftsergebnissen erkennen, zukünftige Erfolge nicht. Der Shareholder-Value ist daher eine Chimäre, ein modernes Orakel, Kaffeesatzleserei für Manager und Anleger. Er stellt eine gewaltige Irrationalität in einer Welt dar, die sich selbst als rational handelnd einschätzt. Welch eine Illusion. Alles kann passieren. Weil die Zukunft offen ist, hat aber jeder immer wieder eine Chance. Zwar siegt es sich leichter, wenn man bereits Erfolg hatte, wie der FC Bayern zeigt, weil allein die Aura des Erfolges manchen Gegner vor Ehrfurcht erstarren lässt. Aber zugleich gilt: Hochmut kommt vor dem Fall. ◆

Die Ersten und die Anderen

Erfolg ist janusköpfig. Auf der einen Seite ist er süß und verführerisch. Der Erfolgreiche strahlt, tritt selbstbewusst auf und hat mehr Erfolg. Erfolg schafft Erfolg. Auf der anderen Seite verpflichtet er, und das kann ein Problem werden. Auf dem Erfolgreichen lastet nämlich der Druck, seinen Erfolg zu wiederholen. Davon kann der FC Bayern ein Lied singen. Das Ziel wird zum Zwang. Und wenn man von Mal zu Mal nicht noch etwas draufsattelt, ist von Stagnation die Rede. Diesem Druck sind viele nicht gewachsen. Die hochgeschraubte Erwartung lähmt, zerstört Motivation und Kreativität und lässt den Erfolg ausbleiben.

Der FC Bayern kann damit leben, lässt sich von diesem Druck gar motivieren. Der Verein ist ein Siegertyp, sofern man das von einem Verein sagen kann. Seine Bundesliga-Historie ist eine Furcht einflößende Aneinanderreihung von Erfolgen. Kein anderer deutscher Fußballverein hat diese strahlende Aura um sich. Kein Konkurrent wagt es, so selbstverständlich die Meisterschaft anzustreben.

Als im Herbst 2001 die Bayern trotz langer Verletztenliste (Effenberg, Scholl, Jancker, Jeremies, Fink, Tarnat, Elber, Salihamidzic ...) souverän durch die Vorrunde der Champions League marschierten und acht Bundesliga-Siege in Folge hinlegten (ein neunter kam noch hinzu), fragte die Süddeutsche Zeitung Uli Hoeneß: „Die Neuen bekommen von Ihnen gleich den Bayern-Chip verpasst, den mit der Siegermentalität?“ Hoeneß: „Genau. Wir alle leben ihnen das vor – dass wir immer gewinnen wollen. Das Thema Verlieren gibt es bei uns nicht. Es findet sicherlich mal statt, aber es kommt in unseren Köpfen nicht vor. Wir sagen dem Spieler: Du bist so stark, du brauchst gegen niemanden auf der Welt zu verlieren."

Der FC Bayern will in jeder Saison Meister werden. Wenn etwas dazwischen kommt – na ja, nächstes Mal wieder. Andere Meisterschaftskandidaten nehmen das Wort höchst zögerlich in den Mund und das erst, nachdem sie mehrere Hintertürchen geöffnet haben. Die Erfolge des Clubs haben einen Mythos geschaffen, der ihn in jeder Saison automatisch zum Topfavoriten macht.

Nach dem Erfolg ändert sich alles. Der Meister wird immer von seinen Konkurrenten gejagt. Der Erste gibt die Richtung vor und schreitet vorweg. An ihm orientieren sich die anderen. Das ist in der Wirtschaft nicht anders als im Fußball. Dort nennt man es „Benchmarking".

Benchmarking

Eine „Benchmark" ist ein trigonometrischer Punkt, ein Referenzobjekt, eine Bezugsgröße, deren Qualität bekannt ist und zur Orientierung genutzt werden kann. Der daraus abgeleitete Begriff „Benchmarking" meint einen Ansatz, nach dem Unternehmen mit ihren Produkten, Dienstleistungen oder Praktiken den Vorgaben der Marktführer oder anderer Vorbilder nacheifern. Es kann z. B. um die allgemeine Performance eines Unternehmens, um technische Details der Produkte oder um interne Prozesse wie die Bearbeitung von Kundenbestellungen gehen. Die jeweils herausragende Vorgabe wird als Sollwert für eigene Leistungen deklariert. Sie soll zunächst erreicht und dann übertroffen werden.

Dabei gibt es einiges zu bedenken: Erstens stellt sich die Frage nach der Zuverlässigkeit von Informationen aus anderen Unternehmen, denn warum sollte jemand seine Konkurrenten durch allzu offenherzige Information stärken wollen? Details können aus taktischen Gründen verschwiegen werden, Angaben schlicht falsch sein.

Zweitens sind Zusammenhänge zu berücksichtigen, in denen herausragende Leistungen erbracht werden. Wer einen Teil der notwendigen Bedingungen nicht erfüllt, müht sich vergeblich um ähnliche Ergebnisse. Auch hier ist zu unterstellen, dass ein Marktführer diese Position nicht freiwillig aufs Spiel setzt und Geheimnisse für sich behält. Besonders erfolgreiche Unternehmen (z. B. die von Hermann Simon beschriebenen „Hidden Champions" mit Weltmarktanteilen von z. T. über 90 Prozent in ihrem Segment) zeichnen sich gerade durch große Verschlossenheit aus, bauen mitunter gar die zur Produktion benötigten Maschinen selbst, um ihr Know-how und ihre Verfahren geheim zu halten. Zwar widerspricht eine hohe Fertigungstiefe der herrschenden Philosophie (Outsourcing, Konzentration auf Kernkompetenzen), aber sie bewährt sich.

Drittens besteht die Gefahr, dass man durch notorisches Kopieren seine Kreativität sowie die Fähigkeit zu Eigenentwicklungen verliert.

Viertens wird ein Nachahmer dem Marktführer stets hinterherhinken. Allein schon der Zeitverzug zwischen einer Spitzenleistung des Vorreiters, der Entdeckung dieser Benchmark durch die Konkurrenz und ihrer Reproduktion (wenn sie überhaupt gelingt) sichert den inzwischen wahrscheinlich weiter ausgebauten Vorsprung des innovativen Unternehmens.

Deshalb warnt Peter Bongartz von der Deutschen Gesellschaft für Mittelstandsberatung (DMG) vor einer Anwendung dieses Konzepts im Mittelstand: „Beim Streben nach mehr Wettbewerbsfähigkeit entpuppe sich Benchmarking häufiger als Bremsklotz denn als Turbo. Gerade Mittelständler verbauten sich damit die Chance, durch völlig neue Ideen sich einen neuen Markt zu eröffnen. Das Benchmarking sei allenfalls geeignet, um im ersten Schritt das Umfeld zu analysieren, in dem sich ein Betrieb bewegt. Als zweiter Schritt müsse dann aber eine Strategie entwickelt werden, die die eigenen Angebote unverwechselbar und damit wertvoll für den Kunden mache. Allein durch Benchmarking hätte beispielsweise Ikea allenfalls die Rendite verbessert, so Bongartz. Mit der Innovation preiswerte Mitnahmemöbel wurden die Schweden dagegen Marktführer in einem neuen Segment."

Grundsätzlich handelt es sich beim Benchmarking also um eine Technik, die geeignet sein mag, Defizite zu verringern. Aber Nachahmer bleiben immer hinter ihren Vorbildern zurück und entwickeln kaum ein eigenes Profil.

Mit diesem Problem haben sich auch die Verfolger des FC Bayern herumzuschlagen. Verfolger zu sein ist vergleichsweise einfach. Bis auf den zweiten Platz kann man sich vorarbeiten. Schwer genug ist dies, doch der Sprung an die Spitze hat eine andere Qualität. Hier findet ein entscheidender Rollenwechsel statt, auf den man womöglich nicht ausreichend vorbereitet ist. Der neuen Rolle als Tabellenerster, Vorreiter, Trendsetter usw. sind viele nicht gewachsen. Ihnen geht, wenn sie schließlich doch Erste geworden sind, die Puste aus und sie fallen weit zurück. Andere versagen immer dann, wenn sie den entscheidenden Schritt an die Spitze vollziehen können. Ihnen ist klar – zumindest unbewusst – dass sie für die Führungsrolle (noch) nicht geeignet sind. Oder sie trauen sich nicht, diese auszufüllen. Oder sie schaffen es einfach nicht. Wie oft hat man das im Sport erlebt ...

Kopf an Kopf

Bayer Leverkusen ist ein Beispiel dafür. Die Mannschaft hatte eine tolle Saison 1999/2000 hingelegt. Vor dem letzten Spieltag betrug der Vorsprung vor dem FC Bayern drei Punkte. Das Duo lag einsam an der Spitze. Am letzten Spieltag musste Leverkusen beim Aufsteiger Unterhaching nur ein Pünktchen holen, und das schien angesichts der guten Verfassung eine reine Formsache. Aber erstens kommt es anders, als man zweitens denkt. Während die Bayern Bremen zu Hause mit 3:1 schlugen, bekam Leverkusen im wenige Kilometer entfernten Unterhaching mit 2:0 eins auf die Mütze. Beide, Leverkusen und Bayern, hatten nun 73 Punkte, die Bayern allerdings das bessere Torverhältnis. Zum frustrierenden fünften Mal innerhalb von sechs Jahren landete Leverkusen am Saisonende einen Platz hinter den Bayern.

Bayerns Dusel, Leverkusens Tränen. Was war passiert? Es gab keine plausible Erklärung. Hat die Psyche den Leverkusenern einen Streich gespielt? Hatte die berüchtigte Angst vor dem Erfolg wieder einmal zugeschlagen?

Leverkusen hätte den Triumph verdient gehabt, und die Bayern, die im Zuge ihres Tanzes auf drei Hochzeiten (sie holten auch den DFB-Pokal und schieden erst im Halbfinale der Champions League aus) einen vorübergehenden Fünf-Punkte-Vorsprung verspielt hatten, rechneten nicht mehr mit dem Titel. Selbst sie hätten ihn Christoph Daum und seinem Team gegönnt.

Umso größer war natürlich die Freude der Bayern über den nicht mehr erwarteten Erfolg. Selten hat die Mannschaft über eine Deutsche Meisterschaft so gejubelt. Nur ein Jahr später war es noch knapper, noch spannender, noch verrückter, auch wenn die Schlusstabelle für die Bayern einen Punkt Vorsprung ausweist.

Schon öfter hat sich gezeigt, dass das Unwahrscheinliche passieren kann – dass ein Titel tatsächlich so lange nicht sicher ist, wie noch die theoretische Chance besteht, abgefangen zu werden. Und wenn der Titel das alleinige Maß aller Dinge ist, steht der knapp geschlagene Zweite trotz hervorragender Leistung als Verlierer da. In der Bundesliga wurde das häufig genug bewiesen, nicht nur im Mai 2000 und 2001.

Wir schreiben das Jahr 1995. Bremen wollte in München Meister werden. Mit dem Titel hatten die Bayern nichts mehr zu tun (sie wurden Sechster). Aber sie spielten das Zünglein an der Waage, denn der letzte Spieltag brachte das Abschiedsspiel von Giovanni Trapattoni, für den die Mannschaft noch einmal alles geben wollte. Gegner war also Werder Bremen – pikanterweise, denn anschließend wechselte Bremens Trainer Rehhagel ausgerechnet nach München. Auch dieses Mal (wie fünf Jahre später) verlor Bremen am letzten Spieltag gegen München mit 3:1, was das Ende aller Meisterträume bedeutete. Hinter Dortmund wurde Werder unglücklicher Zweiter.

Ein weiteres Duell Bremen-Bayern ähnelt verblüffend dem Saisonfinale 2000 zwischen Bayern und Leverkusen. 1986 stand Bremen dicht vor der Meisterschaft und ging mit zwei Punkten Vorsprung in den letzten Spieltag (damals galt noch die Zwei-Punkte-Regelung; erst seit 1995 gibt es drei Punkte für einen Sieg). Ein Unentschieden hätte gereicht. Doch während Werder in Stuttgart mit 1:2 verlor, putzten die Bayern Gladbach mit 6:0 weg und hatten am Ende aufgrund des besseren Torverhältnisses die Nase vorn. In jener Saison führte der FC Bayern nur ein einziges Mal die Bundesliga an – am denkwürdigen letzten Spieltag.

Ottmar Hitzfeld und Christoph Daum kannten bereits das gemeinsame Vergnügen einer Meisterschaftsentscheidung in letzter Sekunde, bei der allerdings Daum der Glücklichere war. 1992, am letzten Spieltag, wähnte Dortmund (unter Hitzfeld) sich im Fernduell schon am Ziel seiner Träume. Dann schossen die Stuttgarter (unter Daum) in der Schlussphase den Siegtreffer in Leverkusen. Sie zogen nach Punkten mit dem Beinahe-Meister Dortmund gleich. Das bessere Torverhältnis entschied aber zugunsten der Schwaben.

Angesichts solcher Ereignisse – die natürlich nur eine kleine Auswahl der absoluten Spannungshöhepunkte darstellen – muss man sich nicht wundern, dass Fußball ein beliebter Sport ist. Am Tabellenende, im Kampf gegen den Abstieg, geht es – wie an der Spitze – fast immer überaus nervenaufreibend zu.

Tabellenstand und Erfolg

Im Fußball sowie vielen anderen Sportarten ist der Erfolg leicht und unmittelbar am Tabellenstand zu erkennen. So scheint es. Und in der Hierarchie der Ligen ist der in einer höheren Klasse spielende Verein besser als der in einer niedrigeren Klasse antretende.

Aber warum herrscht beim Tabellenletzten der Bundesliga wahrscheinlich eine schlechtere Stimmung als beim Spitzenreiter irgendeiner Kreisklasse?

Weil es für die subjektive Wahrnehmung von Erfolg nicht nur auf die absolute Position im Gesamtgefüge ankommt, sondern oft viel mehr auf die relative Position in der direkten Bezugsgruppe. Das sind die Vereine aus derselben Liga. Und da ist der Tabellenletzte der ersten Bundesliga nun einmal der Letzte, und nicht der achtzehntbeste Verein Deutschlands. Und der Tabellenführer der dritten Kreisklasse ist der Beste *seiner* Klasse.

FAZIT ZU THESE 4:

Als „Besten" kann man nicht nur den Weltpokalsieger ansehen. Auch der Meister einer Kreisliga ist Meister seiner Klasse. Entscheidend ist die jeweilige Bezugsgruppe, die direkten Konkurrenten, die Kollegen. Ebenso ist der beste Bäcker am Ort Marktführer – wenn man den lokalen Markt betrachtet, der in diesem Fall relevant ist.

Dies eröffnet Möglichkeiten, eigene Erfolge ins rechte Licht zu rücken oder ein Siegerimage aufzubauen. Für Großunternehmen, die größer wirken wollen; für kleine Betriebe, die sich auf lokaler Ebene profilieren wollen; für karriereorientierte Projekt- und Abteilungsleiter sowie eigentlich für jeden bieten sich folgende Strategien an:

- Definieren Sie den Markt oder das Marktsegment so, dass Sie ohne weiteres Zutun darin die stärkste Position einnehmen.
- Stellen Sie jene Erfolgsindikatoren als entscheidend hin, bei denen Sie sowieso am besten abschneiden, und bezeichnen Sie alle anderen Indikatoren als unwichtig.
- Erklären Sie die eigenen Leistungen mit Können und die Leistungen der Konkurrenten mit Glück.

- Lassen Sie Erfolge, die Sie in ganz anderen Bereichen erzielt haben, wie selbstverständlich als Schlüsselerfolge im eigenen Marktsegment erscheinen (z. B. „Der Schützenkönig unter den Fliesenlegern").
- Oder seien Sie tatsächlich die/der Beste.

Im Fußball wie in der Wirtschaft gilt: Ziele müssen im Vorfeld klar definiert werden und allen jederzeit zugänglich sein. Hinter die Kampfansage von Franz Beckenbauer zu Beginn der Saison 2001/2002, dass die Bayern vier Titel erstreiten möchten, kann kein Teammitglied mehr zurück. Daran wird sich der FC Bayern orientieren und messen lassen müssen. Der Rückzug von gesteckten Zielen ist allerdings schwierig: Wer es trotz aller Bemühungen nicht schafft, die Ziele zu erreichen, kann:

- bereits „vor Saisonende" die Erwartungen dämpfen,
- ein schlechteres Ergebnis als tatsächlich erreichbar als „optimistisches Ziel" hinstellen, das schließlich glorreich übertroffen wird,
- unglückliche Umstände verantwortlich machen,
- die vergangene Periode abhaken, nach vorne schauen und in der kommenden Periode erneut angreifen. ◆

Wenn der Erfolg kippt ...

Die Saison 2000/01 war bis zur Halbzeit schlecht gelaufen. Bayern wurde nicht einmal Herbstmeister. Dann gab es jedoch fünf Siege in Folge, und im Februar war die Tabellenspitze zurückerobert. Die Sorgenfalten glätteten sich.

Plötzlich kam es knüppeldick: Niederlage in Unterhaching. Unentschieden gegen Köln. Niederlage in Rostock. Eine verheerende 3:0-Packung in der Champions League in Lyon. Ein Punkt aus vier Spielen in zweieinhalb Wochen. Der FC Bayern steckte in der tiefsten Krise seit Jahren. Franz Beckenbauer hielt noch in Lyon eine „Brandrede", die an Deutlichkeit nichts zu wünschen übrig ließ, in der Sache richtig war, aber von vielen Seiten als arg überzogen und „unter der Gürtellinie" (Stefan Effenberg) kritisiert wurde. Wer hätte das erwartet? Wackelte Ottmar Hitzfelds scheinbar aus Granit gemeißelter Trainerstuhl? War der Verein am Ende?

Der Saisonausgang ist bekannt. Aber es hätte anders kommen können – theoretisch jedenfalls. Auch der Tabellenerste kann in jedem Moment vor dem Absturz stehen. Wie heißt es so schön: Gestern standen wir noch am Rande des Abgrunds. Heute sind wir einen Schritt weiter ...

Wie diverse Erfolgsindikatoren in der Wirtschaft, ganz besonders eben auch der Shareholder-Value, ist der Tabellenstand auf die Vergangenheit bezogen, denn er sagt nur aus, was eine Mannschaft in den letzten Wochen und Monaten geleistet hat. Der Tabellenstand verrät nichts über zukünftige Potenziale, wie sie etwa durch Experimente mit einer neuen Spieltaktik, eine geduldige Nachwuchsarbeit oder sparsames Wirtschaften mit der Bildung von Rücklagen für künftige Spielerkäufe geschaffen werden. Er offenbart auch nichts über bevorstehende Probleme und einen drohenden Niedergang, weil vielleicht gerade diese Dinge vernachlässigt wurden.

Genau besehen haben vergangenheitsbezogene Messgrößen – und welche sind nicht vergangenheitsbezogen? – im Sport ebenso wie in der Wirtschaft lediglich statistischen Wert. Zwar neigen Akteure und Beobachter dazu, vergangenen Erfolg in die Zukunft fortzuschreiben, doch dafür gibt es, wie bereits gezeigt, keine logische Grundlage. Allzu viel kann schief gehen und der Erfolgreiche wird über Nacht zum Verlierer.

Plötzlich kippt die Wahrnehmung. Fehlentwicklungen, die Beobachter und vermeintlich hoch qualifizierte Kontrollorgane längst hätten bemerken müssen, werden schlagartig offenbar.

Man denke an Heinz Schimmelbusch und die Metallgesellschaft, seinerzeit mit 27 Milliarden Mark Umsatz immerhin die Nr. 14 der deutschen Industriekonzerne, oder an den Baulöwen Dr. Jürgen Schneider.

Verspekuliert

1989 wurde Schimmelbusch zum Vorstandsvorsitzenden der Metallgesellschaft bestellt. Das Magazin „Top Business“ wählte ihn 1991 zum Manager des Jahres. Er vervierfachte den Umsatz – hauptsächlich durch den Zukauf zahlreicher Unternehmen. Bereits als „Gemischtwarenladen“ bezeichnet umfasste der Konzern 258 Firmen, darunter so namhafte wie Kolbenschmidt, Buderus und Dynamit Nobel.

Mitte Dezember 1993 wurde sein Vertrag um fünf Jahre verlängert. Da war die Welt scheinbar noch in Ordnung, obwohl es bereits wegen Fehlspekulationen am Ölterminmarkt Liquiditätsprobleme in einer ungeheuren Dimension gab. Wenige Tage später, am 17. Dezember, wurde Schimmelbusch gefeuert. Sein Ansehen war gekippt. Ein ebenso kurz überlegter wie merkwürdiger Sinneswandel des Aufsichtsrats, der von Schimmelbuschs falschem Spiel nichts gewusst haben wollte, aber schon lange etwas hätte wissen müssen.

Hatte der cholerische Vorstandsvorsitzende noch im November versichert, dass die Verluste im laufenden Geschäftsjahr höchstens 347 Millionen Mark betrügen, stellte sich wenig später heraus, dass es tatsächlich 1,87 Milliarden (am Ende des Geschäftsjahres 1993/94: 2,7 Milliarden) waren. Allein das misslungene Öltermin-Glücksspiel kostete zirka 2,86 Milliarden, und 9,4 Milliarden Mark Gesamtschulden ließen den Konzern fast die Segel streichen.

Peanuts

Auch der gefeierte Baulöwe Dr. Jürgen Schneider galt als erfolgreich und wurde hofiert. Mitte April 1994 war er plötzlich mit gutem Grund verschwunden. Er ließ nicht nur viele Handwerksbetriebe auf ihren Rechnungen und seine Mitarbeiter ohne Job sitzen. Auch die Banken – sie hatten noch kaum die Metallgesellschaft-Krise verdaut – sahen einmal mehr ziemlich alt aus mit ihren leichtfertig, ohne ausreichende Sicherheiten gewährten hohen Millionenkrediten. Die unrühmliche Geschichte ist inzwischen als sehenswerte Komödie verfilmt.

Im Prozess gegen den ehemaligen Baulöwen verkündete der Vorsitzende Richter Gehrke am 41. Verhandlungstag das Urteil in einer bemerkenswerten Weise (dokumentiert in der Zeit 2/98). Ein Auszug:

„Herr Dr. Schneider hat erkannt, wie wenige vor ihm, den Hauptmann von Köpenick vielleicht ausgenommen, dass in unserer Gesellschaft im Allgemeinen und bei den Banken im Besonderen Schein vor Sein geht. Je mehr man zu sein und vor allem zu haben scheint, umso respektvoller und entgegenkommender wird man behandelt. Wer nur kleine Beträge ausleihen will und kann, wird durchleuchtet bis aufs Hemd. Wer Millionensummen fordert und den Eindruck erweckt, schon Milliardensummen zu besitzen, der kriegt sein Geld nachgetragen. So ist der Fall Schneider auch eine Parabel für unsere Gesellschaft."

Häme und Wut der Öffentlichkeit richteten sich indes weniger gegen Schneider selbst als vielmehr gegen die allzu sorglosen Banken, die Blendern das Geld hinterherzuwerfen scheinen, normalen Bürgern und kleinen Firmen hingegen oft nur allzu widerwillig Kredite gewähren. Vor allem die Arroganz des DeutschBankers Hilmar Kopper – angesichts der in Höhe von 50 Millionen Mark ausstehenden Handwerkerrechnungen sprach er von „Peanuts" (womit er 1994 das „Unwort des Jahres" prägte) – ließ die Volksseele hochkochen.

Seine Erdnüsse wurde Kopper nicht mehr los. „Mister Peanuts hat ausgeknuspert", titelte die taz nach Bekanntgabe seines für 1997 geplanten Rücktritts vom Posten des Vorstandsvorsitzenden der Deutschen Bank. Der Fauxpas legte sich wie eine klebrige Schmutzschicht auf seine sonstigen Leistungen – was ihm aber nicht viel auszumachen schien, denn für eine Anzeige der F.A.Z. ließ er sich auf einer Peanut-Farm in Dawson, Georgia, inmitten einer riesigen Menge Erdnüsse ablichten.

Fazit zu These 5:

Man kann daraus lernen, wie vergänglich Erfolg ist. Auch ein FC Bayern ist nicht davor geschützt. Scheinbar unantastbare Giganten können stolpern und fallen. In jedem Spiel muss wieder bei Null begonnen werden. Der Sieg vom letzten Wochenende nützt wenig. Das positive Geschäftsergebnis des letzten Jahres gibt dem Manager vielleicht Handlungssicherheit, aber es ist kein Garant für einen Erfolg im laufenden Geschäftsjahr.

Und die Häme der Gegner und der Presse steigt mit der Liga und der Bedeutung des Unternehmens. Bundesweit wird kein Sieg so bejubelt wie ein Sieg über die Bayern aus München – kein Blatt hätte über das Peanuts-

Interview von Kopper berichtet, wenn das nicht der Vorstandsvorsitzende der Deutschen Bank gewesen wäre. Wer hoch spielt, kann hoch verlieren. Die Fälle Heinz Schimmelbusch und Dr. Jürgen Schneider haben gezeigt, wie schnell die einst so glänzende Zukunft zu einer unrühmlichen Vergangenheit werden kann.
Das hat auch eine moralische Dimension. Der Erfolgreiche sollte sich vor Hochmut und Arroganz hüten und seine (vorübergehend?) unterlegenen Konkurrenten nicht demütigen oder vorführen. Denn man sieht sich immer zweimal im Leben ... ◆

Erfolg durch Glück?

Als der FC Bayern 1965 in die Bundesliga aufstieg, schloss man die erste Saison 1966 als Tabellendritter ab und holte den DFB-Pokal. Für den Europacup der Pokalsieger qualifiziert, gewann man diesen in der Folgesaison gleich auf Anhieb, und obendrein erneut den DFB-Pokal. 1968 ging man leer aus, um ein Jahr später das Double (Meisterschaft und DFB-Pokal) zu erreichen.

Das war ein ziemlich furioser Anfang. Seit dem Bundesliga-Aufstieg blieben nur elf von 36 Jahren ohne zählbare Erfolge. Wie kein anderer Verein verstand es der FC Bayern, sein hohes Leistungsniveau dreieinhalb Jahrzehnte lang zu halten, und ein Ende ist nicht in Sicht. So verwundert es nicht, dass bei diesem Verein die Messlatte besonders hoch liegt. Von Erfolgen verwöhnt wird inzwischen in jeder Saison ein Titel erwartet.

Wenn man die alten Münchner Lokalrivalen TSV 1860 und FC Bayern vergleicht, muss man feststellen, dass mit etwas Glück die Löwen, die im Gegensatz zu den Bayern von Anfang an in der Bundesliga spielten, langfristig erfolgreicher hätten sein können. Aber es kam anders. Nicht ganz unwesentlich waren einige Personalentscheidungen – man sollte sie eher als „Fügungen" bezeichnen –, die manchen später immens wichtigen Spieler in den Kader des FC Bayern brachten:

- Franz Beckenbauer, seinerzeit beim SC 1906 München, wollte in seiner Jugend lieber zu den „Blauen". Weil ihm jedoch bei einem Schülerturnier ein Spieler der Löwen eine Ohrfeige verpasst hatte, wechselte er mit 13 Jahren zum FC Bayern.
- Gerd Müller schnappten die Bayern den Löwen 1964 unter der Nase weg, weil die Bayern-Delegation eine halbe Stunde früher bei ihm zu Hause erschien. Der spätere „Bomber der Nation" dachte sogar zunächst, er würde mit dem TSV 1860 verhandeln, der sich ebenfalls angekündigt hatte. Aber es waren die Bayern, die ihm obendrein ein besseres Angebot, einen sofortigen Profi-Vertrag, unterbreiteten.
- Karl-Heinz Rummenigge landete 1974 bei den Bayern, weil Max Merkel, seinerzeit Trainer beim TSV 1860, fand, dass er „zu gut für die Blauen" sei.

Kleine Ursache – große Wirkung

Ursachen des Erfolges sind vielfältig. Sie beeinflussen sich gegenseitig in komplexer, kaum vorhersehbarer Weise. Die Chaosforschung beschäftigt sich mit solchen Phänomenen.

Das ist im Wirtschaftsleben nicht anders. Kleine Ursache – große Wirkung. Entscheidungen von möglicherweise geringer Bedeutung können durch unvorhergesehene Einflüsse in gänzlich neue Denk- und Entscheidungssphären führen. Die an sich belanglose und nebenbei getroffene Wahl des Transportmittels – z. B. wenn ein Geschäftsführer mit dem Auto statt mit der Bahn zu einer Besprechung fährt – hat normalerweise keine, bei einem schweren Unfall vielleicht aber dramatische Konsequenzen für das Unternehmen. Der Autounfall, den Torwartlegende Sepp Maier am 14. Juli 1979 knapp überlebte, bedeutete das abrupte Ende seiner Karriere. Dem deutschen Fußball ging damit eine Spielerpersönlichkeit verloren – dem FC Bayern blieb er als Torwarttrainer erhalten.

Dass Erfolg oft entscheidend von Glück und Zufall abhängt, lässt sich am FC Bayern exzellent demonstieren. Womöglich hat ein einziger Torschuss die heutige Position und das heutige Selbstverständnis des Vereins begründet.

Wir schreiben das Jahr 1974. Der FC Bayern hat sich für das Endspiel im Europacup der Landesmeister qualifiziert und spielt im Brüsseler Heysel-Stadion gegen Atletico Madrid. Mit 0:0 endet die reguläre Spielzeit. Verlängerung. Sechs Minuten vor Schluss gehen die Spanier verdient in Führung. Zwei Minuten sind noch zu spielen. Alles scheint vorbei zu sein. Da lässt Georg „Katsche“ Schwarzenbeck, eigentlich Abwehrspieler, aus 30 Metern Entfernung zum gegnerischen Tor einen gewaltigen Sonntagsschuss los – und trifft. Das Spiel muss gemäß dem damaligen Modus wiederholt werden.

Der „Sonntagsschuss“

Hans-Georg Schwarzenbeck schildert dieses wichtige Tor wie folgt: „Ich lief so dreißig, fünfunddreißig Meter in halbrechts aufs Madrider Tor zu, als der Franz mir den Ball zuspielt. Als mich keiner angreift, habe ich einfach mal mit meinem stärkeren rechten Fuß draufgehalten. Dass der Ball ins Tor gegangen ist, war schon ein Glück. Standen doch alle Spieler außer dem Maier Sepp in der gegnerischen Hälfte. Dann der Schlusspfiff, und alle sind auf mich eingestürmt. Da hab ich gesagt, lieber hätte der Gerd [Müller] das Tor gemacht, der kennt sich aus mit der ganzen Journalistenfragerei. Aber heute bin ich schon recht stolz, dass auch mir so ein wichtiges Tor für meinen FC Bayern gelungen ist!“

Zwei Tage später demontiert der FC Bayern Atletico Madrid mit 4:0. Uli Hoeneß macht das beste Spiel seiner Karriere. Gleichzeitig hatten die Bayern die dritte Meisterschaft in Folge unter Dach und Fach gebracht. In den Siebzigerjahren war es die letzte, doch dafür gewann man anschließend noch zweimal den Cup der Landesmeister, und 1976 obendrein den Weltpokal. Mit dieser Serie, die vielleicht ohne Katsches Glücksschuss nicht zustande gekommen wäre, etablierte Bayern München sich als europäische Spitzenmannschaft, was das Selbstbild und die von außen gestellten Ansprüche an den Verein nachhaltig prägte.

Auf europäischer Bühne war der FC Bayern – von drei Ausnahmen (1978/79, 1983/84, und 1992/93) abgesehen – fortan ständig präsent, doch mehr als der UEFA-Pokal 1996 sprang nicht dabei heraus. Trotzdem fühlte man sich unverdrossen der kontinentalen Elite zugehörig. Und das Aushängeschild des deutschen Vereinsfußballs war man sowieso. Aufgrund der Konstanz auf vergleichsweise hohem Niveau war das sicher gerechtfertigt, aber man sieht hier erneut, wie die Schatten – oder besser: die Lichtmomente der Vergangenheit über Jahrzehnte hinweg wirken können.

Erfolg durch Erfahrung

Manchmal macht ein Wimpernschlag den Erfolg aus, manchmal fehlt ein Quäntchen. 1999 fehlten zwei Minuten zum Gewinn der Champions League. Nach 90 Minuten führten die Bayern im Endspiel gegen Manchester United („ManU“) mit 1:0 und wähnten sich bereits am Ziel ihrer Träume. Dann kam der berühmte Doppelschlag von Teddy Sheringham und Ole-Gunnar Solskjaer in der Nachspielzeit. Das war's. Aus der Traum. ManU gewann mit 2:1, und wenig später ging für die Bayern auch das DFB-Pokalfinale gegen Werder Bremen im Elfmeterschießen verloren. Zwar waren sie souverän Meister geworden, doch die traumatisch knappen Endspielniederlagen schienen noch lähmend in die nächste Saison hineinzuwirken.

Zwei Jahre später zeigte sich freilich, dass derartige Erlebnisse nicht nur verheerend und deprimierend sind, sondern dass sie sich auch in positive Energie umwandeln lassen, wenn man aus ihnen lernt. Die Meisterschaft 2001, noch knapper als die des Vorjahres, zeigte, wie gereift die Mannschaft war. Das letzte Spiel fand in Hamburg statt, und den Bayern hätte ein Unentschieden genügt. Als der HSV in der 89. Minute das 1:0 schoss, war der Titel jedoch weg. Jubelstürme auf Schalke, wo man bereits die Meisterschaft feierte, denn Schalke hatte gegen Unterhaching 5:2 gewonnen. Die Bayern hatten indes verinnerlicht, dass das Spiel erst vorüber ist, wenn es zu Ende ist. Sie gaben sich nicht auf und warfen in der Nachspielzeit alles nach vorne. Dann der Rückpass des Hamburgers Tomas Ujfalusi zum Torhüter Mathias Schober, den jener in Bedrängnis mit den Händen aufnahm. Indirekter Freistoß neun Meter vor dem Tor. Tumulte. Die 93. Minute. Patrik Andersson schießt … – durch die Mauer … – Tooor …

Bayern war doch wieder Deutscher Meister geworden. Den Zuschauern blieb in diesen Minuten vor Aufregung fast das Herz stehen. Aber die Bayern-Spieler hatten einen kühlen Kopf bewahrt. Ottmar Hitzfeld betonte anschließend in mehreren Interviews, dass die Lektion von Manchester gewirkt hatte. Der Mannschaft, angetrieben von Oliver Kahn, war bewusst, was man in der Nachspielzeit noch alles bewirken kann. Ihr unbedingter Wille kam hinzu, und so hatte man es tatsächlich erneut geschafft, das Unmögliche möglich zu machen.

Der FC Bayern – nicht nur der Verein an sich, sondern sogar fast genau dieselbe Mannschaft – hat einige Grenzsituationen überstanden, bittere Niederlagen bezogen, ist daran aber nicht zerbrochen, sondern gestählt daraus hervorgegangen. Das formt den Charakter und gibt Kraft in wiederholten Grenzsituationen, da es um Alles oder Nichts geht. Es war genau diese Erfahrung, diese Reife, die die Bayern den Schalkern voraus hatten und die in diesem dramatischen Saisonfinale den Ausschlag gab.

Daraus lässt sich folgern: Je häufiger und regelmäßiger sich Erfolg einstellt, desto unwahrscheinlicher ist er auf Zufall und Glück zurückzuführen. Die herausragende Performance des FC Bayern über dreieinhalb Jahrzehnte hinweg mit Glück erklären zu wollen wäre schon sehr verwegen. Nein, hier ist tatsächlich gute Arbeit geleistet worden.

Vielleicht hatten die Bayern Glück, von Anfang an in der Spitze mitzumischen und schnell Erfolge zu haben, die im kollektiven Gedächtnis, in Geschichte, Kultur und Selbstverständnis des Vereins hängen blieben und in den Köpfen der langjährigen Aktiven präsent waren. Diese Erfahrung konnte an nachfolgende Spieler weitergegeben werden. Wer als Spieler beim FC Bayern anfing, wurde zugleich Mitglied des Kollektivs mit einer solch einmaligen Tradition – und damit besonderem Erfolg verpflichtet. Einige herausragende Spieler blieben nach ihrer aktiven Zeit als Führungspersonen dem Verein erhalten, wiederum in der Lage, ihre Erlebnisse und Erfahrungen weitergeben zu können. Und Erfolg gebiert Erfolg.

Hochmut kommt vor dem Fall

Die permanente und fast schon beängstigende Dominanz des FC Bayern ist sicher zum Teil auf diese Abgeklärtheit im Umgang mit Erfolg zurückzuführen. Je mehr Erfolg, desto mehr Erfahrung damit. Wenn die Bayern Meister werden, kann niemand anders Meister werden, also auch keine entsprechende Erfahrung sammeln. Und so befindet man sich auf einer Spirale, die der Konkurrenz verwehrt bleibt (solange der Verein sich vor Überheblichkeit und Selbstgefälligkeit hütet, worum man sehr bemüht ist), während Konkurrenten die demoralisierende und lähmende Erfahrung machen, dass letztlich doch nur wieder die Bayern die Nase vorne haben.

Die Routine der Bayern wird daher immer größer. In einer solchen Situation gelten weitere Erfolge eigentlich als selbstverständlich, und Konkurrenten müssen unverhältnismäßig viel mehr Energie aufwenden, um dieselben Erfolge zu haben.

Genau dies kann aber zum unterschätzten Stolperstein werden, der schon manchen scheinbar unbezwingbaren Giganten umgeworfen hat, auch in ganz anderen Bereichen.

Die Geschichte von David und Goliath

Das Unternehmen IBM etwa, von seiner Marktmacht verblendet und in krasser Fehleinschätzung des neuen Marktsegments Personal Computer (PC), überließ die Entwicklung eines Betriebssystems für die ungeliebten kleinen Kisten der unbedeutenden Firma Microsoft. Diese Entscheidung sollte man bald bereuen.

Nachlässigkeit und Leichtsinn machten sich in der Saison 2000/01 unter den Bayern-Spielern breit, als sie glaubten, angesichts ihrer Stärke mit 90 Prozent Leistung trotzdem Meister werden zu können – was zwar gerade noch gut, aber doch fast ins Auge ging. Das Sprichwort „Hochmut kommt vor dem Fall“ hätte sich hier fast bestätigt. Beinahe hätte das Gefühl des sicheren Erfolges die Spieler eingelullt. Gerade rechtzeitig wachten sie auf. Davon wird noch zu reden sein.

Vielleicht ist es dieses Phänomen, das allen Siegesserien ein Ende setzt, und das zudem dafür gesorgt hat, dass noch kein Fußballverein mehr als dreimal in Folge Deutscher Meister wurde. Dann ist die Luft erst einmal raus.

Sollte der FC Bayern ein solches Kunststück dennoch vollbringen, wäre das eine umso beachtenswertere Leistung des Trainers und des Managements, die gemeinsam einen Weg finden müssen, ihre an Erfolgen satten Spieler unter Spannung zu halten und neu zu motivieren.

Fazit

Der FC Bayern München, von deutschen Sportjournalisten mit fast 900 Punkten Vorsprung zur Mannschaft des Jahres 2001 gewählt, ist unstrittig der erfolgreichste Fußballverein Deutschlands. Eine so klare Dominanz ist allerdings eher ungewöhnlich. Schon die Frage nach dem zweiterfolgreichsten Verein ist deutlich schwerer zu beantworten, und die Antwort hängt entscheidend von der Wahl der Erfolgsindikatoren ab.

In der Wirtschaft ist der Shareholder-Value zu einem wichtigen Erfolgsindikator geworden. Er wurde geschaffen, um den künftigen Erfolg von Unternehmen zu prognostizieren, doch bei näherer Betrachtung zeigt sich, dass dies ausgeschlossen ist. Wie der Tabellenstand in der Bundesliga die Punkte und Tore aus vergangenen Spielen aufaddiert, spiegelt der Shareholder-Value ausschließlich zurückliegende Leistungen von Unternehmen wider.

Natürlich beeinflussen Erfahrungen die Erwartungen. Wie der FC Bayern vor jeder Saison als einer der Topfavoriten für den Meistertitel gehandelt wird, weil er Rekordmeister ist und in dreieinhalb Jahrzehnten fast immer um den Titel mitspielte, werden erfolgreichen Unternehmen eher weitere Erfolge zugetraut als erfolglosen. Aber das sind lediglich Erwartungen, die auf einer Fortschreibung bekannter Tendenzen in die Zukunft beruhen. Wissenschaftlich gerechtfertigt ist das nicht, und immer wieder gibt es Brüche in Entwicklungen. Eben noch als erfolgreich geltende Unternehmen (wie die Metallgesellschaft) stürzen ab, sobald Managementfehler oder Betrügereien bekannt werden. Spekulationsblasen platzen (siehe den NEMAX), sobald euphorische Fehleinschätzungen und Überbewertungen ganzer Branchen einem nüchternen Denken weichen. Schwarze Tage (Crashs) oder Terroranschläge lassen Börsenkurse auf breiter Front einbrechen. Schlagartig rutschen Erwartungen ins Negative, verdüstert sich die Einschätzung der Zukunft – zumeist plötzlich und unerwartet.

Hinterher stellt man dann oft fest, dass man es vorher hätte merken können, dass es warnende Stimmen durchaus gegeben hat – gerade bei Missmanagement oder Spekulationsblasen – die jedoch ignoriert wurden. Unsere Zukunft ist also nicht nur unvorhersehbar. Schlimmer noch – die Menschen, geprägt durch Selbsttäuschung, Wunschdenken, Herdentrieb usw., verstehen es vortrefflich, selbst erkennbare Entwicklungen zu übersehen. Die von Managern und Ökonomen so gerne unterstellte Rationalität gibt es nicht.

Ein zuverlässiger Blick in die Zukunft – so sehr man ihn sich auch wünschen mag – ist prinzipiell nicht möglich. Allerdings haben Vereine und Unternehmen zahlreiche Möglichkeiten, ihre Zukunft positiv zu beeinflussen, wenn sie die richtige Strategie verfolgen.

3. Die Strategie: Visionen, langfristige Ziele und situative Taktik

Der FC Bayern ist in der Bundesliga eine Ausnahmeerscheinung. Kaum ein Verein schafft es, über fünf bis zehn Jahre in der Spitze mitzuspielen. Die Bayern hingegen tun dies – von drei bis vier Ausrutschern abgesehen – seit fast 37 Jahren. Ihre Strategien sind erfolgreich.

Strategisches Management ist in der Wirtschaft ein Dauerthema. Unzählige Bücher werden dazu veröffentlicht, und nach der Lektüre sind manche Führungskräfte so ratlos wie vorher. Andere haben eine Vision, verfolgen diese konsequent und haben Erfolg. Sie verfügen über strategische Kompetenz, vielleicht ohne dies überhaupt zu ahnen.

Dieses Kapitel möchte einen Einblick in strategische Zusammenhänge vermitteln, ohne jedoch Patentrezepte bieten zu können. Drei Thesen sollen bei der Orientierung behilflich sein:

THESE 6: Ohne eine Strategie *kann* man Erfolg haben. Mit einer Vision und den richtigen Strategien sind Erfolge wahrscheinlicher. Die Vision des FC Bayern ist es, zu den besten Fußballmannschaften der Welt zu gehören. Dazu muss er auf dem Feld erfolgreich sein, aber auch ein Umfeld (TV-Übertragungsrechte, Merchandising, usw.) schaffen, das es ihm ermöglicht wirtschaftlich mit den anderen Clubs in Europa mitzuhalten.

THESE 7: Visionen müssen einfach verständlich sein: Sie sind auf das Marktumfeld des Handelnden abgestimmt. Die Vision muss von den Akteuren und dem Marktumfeld verstanden und gelebt werden. Dabei ist es nicht nötig, sie als „Vision“ explizit zu verkünden. Wichtig ist, dass die konkreten Ziele (Meisterschaft, Pokalgewinn usw.) jedem Mitarbeiter bekannt sind und sich in allen Entscheidungen des Managements wiederfinden.

THESE 8: Die Taktik ist die der Strategie untergeordnete Verhaltensrichtlinie. Um ihre Strategie zu verfolgen, wenden Unternehmer und Fußballtrainer verschiedene Taktiken an, denn es führen immer mehrere Wege zum Ziel. Es gibt die Möglichkeit, seine strategischen Ziele in der Öffentlichkeit lautstark zu verkünden und zu vertreten und sich damit selbst unter Leistungsdruck zu setzen. Oder man versucht, heimlich, still und leise und ohne Aufsehen ans Ziel zu kommen. Bayern München ist erfolgreich mit einer Kombination der beiden Taktiken: Mit Hoeneß, dem Manager und Polterer, der auch vehement Stellung bezieht und Rummenigge, dem effektiven Lobbyisten.

Grundlagen einer Strategie

Mit Erfahrungen aus der Vergangenheit und Informationen aus der Gegenwart gilt es, möglichst erfolgreich in eine unbekannte und ungewisse Zukunft zu steuern.

Wenn ein Segler seinen Hafen nicht kennt, gibt es für ihn keinen günstigen Wind, sagte einst Seneca. Mit anderen Worten: Wer kein Ziel hat, kommt nie an. Wer jedoch – um Senecas Gedanken fortzuführen – einen bestimmten Hafen ansteuert, kann günstigen Rückenwind nutzen und weiß selbst bei Gegenwind, dass man durch Kreuzen („Zickzack"-Segeln gegen den Wind) zwar langsam vorankommt, sich aber dennoch dem Ziel nähert. Wer also ein Ziel hat, weiß, was er selbst in ungünstigen Situationen zu tun hat, und kann sich bietende Chancen ergreifen. Wer kein Ziel hat, kann dagegen überhaupt nicht abschätzen, was eine Chance ist.

Damit hat die Strategiediskussion bereits begonnen. Eine Strategie dient nämlich genau dem Erreichen eines vielleicht recht fernen Zieles.

Was bedeutet „Strategie"?

Der Begriff bedeutet „Plan für das Vorgehen". Da nach weit verbreitetem Verständnis die Wirtschaft sich in einem kriegsähnlichen Zustand befindet (was in martialischen Formulierungen wie „Konkurrenzkampf", „Übernahmeschlacht", „Marktanteile erobern" oder „Brechen des Marktwiderstandes" zum Ausdruck kommt), hat man den ursprünglich militärischen Strategiebegriff dort übernommen. Auf Unternehmen bezogen meint er die längerfristige Orientierung an bestimmten Zielen oder die Einhaltung geplanter Vorgehensweisen.

Dabei gibt die Strategie mit Fernzielen die allgemeine Richtung vor. Mittelfristige Zwischenziele, kurzfristige Entscheidungen und punktuelle Einzelmaßnahmen sollen taktisch auf die übergeordnete Strategie abgestimmt werden.

Ein Seemann, der am Horizont, wo Meer und Himmel sich scheinbar berühren, keinen Fixpunkt findet, navigiert mit einem Kompass. Das ist – wie das Kreuzen gegen den Wind – eine bewährte Technik. Unternehmen mit ihrem Bestreben, in einer komplexen Welt mit ungewisser Zukunft eine gute Figur zu machen, brauchen ebenfalls irgendeine Technik. Sie verwenden anstelle des Kompasses eine Strategie.

Wozu dient eine Strategie? Sie homogenisiert und koordiniert Entscheidungen und Maßnahmen, die sonst unverbunden nebeneinander stehen und sich teilweise widersprechen würden. Sie sorgt dafür, dass man Gelegenheiten nutzen und Signale setzen kann, weil man weiß, wo man hin möchte, statt sich im alltäglichen, situativen Hin und Her aufzureiben und mit planlosem Durchwursteln kostbare Ressourcen zu vergeuden. Strategische Planung dient somit folgenden Zielen (Hentze/Brose):

- Konzentration der Kräfte
- Aufbau auf Stärken/Vermeidung von Schwächen

- Ausnutzen von Umwelt- und Marktchancen
- Innovation
- Ausnutzen von Synergiepotenzialen
- Abstimmung von Zielen und Mitteln
- Schaffung einer zweckmäßigen, führbaren Organisation
- Risikoausgleich
- Ausnutzung von Koalitionsmöglichkeiten
- Beharrlichkeit
- Schaffung einer einheitlichen Grundauffassung

Die strategische Investition

Da jedoch, wie gezeigt, unvorhergesehene Ereignisse oder Umstände Entwicklungen mitunter in völlig neue Bahnen lenken, kann man mit seiner Strategie auch ziemlich danebenliegen, muss sie immer wieder prüfen und, wenn nötig, rechtzeitig umstellen. Schließlich sind Unternehmen selten frei in ihren Entscheidungen, sondern müssen auf Aktivitäten von Konkurrenten oder Ereignisse in ihren Märkten reagieren. Dabei kann auch manche ursprünglich nicht geplante Investition nötig werden.

In der Formel 1 spricht man wieder vom „Reifenkrieg". Beendet ist die Zeit, da der japanische Reifenhersteller Bridgestone als alleiniger Lieferant sämtlicher Rennställe wie ein Monopolist seine Ruhe hatte. In der Saison 2001 nahm Michelin nach längerer Abstinenz den Kampf auf. Der Spiegel berichtet: „Als die Japaner 1997 in die Formel 1 einstiegen, folgten sie nur einem Ziel: in Europa Michelin vom Thron zu stoßen. Bridgestones Zuwachsraten, von drei WM-Titeln maßgeblich unterstützt, nahmen für die Franzosen dann auch bedrohliche Ausmaße an. Der Konzern aus Clermont-Ferrand, zwischen 1977 und 1984 am Gewinn von vier Weltmeisterschaften im Grand-Prix-Geschäft beteiligt, sah sich zur Rückkehr geradezu genötigt. Die Formel 1 diene als ‚Plattform der Imageverbesserung', so Firmenchef Edouard Michelin, das Comeback sei ‚eine strategische Investition in die Marke'."

Auch in der Personalpolitik kann man strategische Ziele verfolgen: Die Verpflichtung von Sebastian Deisler zur Saison 2002/03 war eine strategische Investition, die im Rahmen einer langfristigen Personalplanung beim FC Bayern erforderlich wurde. Denn der Rücktritt des Schlüsselspielers Stefan Effenberg stand fest, und von anderen Spielmachern wie Mehmet Scholl war ebenfalls abzusehen, dass sie über kurz oder lang aus Altersgründen abtreten würden. Da musste als Nachfolger rechtzeitig ein vielversprechendes Mittelfeldtalent gefunden, integriert und zum neuen Spielmacher aufgebaut werden.

Szenarien

Ohne Strategie bleibt jedes Wirtschaften nur ein Durchwursteln. „Nachdem wir das Ziel aus den Augen verloren hatten, verdoppelten wir unsere Anstrengungen", lautet ein Bonmot. Alle mühen sich wie der Hamster im Laufrad, der nie ankommt. Anstrengungen jedoch, die zu nichts führen, sind blinder Aktionismus und Vergeudung von Energie.

Die Strategie arbeitet auf ein Ziel, auf eine Vision hin. Das Ziel ist ein Zustand, den man für erreichbar hält. Dabei kann es sich um eine Vision handeln oder um ein Szenario. Szenarien sind plausible Entwürfe zukünftiger Situationen, die mit Hilfe von Kreativitätstechniken (wie Brainstorming) entwickelt werden. Eine Vision ist eine konkrete Vorstellung von der Zukunft, ein fertiges Bild sozusagen, das durch freie Assoziationen in der Fantasie eines Menschen entstanden ist.

Zur Erstellung von Szenarien machen Experten sich Gedanken über mögliche Entwicklungen und stellen denkbare Alternativen – gute und schlechte – einander gegenüber. Sie haben also verschiedene Szenarien vor Augen und fragen sich: Was wollen wir? Was können wir? Was ist möglich? Was ist unwahrscheinlich?

Unter Berücksichtigung der Risikobereitschaft, der eigenen Stärke sowie weiterer Faktoren entwickeln sie in Anbetracht der Szenarien eine Strategie. Diese dient dem Unternehmen für die nächsten Jahre als Kompass. Der Ökonom Michael E. Porter unterscheidet fünf Methoden, die alle ihre spezifischen Vor- und Nachteile haben:

- auf das wahrscheinlichste Szenario setzen.
- auf das „beste" Szenario setzen.
- sich gegen Verluste sichern.
- flexibel bleiben.
- Einfluss nehmen.

Nun stehen verschiedene Arten von Strategien zur Auswahl. Michael E. Porter unterscheidet folgende drei Strategietypen:

1. *Umfassende Kostenführerschaft* („Billiganbieter" mit geringsten Kosten und niedrigsten Preisen, nicht unbedingt aber niedriger Qualität; Beispiel: Aldi).
2. *Differenzierung* (Abheben von der Konkurrenz durch besondere, einmalige Leistungen wie Qualität, Exklusivität, Sicherheit oder Service, für die Kunden einen Aufpreis zu zahlen bereit sind; Beispiel: die unbegrenzte Umtausch- und Rücknahmegarantie bei Lands End, die einem Konkurrenten soviel Kopfzerbrechen bereitete, dass er die Werbung für diesen Service per Gerichtsbeschluss verbieten ließ).
3. *Konzentration auf Schwerpunkte* (Besetzung von Marktnischen in Kostenführerschaft oder Differenzierung; siehe das folgende Beispiel Porsche).

Klein aber fein

Die Porsche AG, der kleinste und seit Jahren der erfolgreichste Autohersteller Deutschlands, kann sich in seiner Nische, dem Markt für exklusive Sportwagen, gut behaupten. Aber Exklusivität hat ihren Preis. Der geplante Carrera GT mit 558 PS soll 350.000 Euro kosten. 150 Bestellungen lagen im Oktober 2000 bereits vor. 500 Exemplare sollen gebaut werden und eine Mindestrendite von 25 Prozent einfahren.

Von 49.000 Sportwagen (1999) will Wendelin Wiedeking, seit 1992 Vorstandschef, die Produktion bis 2003 auf 75.000 Stück steigern, bis 2005 sogar auf 100.000. Dazu soll der neu entwickelte Sportgeländewagen Cayenne beitragen. Bleibt die Exklusivität dabei gewahrt?

Wiedeking meint, dass „der weltweite Markt für Sportwagen pro Jahr zwischen 650.000 und 700.000 Einheiten aus[macht]. Wenn wir unseren Absatz an diesem Potenzial messen, liegt unser Anteil daran noch deutlich unter zehn Prozent. Insofern können wir an dem Kuchen also durchaus noch weiterknabbern."

Neue Chancen – neue Risiken

Manche Entwicklungen sind allerdings auch absehbar, ohne dass man sie beeinflussen kann. Dann kann man seine Strategie immerhin auf die Entwicklung abstimmen, etwa wenn einschneidende Änderungen gesetzlicher Rahmenbedingungen bevorstehen, wie bei der Abschaffung des Rabattgesetzes zu beobachten.

2001 fiel in Deutschland das antiquierte Rabattgesetz aus dem Jahr 1933 sowie die Zugabeverordnung. Nun dürfen Preise frei ausgehandelt sowie Rabatte und Zusatzleistungen versprochen werden. Im Einzelhandel gelten neue Bedingungen. Bislang verbotene Strategien der Kundengewinnung sind nunmehr gestattet. Aus dem Ausland (wie den USA) bekannte Aktionen werden über kurz oder lang in Deutschland Einzug halten. Das sind z. B. Kundenkarten, Bonuspunkte, Rabatte, Prämien und Gewinne für treue Kunden. Unterschiedlichste Anbieter wie Kaufhäuser, Tankstellen, Kinos, Stromkonzerne, Banken und Reiseveranstalter arbeiten zusammen. Wer bei ihnen kauft, kann seine Bonuspunkte bei Partnerunternehmen einlösen.

Man kann auch versuchen, die Kundenströme zu steuern. Damit etwa in Zeiten schwacher Auslastung mehr Kunden in die Läden kommen, kann man Sonderrabatte, Gratisleistungen oder Extrapunkte ausloben.

So versucht jeder, Kunden an sich zu binden. Dasselbe tut natürlich auch die Konkurrenz. Gewinne und Verluste an Kunden werden sich ungefähr die Waage halten. Wer attraktive neue Angebote schafft, wird schnell imitiert und hat daher nur einen vorübergehenden Vorteil. Unter dem Strich bleiben mehr Freiheiten, mehr Möglichkeiten und mehr Risiken. Auf der Strecke bleibt ein Stück obrigkeitsstaatlicher Bevormundung.

FAZIT ZU THESE 6:

Akteure sind Entwicklungen, die um sie herum stattfinden, keineswegs nur passiv ausgesetzt. Mit etwas Glück und Geschick oder einer bedeutenden Position auf mindestens einem Teilsegment des Gesamtmarktes können sie gestaltend mitwirken, Entwicklungen selbst vorantreiben oder sich daran beteiligen.

Der FC Bayern hat es immer verstanden, seine Positionen in den nationalen und internationalen Fußballverbänden einzubringen. Für den lokalen Unternehmer heißt das, die Arbeit in seinem Umfeld (Kommunalpolitik, Verbände, IHK u. Ä.) nicht zu vernachlässigen. Der FC Bayern hat dafür eigens Karl-Heinz Rummenigge abgestellt, der sein Haupttätigkeitsfeld in den Verbänden hat. Denn hier werden Entscheidungen getroffen, die den unmittelbaren Erfolg einer Strategie fördern oder verhindern können.

Wir werden sehen, wie der FC Bayern bei der Umgestaltung der europäischen Mannschaftswettbewerbe mitgewirkt und die lukrative Champions League mitgestaltet hat. Das brachte dem Verein in der Saison 2000/01 immerhin über 50 Millionen Euro ein. ◆

Visionen und ihre Quellen

Der Unterschied zwischen Szenarien und Visionen entspricht ungefähr dem zwischen Handwerk und Kunst. Beim FC Bayern arbeitet man durchaus auch mit Szenarien. Eine bedeutendere Rolle scheinen hier jedoch Visionen einzunehmen. Denken Sie an den PR-Gag mit den Lederhosen.

Visionäre verzichten auf eine aufwändige Szenarienbildung. Sie haben die Gabe – gespeist durch ihre Markt- oder Branchenkenntnis – durch genaue Beobachtungen oder Analogieschlüsse künftige Entwicklungen gleichsam intuitiv zu erkennen und entsprechende Maßnahmen zu ergreifen.

Uli Hoeneß gilt als ein solcher Visionär oder Vordenker. Er hat die gegenwärtige Spitzenstellung des FC Bayern, insbesondere aber die kommerziellen Erfolge der letzten Jahre, mit geprägt. Auch wenn es ihm oft zum Nachteil ausgelegt und teils heftig kritisiert wird – es ist auch sein Verdienst, dass etwa bei dem Verkauf der Fernsehrechte gewaltige Beträge in die Kassen der Fußballvereine fließen. Für die gesamte Professionalisierung des deutschen Profifußballs waren er und der FC Bayern Wegbereiter.

Hoeneß, der aus gesundheitlichen Gründen (beidseitige Meniskusverletzung im rechten Knie) seine Fußballerkarriere frühzeitig beenden musste, wurde im Juli 1979 mit 27 Jahren jüngster Manager der Bundesligageschichte. Kurz zuvor hatte er bereits die Rückkehr von Paul Breitner eingefädelt, der nach drei Jahren bei Real Madrid in Braunschweig versauerte. Die beiden erinnern sich in einem Interview mit der Süddeutschen Zeitung zum 100. Geburtstag des FC Bayern an Visionen und strategische Überlegungen:

„*SZ:* Und Sie kamen nicht einfach, um hier Fußball zu spielen, Sie brachten auch eine Idee mit.

Breitner: Es war eine alte, gemeinsame Idee von Uli und mir. Wir wussten, irgendwann wird der Franz [Beckenbauer] einmal aufhören [zu spielen]. Und dann wird unsere Generation beim FC Bayern das Sagen haben. Und wir wollten aus dem Club ein neues Real Madrid machen. Das war bei uns beiden all die Jahre im Hinterkopf, die Überschrift über allem.

Hoeneß: Real war das Nonplusultra, der Fußballclub schlechthin. Fünfmal hintereinander Europapokalsieger der Landesmeister. Die haben ganz in Weiß gespielt. Ohne irgendeinen Werbestreifen. Das war der Wahnsinn. Und diese Uneinholbarkeit des Vereins ...

Breitner: ... diese Grandezza ...

Hoeneß: ... die wollten wir für den FC Bayern erreichen.

Breitner: Ich hatte ja selbst dort von 74 bis 77 gespielt. Die Leute, die damals diesen Verein geführt hatten, das waren echte Persönlichkeiten.

SZ: Aber der Club stand unter dem besonderen Schutz des Diktators General Franco.

Breitner: Ich habe den Francismus noch 15 Monate erlebt. Für Franco, für seine Ideologie, war Real das einzige echte Aushängeschild. Und unter Franco groß zu werden, hieß, ganz groß zu werden. Spanien war international isoliert, die Grenzen waren dicht. Wir Spieler zum Beispiel mussten unsere Pässe abgeben. Ich konnte nur ausreisen, wenn ich vom Verein meinen Pass zurückbekam. Und der einzige geachtete Repräsentant dieses Landes war Real. Und deswegen wurde der Club auf so unvorstellbare Weise hofiert. Wir hatten allein sechs Mannschaftsärzte, 20 Schreiner, 20 Gärtner, 600 Angestellte im Stadion. Auf dem Vereinsgelände gab es eine Filiale der Banco Popular, dort zahlten die Mitglieder ihre Beiträge ein. Und nach jedem Spiel lag am Montag, um 10 Uhr, unsere Prämie im Schließfach.

SZ: Und Ähnliches hatten Sie auch mit dem FC Bayern vor?

Breitner: Was das Image, die Größe, den sportlichen Erfolg des Clubs betraf. Andere Dinge waren in der Demokratie, in Deutschland, natürlich unvorstellbar. Zum Beispiel die Sache mit dem Finanzbeamten, der jedes Jahr einmal zu unserem Kapitän Amancio kam und zu dem sagte: Ich gebe dir hier eine Liste und da trägst du bitte ein, was jeder Spieler an Steuern bezahlen will. Und dann haben meine Mannschaftskameraden umgerechnet so 300, 400 Mark fürs Jahr angegeben ..."

Kurz: Real Madrid muss die Spieler ordentlich beeindruckt haben. Der Verein trat zwar mit der Protektion eines Diktators auf, aber er war auch außerhalb Spaniens, wohin Francos Arm nicht reichte, sehr erfolgreich und ist noch immer eine

Topadresse im europäischen Fußball. Acht Titel im Pokal der Landesmeister und seit 1992 in der Champions League sprechen eine deutliche Sprache. Real gewann gleich die ersten fünf Titel im Landesmeister-Wettbewerb seit 1956 in Serie, womit ein Ehrfurcht gebietender Ruf begründet wurde.

Wie der FC Bayern sich im Hinblick auf eine Betreuung der Spieler von dem spanischen Verein hat inspirieren lassen, wurde bereits gezeigt. Die Vision war also durchaus nicht nur Hoeneß' Fantasie entsprungen, sondern hatte reale Vorbilder.

Wie man sieht bietet es sich an, in anderen Branchen und Ländern herumzustöbern und Ideen aufzugreifen. Eine Vision kann ohne weiteres aus dem kreativen Übertragen und Zusammenfügen vorhandener Praktiken bestehen. So hat das Internet völlig neue Geschäftsmodelle ermöglicht und z. B. in Verknüpfung mit dem Buchhandel oder einem Auktionshaus die herkömmlichen Branchen erschüttert.

Internetvertrieb

1995 gründete der Wall-Street-Broker Jeff Bezos den Online-Buchhandel Amazon.com „einfach aus der nüchternen Kalkulation heraus, dass es Bücher sind, die sich am besten für den Start eines Online-Handels eignen". Mit dieser Idee begründete er ein neues Marktsegment und wurde zum weltweiten Marktführer sowie zu einer Ikone der „New Economy".

Im Laufe der Jahre kamen CDs, Videos, Software und andere Produktgruppen hinzu – und immer mehr große und kleine Konkurrenten aus dem traditionellen Handel. Nicht nur Konzerne wie Bertelsmann, sondern auch einzelne Buchläden bieten inzwischen ihre Waren im Internet an. Der Online-Buchhandel wurde zur Normalität, ebenso wie normale Probleme Amazon einholten. Denn selbst im „Cyberspace" kann ein Unternehmen längerfristig ohne Gewinne nicht überleben. Will Bezos sein Unternehmen in die Zukunft führen, muss er Wege finden, die Kosten (vor allem im Vertrieb) zu senken. Immerhin wurde im 4. Quartal 2001 erstmalig ein Gewinn ausgewiesen.

Doch kreative Pioniere laufen Gefahr, nach einer gewissen Reaktionszeit wieder von erfahrenen Anbietern überrundet zu werden. Die Anbieter neuer Geschäftsmodelle (Amazon) müssen alles, auch klassische Dienstleistungen (Vertrieb) neu aufbauen und zunächst Erfahrungen damit sammeln, also Fehler machen. Dagegen ist es für alteingesessene Unternehmen einfacher, neue Technologien (Internethandel) ihren bereits routinemäßig funktionierenden Dienstleistungen hinzuzufügen. Beim Otto Versand etwa waren jahrzehntelange Erfahrungen im Vertrieb bereits vorhanden. Dort konnte man schnell den neuen Service – Bestellungen per Internet – zusätzlich anbieten, musste nur seine Infrastruktur anpassen und die eigene Internetadresse im Katalog angeben. Die Strategie, so Vorstandschef Michael Otto Ende März 2001, ist „die Verknüpfung von Katalogangebot, Stationärgeschäft und Internet zu einem zeitgemäßen Multichannel-Vertrieb."

Internet-Auktionshäuser

Nachdem die Entwicklung von Internet-Unternehmen die anfängliche Goldgräberstimmung hinter sich gelassen hat und in eine erste Reifephase eingetreten ist, lassen sich erste Strukturen erkennen. Mit 22,5 Millionen Kunden und hohen Gewinnen ist eBay „der erfolgreichste Anbieter im Cyberspace“, und fest etabliert, was bei Internet-Ikonen wie Amazon und Yahoo noch keineswegs sicher scheint.

Das Time Magazin sieht eBay als eines der wenigen Unternehmen, die die spezifischen Möglichkeiten des Internets nutzen, ohne sich klassischen Firmen und herkömmlichen Vertriebsstrukturen anzunähern. Die Firma benötigt keinen Einkauf, keine Lagerhaltung, keinen Vertrieb. Sie muss keine Produkte zurücknehmen oder umtauschen und auch keine Restposten abstoßen. Sie führt einfach nur Verkäufer und Käufer zusammen, und da inzwischen auch namhafte Hersteller wie Sun Microsystems, General Motors und Disney eBay für ihren Vertrieb nutzen, gilt die Zukunft als gesichert.

eBay, von Pierre Omidyar und Jeff Skoll gegründet und seit 1998 mit einem professionellen Management mit Old-Economy-Erfahrung ausgestattet, hat seinen „first mover“-Vorteil (als erstes Unternehmen dieser Art) genutzt, um wichtige Kunden an sich zu binden, und damit einen uneinholbaren Vorsprung gewonnen. Fast uneinholbar, denn ein wichtiges Marktsegment hatte man mit seinen Auktionen, bei denen Preise frei ausgehandelt werden, übersehen: Kunden, die nicht handeln wollen, sondern an Festpreisen interessiert sind. Und die sind unerwartet zahlreich.

Josh Kopelman entdeckte dieses Segment und gründete den Internet-Flohmarkt half.com für gebrauchte Bücher, CDs, Videos und Computerspiele zu Festpreisen. Ansonsten imitierte er eBay. Dann gelang seiner Firma einer der größten PR-Coups der Internet-Geschichte, wodurch sie schlagartig bekannt wurde: Für 75.000 Dollar plus 22 Computer nannte sich der Ort Halfway, Oregon in „half.com, Oregon“ um, worüber gar in einer beliebten Fernseh-Show berichtet wurde. Sofort hatte Josh Kopelman 250.000 Neukunden. eBay erlebte einen Einbruch, merkte, dass ein gefährlicher Konkurrent aufgetreten war, der aber gleichzeitig eine interessante Ergänzung darstellte, und kaufte half.com kurzerhand auf.

Visionen, die die Welt verändern

Spannend und lehrreich sind vor allem die Geschichten, in denen große Unternehmen bahnbrechende Ideen links liegen ließen, deren Potenziale erst von fantasievollen Einzelgängern erkannt wurden. Beispielsweise hatte Xerox den Personal Computer (PC) erfunden, hielt ihn aber für so unnütz, dass die Firma ihn nicht einmal patentieren ließ. Steve Jobs und Steve Wozniak hingegen erkannten die Möglichkeiten und konstruierten 1977 den ersten Apple-Rechner, der eine ungeahnte Entwicklung auslöste.

Apple Computers könnte heute auf dem Weltmarkt führend sein, wenn die Gründer damals interessierten Herstellern großzügiger Lizenzen für Rechner und Software erteilt hätten. Das taten sie nicht und Bill Gates ergriff mit einem schlechteren Produkt die Chance.

IBM war ähnlich fantasielos wie Xerox. Nach dem Erfolg von Apple wollte der weltbeherrschende und selbstzufriedene Computerhersteller sich ebenfalls auf dem PC-Markt tummeln, etwas halbherzig allerdings. Überzeugt von der Schlüsselrolle seiner rechnenden Kästen – heute Hardware genannt – überließ IBM die Entwicklung von Betriebssystem und Prozessor anderen und gestattete ihnen auch noch eine eigene Lizenzpolitik.

Diese anderen waren Microsoft und Intel. Wie heute bekannt, nahm die Geschichte nicht den von IBM erwarteten Verlauf. Hardware kann jeder bauen. Entscheidend sind das Betriebssystem und der Prozessor. Hier hatte IBM sich gründlich verschätzt und die Chance vertan, seine globale Dominanz zu sichern.

Wer die Geschichte der Videorecorder verfolgt hat, kann bestätigen, dass Visionen und herausragend Produkte allein nicht ausreichen. Zum Erfolg am Markt gehört auch die richtige Strategie. In der Frühphase konkurrierten nämlich eine Reihe inkompatibler Systeme miteinander. Die verbreitetsten waren das Betamax-System (1975 von Sony präsentiert), das Video Home System (VHS, 1977 von JVC auf den Markt gebracht) und Video 2000 (von Philips/Grundig, 1979). VHS galt als das technisch unterlegene dieser drei Systeme, konnte sich bis 1987 aber dennoch am Markt durchsetzen, weil JVC seine Lizenzen am großzügigsten vergab.

Nach dieser Lektion bemühte sich die Industrie, bei der Entwicklung neuer Produkte (z. B. bei der Compact Disc) frühzeitig gemeinsame Standards zu vereinbaren, um den kostspieligen (durch parallele Entwicklungen) und umsatzschädigenden (weil die Konsumenten abwarten, welches System sich durchsetzt) Wettlauf zu vermeiden.

Sony dachte gleich noch ein bisschen ganzheitlicher. Dort erkannte man, dass zum System nicht nur Datenträger an sich gehören, sondern auch Aufnahme-/Wiedergabegeräte sowie ein möglichst großes Angebot fertig bespielter Produkte. Daher übernahm Sony 1988 den Musik- und Filmriesen Columbia (CBS), um bei zukünftigen Technologien (wie der Mini Disc 1992) neben eigenen Geräten die notwendigen Rechte zu besitzen, also Hardware und Software aus einer Hand anbieten zu können.

Ideen sammeln

Visionen können also der Beginn neuer Unternehmen sein, oder sie eröffnen bestehenden Unternehmen neue Geschäftsbereiche, neue Märkte. Uli Hoeneß jedenfalls strebte an, die Vereinseinnahmen vom aktuellen, durch Wetter, Tabellenstand und Zuschauerinteresse beeinflussten Tagesgeschehen unabhängig zu machen. Bereits in den späten Achtzigerjahren sah er amerikanische Verhältnisse heraufdämmern: Sportvereine, die mit Zuschauern in den Stadien zwar einiges Geld verdienen, ihre eigentlichen Einnahmen aber in den Bereichen TV und sonstiges Marketing haben. Auf diese Schiene setzte er den FC Bayern München. Neue Einnahmequellen sollten vor allem in den Bereichen Fernsehübertragungsrechte, Merchandising sowie Sponsorengelder erschlossen werden. Das war (und ist) wesentlicher Bestandteil der Strategie des FC Bayern.

Weitere Pläne sind der Börsengang sowie ein neues Stadion. Zum neuen Stadion gehört mehr Service, und der wiederum bringt neue Einnahmen. Siehe Manchester: „Die Leute kommen schon zum Mittagessen, sie übernachten im vereinseigenen Hotel, schauen sich das Museum an und kaufen im Megastore von ManU ein", schwärmt Karl-Heinz Rummenigge. Und Uli Hoeneß rechnet: „Eine weitere Geldquelle für den englischen Champions-League-Gewinner 1999 ist das eigene Stadion mit umfassendem Catering. 5000 Mittagessen pro Partie in Old Trafford bringen (...) in jedem Heimspiel eine Viertelmillion Mark Umsatz. Machte, auf den FC Bayern übertragen, bei veranschlagten 17 Bundesligabegegnungen unter eigenem Dach, rund vier Millionen Mark aus."

Fast staunt man, dass über zwei Milliönchen Euro Umsatz überhaupt nachgedacht wird. Doch konsequente Strategen nutzen auch die kleineren Chancen am Rande. Sie dürfen sich dabei nur nicht verzetteln.

Fazit zu These 7:

„Erfolgreiche Strategien entspringen der Gabe, Entdeckungen im richtigen Moment zu machen", zitiert die Wirtschaftswoche (32/00) den amerikanischen Managementexperten Gary Hamel.

Das ist der entscheidende Punkt. *Entdeckungen* – im Gegensatz zu Erfindungen – müssen nämlich nicht neu geschaffen werden. Die Ideen sind bereits da, sie werden nur noch nicht genutzt, oder sie werden noch nicht in dem neuen Zusammenhang genutzt. Dabei könnte jeder die Idee aufgreifen und umsetzen, jeder Manager könnte sie für seine Firma nutzen, jeder könnte eine neue Firma gründen und das Produkt herstellen oder den Service bieten.

Uli Hoeneß und Paul Breitner hatten die Vision, aus Bayern ein zweites Real Madrid zu machen. Das ist weder besonders orginell noch ein eigenständiges Konzept. Aber es wurde von den Spielern und Managern verstanden und gelebt. Alle Managemententscheidungen der Folgejahre lassen sich an dieser Vision messen: Für die Spieler ein Umfeld (Trainingsgelände, Fahrzeuge, Gehälter) zu schaffen, sodass auch sie an die Machbarkeit und den Erfolg der Vision glaubten. ◆

Übertragungsrechte

Uli Hoeneß fand, dass Fußballübertragungen unterbezahlt waren. Er verlangte „von den Anstalten nur den Preis, den sie für Sendungen mit ähnlichen Einschaltquoten bezahlen. Dann sind 100 Millionen [Mark] ein Pappenstiel, 500 müssten wir kriegen", zumal sich Fußballübertragungen im Vergleich zu diversen Shows mit relativ geringem Aufwand und kostengünstig realisieren lassen. So resümiert Dietrich Schulze-Marmeling: „Die Bayern fochten hier einen Kampf, von dem der gesamte Profifußball profitierte. Und nur der FC Bayern besaß zu diesem Zeitpunkt die hierfür notwendige Kraft. Der Verkaufspreis [der Fernsehrechte] begann sich nun dem realen Marktwert anzunähern."

Voraussetzung für steigende TV-Einnahmen waren Veränderungen in der Medienlandschaft. Namentlich die wachsende Bedeutung der Privatsender sorgte für Konkurrenz gegenüber den öffentlich-rechtlichen, und Konkurrenz belebt bekanntlich das Geschäft. Jetzt konnten die Fußballvereine bzw. der DFB zwischen mehreren Verhandlungspartnern die Preise hochtreiben. Leider entwickelte sich, als erst die Politik mit ihrer Günstlingswirtschaft das Thema entdeckte, eine eigene Dynamik, die sich vom Markt und seinen Gesetzen abkoppelte.

Kirch und seine Amigos

Nachdem ARD und ZDF zum allgemeinen Medienjubel die Übertragungsrechte für die Fußball-WM 2002 erworben hatten, kommentierte Klaus Ott in der Süddeutschen Zeitung (www.sueddeutsche.de, 08.03.01):

„Nun heucheln sie alle: Schröder, Schily, Stoiber, Huber, Beck, Stolte, Kirch, Völler, Mayer-Vorfelder. Jeder Politiker, Intendant, Manager, Trainer und Funktionär, der etwas vom Fußball und vom Fernsehen zu verstehen glaubt, spricht von einer frohen Botschaft. (...)

Was in diesen Tagen beim Gefeilsche um die Übertragungsrechte der Weltmeisterschaften 2002 in Asien und 2006 in Deutschland geschieht, ist ein Lehrstück über die Kommerzialisierung des Fußballs und den Missbrauch des Nationalsports für politische und wirtschaftliche Zwecke. Die Akteure suchen nur ihren Vorteil auf Kosten der Zuschauer, die das Millionengeschäft mit ihren Fernsehgebühren bezahlen müssen und deshalb getäuscht werden. Es hat nie die Gefahr bestanden, dass die Fans beim größten Sportereignis der Welt nicht in der ersten Reihe sitzen. Die wichtigsten Spiele der Weltmeisterschaften einschließlich aller Auftritte der deutschen Nationalelf müssen in frei empfangbaren Sendern wie ARD oder Sat 1 übertragen werden; das ist längst Gesetz.

Die Drohkulisse, der Fußball könne in Kirchs teurem Abo-Fernsehen verschwinden, musste nur aufgebaut werden, um die Rekordpreise für die Übertragungen zu rechtfertigen. 250 Millionen Mark sollen ARD und ZDF aus ihrem Gebührentopf jetzt für 25 Spiele der WM 2002 an den Medienhändler überweisen, später sollen sie sogar 500 Millionen Mark für ebenfalls 25 Spiele des Turniers 2006 in Deutschland zahlen. Das ist eine Verschwendung von öffentlichen Geldern und eine Subvention von Kirch, der wieder einmal finanzielle Sorgen hat und nun von der Politik gestützt wird, vor allem von der CSU. Auf dem freien Markt, beim privaten Fernsehen, wären diese Summen niemals zu erzielen, auch Kirchs eigener Sender Sat 1 könnte und würde das nicht zahlen. (...)

Jetzt werden die Vereine und Verbände weiter versuchen, jede Mark aus dem Fernsehen herauszupressen, allen Beteuerungen zum Trotz, man wolle wieder mehr an die Anhänger im Stadion denken. Uli Hoeneß und Karl-Heinz Rummenigge vom FC Bayern München sind längst der Geister nicht mehr froh, die sie gerufen haben. Doch die Gelegenheit zur Wende ist verpasst. Die Medienkonzerne werden nun erst recht die Spieltermine bestimmen und eines Tages vielleicht sogar die Spielregeln, ermuntert durch Kirchs Erfolg bei der Vermarktung der Weltmeisterschaften.

Der Medienhändler ist der große Sieger der Schlacht um den Fußball. Er darf auf Traumrenditen von 100 Prozent und mehr beim Verkauf der WM-Rechte in Europa hoffen, nachdem in Deutschland die Barrieren gefallen sind. Daneben gibt es viele Kriegsgewinnler aus Politik und Profifußball. Kanzler Schröder poliert sein Image als Krisenmanager auf, der Holzmann wie dem Fußball hilft. Sein Parteifreund Kurt Beck aus Rheinland-Pfalz mimt kurz vor den Landtagswahlen den Mann des Volkes. Eigentlich hätte Beck für seinen dreisten Populismus einen Wahldämpfer verdient, das Gegenteil wird wohl geschehen.

Dann ist da noch der unionsnahe ZDF-Intendant Dieter Stolte, der auf seine alten Tage unbedingt im Amt bleiben will und zum Dank für Becks Wahlkampfgeschenk nun auf dessen Unterstützung bei seiner eigenen Wiederwahl zählen kann. Beck ist einer der einflussreichsten Kontrolleure im ZDF, das auch von Bayerns Regierungschef Edmund Stoiber beaufsichtigt wird. Stoiber und sein Statthalter Erwin Huber müssen einstweilen nicht befürchten, dass Kirch das Geld ausgeht und der Medienhändler über seine Milliardenkredite bei der halbstaatlichen Landesbank die ganze CSU-Regierung mit in den Abgrund reißt. Auch die Fußball-Bundesliga, die fast nur noch von Kirchs TV-Geldern lebt, ist vorläufig gerettet.

Verloren haben die Zuschauer in den Stadien und vor dem Fernseher. Sie werden für dumm verkauft und müssen dafür auch noch bezahlen.“ Auch die Zeit (48/01) beleuchtete die Verflechtungen und Interessenkonflikte. Ein Skandal ...

Inflation

Während 1963, im Gründungsjahr der Bundesliga, ARD und ZDF gerade einmal 600.000 Mark (306.775 Euro) an den DFB zahlten, kletterte der Preis, den vor allem Sat 1 und Premiere 1998 für die Bundesliga-Übertragungsrechte zu berappen hatten, auf rund 325 Millionen Mark (166,2 Millionen Euro) jährlich. 2001 waren es bereits 750 Millionen Mark (383,5 Millionen Euro) pro Saison, und dieser Vertrag zwischen der Kirch-Gruppe und dem DFB bzw. inzwischen der Liga GmbH läuft bis 2004.

Natürlich kassiert auch der internationale Fußballverband FIFA für die zuletzt immer paketweise (1990-98, 2002-06) vergebenen weltweiten TV-Übertragungsrechte für die Fußball-Weltmeisterschaften beträchtliche Summen, wobei zur WM 2002 gegenüber der vorherigen Endrunde ein Anstieg auf das Zehnfache zu verzeichnen ist (www.sueddeutsche.de, 08.03.01):

1990	Italien	114 Mio. DM	(58,3 Mio. €)
1994	USA	132 Mio. DM	(67,5 Mio. €)
1998	Frankreich	174 Mio. DM	(89,0 Mio. €)
2002	Japan/Südkorea	1,7 Mrd. DM	(869,2 Mio. €)
2006	Deutschland	1,7 Mrd. DM	(869,2 Mio. €)

Und die Gehälter? Uwe Seeler, damals der beste bundesdeutsche Stürmer, verdiente 1966 49.500 Mark (25.309 Euro) einschließlich aller Prämien – das Fünffache des Durchschnittseinkommens. Zehn Jahre später erhielt Gerd Müller bereits eine halbe Million Mark (eine viertel Million Euro). Und 2001 verbuchten die Spieler des FC Bayern allein für den Einzug in das Viertelfinale der Champions League eine Prämie von 250.000 Mark (127.823 Euro). Und Spitzenverdiener im Ausland? Nach seinem Wechsel zu Real Madrid im Sommer 2001 soll Zinedine Zidane rund sechs Millionen Euro jährlich erhalten.

Dieses Beispiel zeigt, wie eine Strategie zwar Erfolg haben, aber unbeabsichtigte Nebenwirkungen mit sich bringen kann. Denn mit den für TV-Rechte eingenommenen Beträgen explodierte das gesamte Kostengefüge. Ohne die Fernsehgelder hätten Transfersummen und Spielergehälter sicher nie das Niveau erklommen, auf dem sie sich heute befinden.

Man muss jedoch auch sehen, dass die Grenzen zum Ausland offen sind. Und die internationale Konkurrenz schläft nicht. Deutschland musste sich dem anderswo inzwischen erreichten Niveau der Spielergehälter anpassen. Andernfalls hätten die besten deutschen Fußballprofis längst lukrativere Verträge im europäischen Ausland. Nur international konkurrenzfähige Gehälter in der Bundesliga verhindern einen ähnlichen Exodus wie in den Achtzigerjahren, als zahlreiche Spitzenspieler nach Italien zogen. Das sollten die Kritiker bedenken.

Die Therapie

Die gesamte Entwicklung wirkte sich positiv auf den Fußball aus, wofür gerade die Fernsehsender verantwortlich zeichneten. Denn um sich zu refinanzieren, müssen sie in ihren Fußballsendungen Werbezeiten teuer verkaufen. Aufgrund rückläufiger Zuschauerzahlen galt Fußball in den späten Achtzigerjahren schon als sterbendes Produkt, dem neues Leben eingehaucht werden musste. Also versuchten die Privatsender, dem Sport ein glänzendes, strahlendes Image zu verpassen, ihn als attraktiv zu präsentieren. Ebenso muss auch jeder Kaufmann sein Geschäft gelegentlich umbauen und modernisieren, um einem veränderten Publikumsgeschmack gerecht zu werden, sonst laufen die Kunden davon.

Von den Medien wurde Fußball zum glamourösen Showgeschäft aufbereitet. Die Stadien wurden komfortabler. VIP-Lounges breiteten sich aus. Seitdem kommen mehr Prominente in die Stadien und werden dort auch gezeigt und interviewt, womit sie wiederum ihre Medienpräsenz erhöhen – ein symbiotisches Verhältnis von Medien, Stars und Fußball.

Ottmar Hitzfeld, von zdf.online befragt, warum so viele Prominente, Boris Becker oder Thomas Gottschalk etwa, Fans des FC Bayern sind, sagt dazu: „Man identifiziert sich natürlich gerne mit dem Erfolgreichen, und der FC Bayern war in den letzten 30 Jahren sehr erfolgreich. Wir haben eine hervorragende Führung und hervorragende Spieler, und das Olympiastadion ist ein angenehmer Ort zum Fußballspielen – wenn auch die Atmosphäre vielleicht nicht so gut ist wie im Dortmunder Westfalenstadion. Aber der FC Bayern hat Großartiges geleistet und ist das Aushängeschild des deutschen und selbst des europäischen Fußballs."

Fußball, bis dahin hauptsächlich für Sportbegeisterte attraktiv, sollte Unterhaltung für alle bieten, wie es der Zeitgeist verlangte. Daran arbeiteten die Medien. Es war wie eine Frischzellentherapie, und sie half der Bundesliga. Bei den Zuschauern war bald eine Trendwende zu erkennen. Sie strömten wieder verstärkt in die Stadien. Fußball war ein moderner Sport geworden. Auch Vereine wie der FC Bayern leisteten ihren Beitrag. Fußball sollte zum Erlebnis für die ganze Familie werden.

Kommerz

Bald wurde deutlich, dass Fernsehsender die Rechte nicht erworben hatten, um ihr vieles Geld loszuwerden, sondern weil sie eine Strategie verfolgten. Natürlich wollten sie dabei verdienen. Ein weiteres wichtiges Ziel war aber, das Bezahlfernsehen (Pay-TV) attraktiver zu machen, das in Deutschland ungeliebt vor sich hin dümpelte.

Einen ersten Vorgeschmack auf Fußballübertragungen im Pay-TV erhielt das Publikum im Frühjahr 1996, als das UEFA-Cup-Halbfinal-Hinspiel zwischen dem FC Bayern und Barcelona (es endete 2:2) nur auf Premiere live gesendet wurde. Nur wer seinen monatlichen Obolus von 44,50 Mark (22,75 Euro) für den Premiere-Schlüssel entrichtet hatte (oder wer so jemanden besuchen konnte) kam in den Genuss des Spiels. Der Öffentlichkeit gefiel dies nicht. Das folgende Donnerwetter war dann auch so heftig, dass selbst Uli Hoeneß ein wenig den Kopf einzog und treuherzig darauf hinwies, dass die Vermarktung der Übertragung nicht in seinen Händen läge. Recht hatte er zwar in diesem speziellen Fall, aber man mochte ihm nicht ganz abnehmen, dass sich die Medienwelt gegen ihn verschworen habe. Zu lange und zu vehement hatte er genau dieser Situation den Boden bereitet.

Ein weiterer Baustein in der Strategie des FC Bayern zielte dahin, das absolute Solidaritätsprinzip des DFB bei der Verteilung der Fernsehgelder zu brechen. Wie mit einer Gießkanne verteilte der DFB die Gelder gleichmäßig unter den Vereinen der ersten und denen der zweiten Bundesliga. Das musste einen Publikumsmagneten wie den FC Bayern, der viel für die Attraktivität der Liga und des Fußballs insgesamt tut und meint, ein größeres Stück vom Kuchen verdient zu haben, wurmen. Einmal mehr ließen die Bayern ihre Muskeln spielen – und setzten sich durch. Bei einer Sitzung des Liga-Ausschusses Anfang 1997 einigte man sich darauf, dass ab der Saison 1997/98 ein Teil der pro Spieltag ausgeschütteten Gelder leistungsabhängig, d. h. nach Tabellenplatz zugeteilt wird. So bleibt den Kellerkindern sowie der Amateur- und Jugendarbeit des DFB ein Teil des warmen Regens erhalten, aber knapp 50.000 Mark (25.565 Euro) mehr als der Tabellenletzte erhält der Erste in der obersten Spielklasse schon pro Spieltag.

Gerne wird den Bayern Egoismus und mangelnde Solidarität vorgeworfen. Aber das Solidaritäts- und das Leistungsprinzip stehen nun einmal in einem Spannungsverhältnis zueinander. Wenn alle gleich viel erhalten, ist das ungerecht den Leistungsträgern gegenüber. Das Gegenmodell, eine leistungsgerechte Verteilung, führt zwar zu einer ungleichen, weil leistungsorientierten Auszahlung, aber auch die lässt sich leicht als ungerecht ansehen, weil es verschiedene Kriterien für die Messung von Leistung gibt, von denen nur eines wirksam sein kann. So kann man über Leistungskriterien oder Einkommensspreizung streiten, tut das auch ausgiebig, und kommt der Gerechtigkeit keinen Schritt näher. Dies ist ein Grund, warum objektive Gerechtigkeit ausgeschlossen ist.

Immerhin fand man einen Kompromiss, nämlich ein kombiniertes Leistungs- und Solidaritätsprinzip. Das scheint vertretbar, und der FC Bayern kann großzügig sein. Bei den Bayern gilt zwar, dass sie als europäischer Spitzenverein eines Kaders bedürfen, der diesen Ansprüchen gerecht wird, und der kostet viel Geld. Doch sie erwirtschaften diese Gelder auch auf der europäischen Ebene. Die Champions League brachte in der Saison 2000/01 immerhin 105,4 Millionen Mark (53,9 Millionen Euro) ein.

Langfristig ändert sich freilich vieles, und darüber hat das Bayern-Management sich bereits Gedanken gemacht. Entsprechende Pläne – das darf man vermuten – reifen vor sich hin. Angestrebt wird beispielsweise ein eigener Sportkanal im Bezahlfernsehen, wie Manchester United ihn bereits hat. Bis dahin ist es noch ein weiter Weg, auf dem einige Hürden zu nehmen sind. Doch ohne Ziel gibt es keinen günstigen Wind …

Erschließung neuer Märkte

„Strategie ist nichts Kompliziertes: Da geht es um neue Produkte und neue Märkte und darum, wie und wo beides zusammenpasst. Mehr ist es nicht", so der Managementexperte Henry Mintzberg. Sollte Fußball eine Ausnahme bleiben?

Lange Zeit schienen Fußballvereine sich über Strategien jenseits von „möglichst oft gewinnen" oder „nicht absteigen" wenig Gedanken zu machen. Wozu auch? Das Produkt stand fest: Fußball eben. Auch am Markt war kaum zu rütteln. Den bildeten die Fans. Wanderungsbewegungen gab es kaum. Es herrschte weitgehender Stillstand.

Neue Produkte? Der FC Bayern fand sie. Was hatte man neben Fußball sonst zu bieten? Senderechte und Merchandising. Das sind zwei Bereiche, in denen die Bayern und später auch andere Vereine ihre Einnahmen gewaltig steigern konnten. Neue Märkte? Ein neuer Kundenkreis in der Männerdomäne Fußball? Genau – Frauen! Auch hier unternahm der Verein gewisse Anstrengungen, auf die wir gleich zurückkommen.

Größer oder schneller?

Zwar gibt es kein Naturgesetz, nach dem Flugzeuge immer größer werden müssen, aber Boeing und Airbus, die beiden Oligopolisten, waren der Ansicht, dass der Markt größere Maschinen für bis zu 1000 Passagiere fordert, und entwickelten ihre eigenen Konzepte. Während Airbus den neuen Typ A380 schuf, wollte Boeing eine verlängerte Version der 747 anbieten. Während Airbus im Frühjahr 2001 bereits mehr als 60 Bestellungen für den A380 vorliegen hatte, lagen die Orders für den Großraum-Jumbo von Boeing bei Null.

Das sah nicht gut für den Hersteller aus Seattle aus. Doch Not macht erfinderisch, und plötzlich zog Boeing ein Ass aus dem Ärmel: Den Sonic Cruiser, der zwar nicht besonders groß, aber mit fast Schallgeschwindigkeit besonders schnell sein und den neu entdeckten zukünftigen Kundenbedürfnissen eher entsprechen soll als der A380.

Eine neue Strategie. Ob der Sonic Cruiser je über das Entwurfsstadium hinauskommt, sei dahingestellt. Doch zumindest war es ein geschickter Schachzug der Amerikaner, mit dem sie vom Verlierer zum innovativen Querdenker avancierten. Der Imageschaden war ausgebügelt, und auf einen Schlag herrschte wieder Spannung auf dem Flugzeugmarkt.

Die Entscheidung, nicht mit Airbus zu konkurrieren, sondern sich eine eigene Nische zu suchen, sorgt überdies – wenn sie aufgeht – für höhere Gewinne auf beiden Seiten, weil man in unterschiedlichen Marktsegmenten nicht mehr direkt konkurriert und sich gegenseitig die Preise kaputtmacht.

Nach Porter (siehe oben) ist dies eine Differenzierungsstrategie. Jedes, auch ein kleines Unternehmen kann Nischen besetzen, um sich dem Wettbewerb ein wenig zu entziehen. Man hebt sich von der Konkurrenz ab, indem man seinen Kunden etwas Besonderes bietet. Davon können unter Umständen auch die anderen Geschäftsbereiche profitieren – wenn das Nischenprodukt das Image des Unternehmens insgesamt verbessert, oder wenn es neue Kunden, die genau dieses Produkt suchen, anzieht.

Schiffbruch auf der Insel

Die vielversprechendste Strategie kann jedoch auch scheitern, wenn dem Management bei der Umsetzung Fehler unterlaufen, wie BMW gezeigt hat.

Ende Januar 1994 gab der Münchner Autobauer BMW die Übernahme von Rover bekannt. Für 80 Prozent der Anteile zahlte BMW 800 Millionen Pfund. „Der unter strikter Geheimhaltung gelandete Coup verändert die automobile Landschaft nicht nur in Europa. Zusammen mit dem letzten unabhängigen britischen Hersteller – Rolls-Royce ausgenommen – zieht BMW auf Jahre hinaus dem Erzrivalen Mercedes-Benz davon, womöglich uneinholbar", orakelte Die Zeit. „Für einen Betrag, der gerade ausreicht, um in vier Jahren ein einziges Automodell neu zu entwickeln, erweitert BMW von heute auf morgen seine Angebotspalette hauptsächlich dort, wo das Unternehmen bislang nicht vertreten war: Geländewagen als immer beliebtere Freizeitmobile und Autos der unteren Klassen mit Frontantrieb."

„Dieser Deal bestimmt für die kommenden zwanzig oder dreißig Jahre die Entwicklung von BMW", kommentierte Finanzchef Volker Doppelfeld den Rover-Kauf im selben Artikel.

Dahinter steckte u. a. das Ziel, Kleinwagen auf den Markt bringen zu können, ohne sie BMW nennen zu müssen. Der damalige BMW-Chef Bernd Pischetsrieder hielt es nämlich für einen Fehler von Mercedes-Benz, die A-Klasse unter der selben Marke wie die S-Klasse anzubieten.

BMW übernahm vier Jahre später, im März 1998, für rund eine Milliarde Mark auch Rolls-Royce und Bentley. Laut Konzernaussagen wäre die Entwicklung eines eigenen Luxuswagens nicht billiger geworden. Daher kaufte man sich – wie schon mit Rover – in andere Marktsegmente ein. Obendrein erwarb man die Rechte an renommierten Markennamen.

Doch man bekam Rover nicht in den Griff. Stattdessen gab es Milliardenverluste. Zu dem Kaufpreis von zwei Milliarden Mark (eine Milliarde Euro) kamen Investitionen in Höhe von sechs Milliarden Mark (drei Milliarden Euro) hinzu, und noch immer hatte Rover Probleme. Die Firma erwies sich als Fass ohne Boden. Das kostete Pischetsrieder im Februar 1999 seinen Job. Gleichzeitig kursierten Gerüchte, dass BMW ein Übernahmekandidat sei. Im Mai 2000 schließlich verkaufte man Rover für zehn Pfund an das Handelshaus Phoenix und hakte das Kapitel als Flop ab. Besser ein Ende mit Schrecken, als Schrecken ohne Ende …

BMW, jahrelang wegen seines Rover-Engagements auf der Insel gut angesehen, machte sich in England nun sehr unbeliebt. Eine Konsequenz: Der britische Geheimagent James Bond, der drei Filme lang mit einem BMW die Welt retten durfte, wechselte wieder auf ein britisches Auto, einen Aston Martin Vanquish V12.

Vor Beginn des Genfer Automobilsalons im März 2001 gab der neue BMW-Chef Joachim Milberg bekannt, dass man einen eigenes Einsteigermodell, den „Einser BMW", bis 2004 zu entwickeln gedenke.

Fußball und Frauen

Auch der FC Bayern wollte neue Märkte erschließen, und da bot sich das große, weitgehend ungenutzte Potenzial der weiblichen Bevölkerung an. Fußball hatte kein ausgeprägt frauenfeindliches Image. Aber auch kein frauenfreundliches, denn Bierdunst, Gegröle, Pöbeleien, gelegentliche Schlägereien und Ausschreitungen, wie man sie mit dem Besuch von Stadien verband, wirkten verständlicherweise eher abschreckend.

Der FC Bayern hatte im Vergleich zur Konkurrenz eine etwas günstigere Ausgangsposition, weil ihm seit jeher statt einem proletarischen ein gutbürgerlich-liberales Image anhaftete. Außerdem stand mit Franz Beckenbauer, Präsident seit 1994, ein kultivierter, sympathischer, erfolgreicher und überaus bekannter Ex-Fußballer im Rampenlicht, der schon immer die Herzen der Frauen höher schlagen ließ – ganz im Gegensatz zu den hemdsärmeligen, bierbäuchigen Haudegen manch anderer Vereine.

Konnte man das vielleicht nutzen und ausbauen? Den weiblichen Fans musste schließlich etwas geboten werden. Bei einigen Spielereinkäufen scheint dieser Gedanke jedenfalls eine Rolle gespielt zu haben. Michael Sternkopf (1990) machte den Anfang. Dann kamen Alain Sutter (1994) und später Jürgen Klinsmann (1995). Dietrich Schulze-Marmeling (S. 369 ff.) stellt diesen Sachverhalt ausführlich dar.

Eine Studie der Ufa Film- und Fernseh-GmbH aus dem Jahr 1994 ergab, dass der FC Bayern bei weiblichen Fußball-Fans beliebter war als bei den männlichen. 39,8 Prozent der Frauen gaben an, Bayern-Fans zu sein. Bei den Männern waren es lediglich 28,6 Prozent. Das Bayern-Jahrbuch 1994/95 stellte daher fest: „Offensichtlich haben die Verantwortlichen bei der Verpflichtung unserer Spieler auch in puncto Attraktivität dem Geschmack des Publikums ausreichend Rechnung getragen."

In einer weiteren Befragung (durch die Zeitschrift Gala und den Fernsehsender Premiere 1994) wurden die Bayern als das Team „mit den flottesten Typen" gewählt. Der Vorsprung (38,46 Prozent vor Dortmund mit 17,92 Prozent und Kaiserslautern mit 9,78 Prozent) konnte sich sehen lassen. Die „schönsten Spieler" kamen allesamt vom FC Bayern: Alain Sutter (12,62 Prozent), Lothar Matthäus (10,38 Prozent) und als dritter im Bunde Mehmet Scholl (8,99 Prozent).

Im Jahr 2001 war der FC Bayern nach einer Umfrage im Auftrag der Illustrierten Bunte unverändert mit großen Vorsprung der Lieblingsverein der Frauen. 27,7 Prozent bekannten sich zu ihm. Es folgte der FC Schalke 04 (9,1 Prozent) und Borussia Dortmund (6,5 Prozent). Was den Trikotverkauf angeht – hier wählten weibliche Fans besonders gerne das von Roque Santa-Cruz.

Allerdings: Den tschechischen „Mädchenschwarm" Tomas Rosicky ließen die Bayern sich dann doch keine 25 Millionen Mark kosten. Daher ging er nach Dortmund.

Kritisch merkt Dietrich Schulze-Marmeling (taz, 10.05.97) an: „Der soziale Wandel im Fußball ist ein Projekt, an dem das Bayern-Management seit Mitte der Sechziger strickt. In den Achtzigern war der FC Bayern der erste Club, der erkannte, welch riesiger Markt mit den Frauen brachlag, deren Beteiligung am politischen, ökonomischen und kulturellen Leben stetig gestiegen war. Auch Veränderungen im Verhältnis der Geschlechter spielten eine wichtige Rolle, wobei diesbezügliche Progressivität und Liberalität wohl eher im mittelständischen als im Unterschichtsmilieu anzutreffen sind. Die Zeiten, in denen viele Männer das Wochenende familienlos zwischen Fußballplatz und Kneipe verbrachten, während es der besseren Hälfte vorbehalten blieb, für das Essen und die Kinder zu sorgen, sind vorbei. Der Fußball muss sich um die Frauen kümmern, will er auch weiterhin die Männer mobilisieren. Was den Bundesligaclubs diesbezüglich einfällt, ist in der Regel allerdings erbärmlich: schöne Spieler und Einkaufsareale."

Echte Gleichberechtigung ist noch weit entfernt. Als neue Kunden und Konsumenten sind Frauen willkommen. Aktiv beteiligt werden sie an dem Geschäft jedoch nicht. Gewiss wurden noch nicht alle Möglichkeiten einer angemessenen Beteiligung der Frauen ausgelotet. Vielleicht trägt eine stärkere Förderung des durchaus attraktiven Frauenfußballs dazu bei. Aber erst Frauen in Präsidien und leitenden Funktionen zeigen, dass sie wirklich ernst genommen werden. Damit ist freilich nicht so bald zu rechnen.

Wie Fußball ist das Management eine Männerdomäne. Selbst bei einer Firma wie Tupperware Deutschland, wo in der allgemeinen Wahrnehmung Frauen für Frauen tätig sind (obgleich es einige wenige Männer als „Beraterinnen" gibt), ist der Präsident (Franz Xaver Schmidbauer) ein Mann.

Strategie und Taktik

Nun beschränken Strategiefragen sich nicht auf den Zuständigkeitsbereich der Vereinsführung. Auch beim Fußballspiel selbst spricht man von Strategie und vor allem von Taktik, wobei im Gegensatz zur Strategie die Taktik eher kurzfristig und situativ orientiert ist.

Als Taktik wird z. B. die Aufstellung der Mannschaft verstanden. Bei einem offensiven Gegner muss der Trainer die Abwehr stärken und so ausrichten, dass die gefährlichsten Stürmer nach Möglichkeit neutralisiert werden, also mit ihren Stärken nicht zum Zuge kommen. Hat der Gegner Schwächen in der Abwehr, bietet sich Angriffs- oder Konterspiel an usw.

Innerhalb einer Begegnung kann es wiederum einzelne taktische Maßnahmen geben, mit denen auf spezielle Ereignisse reagiert wird. Ändert sich z. B. das Kräfteverhältnis aufgrund einer roten Karte, egal auf welcher Seite, kann eine Umstellung der Mannschaft nötig werden. Oder eine taktische Einwechslung – der neue Spieler kann natürlich kaum noch eingreifen – findet zur Verzögerung in der Nachspielphase statt, um einen knappen Vorsprung über die Zeit zu retten. Gerhart Bauer und Heiner Ueberle unterscheiden in ihrem Fußball-Lehrbuch folgende Ziele (S. 62):

1. Langfristige strategische Ziele: Aufstieg anstreben, Mittelplatz halten, Abstieg vermeiden, Weiterkommen im Pokal, Publikum mit attraktivem Spiel begeistern.
2. Mittelfristige strategische Ziele: Halten bzw. Verbessern der Tabellenplatzsituation, Überwinden von verletzungsbedingten Ausfällen, Einbau von Nachwuchsspielern, Wiedereingliederung von verletzten Spielern.
3. Kurzfristige taktische Ziele: Sieg, Unentschieden, Niederlage (z. B. bei Pokalauswärtsspielen mit Rückspiel, oder um bei Turnieren in eine andere Gruppe zu kommen).
4. Taktische Ziele im Spielverlauf: Ball erkämpfen, Ball in den eigenen Reihen halten, Ball in Richtung Tor kombinieren, gegnerische Kombination verhindern, Tore erzielen, Gegentore verhindern, knappes Ergebnis über die Zeit bringen, Torekonto verbessern, Publikum durch Angriffsfußball begeistern.

Die taktische Niederlage

Kann man eine Niederlage tatsächlich wollen? Jawohl, man kann. Eine der berühmtesten taktischen Niederlagen ist sicher das 3:8 Deutschlands gegen Ungarn in der Vorrunde der WM 1954, bei der Bundestrainer Sepp Herberger seine zweite Garnitur aufstellte und die Leistungsträger schonte. Die haushoch favorisierten Ungarn fielen auf den simplen Trick herein, unterschätzten ihren Endspielgegner Deutschland völlig und verloren im entscheidenden zweiten Aufeinandertreffen mit 2:3. Die deutsche Auswahl war zum ersten Mal Fußball-Weltmeister.

Eine andere taktische Niederlage zehn Jahre später ging nach hinten los. Nachdem der FC Bayern bei der Gründung der Bundesliga außen vor blieb, wollte man wenigstens im Folgejahr aufsteigen. In der Regionalliga Süd (unterhalb der Bundesliga gab es fünf Regionalligen) hätte man Meister werden können, wollte in der Aufstiegsrunde aber nicht auf den gefürchteten Westmeister Alemannia Aachen treffen. Das vorletzte Saisonspiel gegen Ulm 46 wollte man daher verlieren, was fast nicht gelang. Die kuriose Situation schildert Dietrich Schulze-Marmeling: „Eine Niederlage, die vollauf beabsichtigt war, wovon allerdings der dreifache Torschütze Jaworski nichts wusste. Jaworski war lediglich Ersatzspieler, der nur auflaufen durfte, weil die halbe Stammelf an diesem Tag die Bank drücken musste. Zunächst waren nur Kapitän Kunstwadl und zwei weitere Spieler eingeweiht, aber Jaworskis unerwarteter Torhunger erforderte eine offenere Informationspolitik. Nachdem Jaworski in der 73. Minute das 4:3 erzielt hatte, wurden auch die anderen Bayernspieler unterrichtet, sodass die Gäste in den verbleibenden Minuten noch dreimal zulangen konnten." Das Spiel ging zwar glücklich mit 4:6 verloren, aber der Aufstieg misslang trotzdem. Die Bayern blieben ein weiteres Jahr in der Regionalliga.

Fähigkeiten

Natürlich sollte der Trainer sich auf seine Spieler verlassen können. Eine Taktik kann nur sinnvoll zum Einsatz kommen, wenn die Mannschaft sie kennt, eingeübt hat und diszipliniert umsetzt. Dazu müssen die Spieler über bestimmte Qualitäten verfügen, die, sofern sie nicht fußballspezifisch sind, durchaus überall in der Arbeitswelt gewünscht werden.

Qualitäten eines guten Fußballspielers

Um zum Erreichen der strategischen und taktischen Ziele beitragen und taktisch erfolgreich handeln zu können, braucht ein Fußballspieler folgende Fähigkeiten, die im Verlauf der Spielerkarriere – idealerweise von Kindesbeinen an – systematisch gelehrt und trainiert werden sollten (Bauer/Ueberle, S. 65):

1. Sensorische Fähigkeiten: zentriertes und peripheres Sehvermögen; taktiles und kinästhetisches Empfinden; Gleichgewichts-, Raum-, Lageempfinden.
2. Kognitive Fähigkeiten: taktische Kenntnisse; Spielintelligenz (Spielgedächtnis, Spielfantasie); geistige Anpassungs-, Umstellungs-, Lernfähigkeit.
3. Psychische Fähigkeiten: Selbstsicherheit, Ruhe, Ausgeglichenheit; Aggressivität; Widerstandsfähigkeit gegen Stress und Störeinflüsse.
4. Willens- und Charakterfähigkeiten: Mut, Risikobereitschaft; Selbsterkenntnis, Selbstbeherrschung; Willensstärke, Willensausdauer; Entschlusskraft; Zielstrebigkeit.
5. Motorische Fähigkeiten: technische Fertigkeiten; konditionelle Fähigkeiten; komplexe Spielfähigkeit; koordinative Fähigkeiten; motorische Anpassungs-, Umstellungs- und Lernfähigkeit.

Gute Fußballspieler haben diese Fähigkeiten verinnerlicht und sich im Laufe ihres Lebens gegen eine scharfe Konkurrenz behauptet. Sie haben Zielstrebigkeit, Willenskraft und Belastbarkeit bewiesen und sind Kameras gewöhnt – alles Eigenschaften, die auch im Management verlangt werden. Deshalb haben Fußball- und andere Sportprofis nach ihrer aktiven Karriere gute Chancen, im Management größerer Firmen unterzukommen, etwa mit dem Schwerpunkt, ihr Unternehmen nach außen zu repräsentieren.

Führungspersönlichkeiten

Auch Trainer sind in der Wirtschaft begehrt. Ihre Aufgabenstellung ist der von Managern ähnlich. Sie führen jedoch unter verschärften Bedingungen – vor den Augen der Öffentlichkeit – und unter extremer Erfolgskontrolle, denn jedes Spiel macht ihre Leistungen transparent. Außerdem müssen sie über eine gewisse strategische Kompetenz verfügen – die ebenfalls in der Wirtschaft gefordert ist – denn nur so können sie die Taktik des Gegners antizipieren, die gegenwärtige Situation und Stimmung in der eigenen Mannschaft analysieren sowie ihre Taktik erfolgreich darauf abstimmen.

So werden erfolgreiche Fußballtrainer häufig von Unternehmen oder Wirtschaftsorganisationen zu Vorträgen eingeladen, denn abgesehen davon, dass Prominente gern gesehene Gäste sind, haben sie ihre strategischen Fähigkeiten unter Beweis gestellt, und dafür interessiert man sich sehr.

Auch Ottmar Hitzfeld erhält Anfragen als Referent für die Wirtschaft. „Fast jede Woche laden ihn heute Großunternehmen zu Vorträgen ein. Dem Autokonzern DaimlerChrysler ist Hitzfelds erfolgreicher Führungsstil aufgefallen, ‚möglichst viele Beschäftigte – unabhängig von der Hierarchie – am Prozess des Erarbeitens und des Erfühlens teilnehmen zu lassen', wie Konzernchef Schrempp feststellte. Doch Hitzfeld blockt alle Anfragen ab. Er will nicht wie sein Leverkusener Kollege Daum mit Erkenntnissen hausieren gehen, die ihm der Fußball, frei nach Albert Camus, über das Leben geschenkt hat. ‚Es gibt keine Regeln. Meine Arbeit ist eine Gratwanderung: Ich entscheide situativ'" (Pit Gottschalk in: Die Welt, 26.05.99).

Wie soll es in einem wechselvollen Geschäft wie dem Fußball anders funktionieren als situativ? Die eigene Mannschaft hat gute und schlechte Phasen. Mal strotzen die Spieler vor Selbstbewusstsein, dann wiederum sind sie verunsichert und reagieren überempfindlich auf jegliche Kritik. Eine Saison ohne Krise gibt es nicht. Einmal sind alle Spieler verfügbar, dann wieder fehlen einige, weil sie krank, verletzt oder gesperrt sind.

Der Gegner ist jedes Mal ein anderer, und ein jeder versucht, möglichst geschickt zu agieren. So will Hitzfeld den Gegner überraschen, der seinerseits die Bayern überraschen möchte. Das weiß Hitzfeld, er weiß aber auch, dass der gegnerische Trainer weiß ...

Da muss man flexibel bleiben und situativ agieren. Dies ist das taktische Element. Die Strategie hingegen ist übergeordnet, als verbindende Klammer sozusagen.

Eine Strategie ist beispielsweise das Rotationsprinzip, von dem später zu reden sein wird. Ottmar Hitzfeld musste es, als er 1998 beim FC Bayern anfing, erst einmal einführen. Dazu brauchte er einen Spielerkader, in dem jede Position doppelt und möglichst gleichwertig besetzt war. Der Spielereinkauf musste sich der Strategie fügen. Die Spieler mussten die Rotation akzeptieren. Erst dieses Rotationsprinzip hat den Tanz auf mehreren Hochzeiten (Bundesliga, DFB-Pokal, Champions League, Nationalmannschaften), der den Ansprüchen des Vereins entspricht, möglich gemacht. Erst die Rotation schafft zusätzliche Ressourcen für taktisches Agieren.

So gehören Strategie und Taktik zusammen und bilden ein System. Ohne Mehrfachbelastung durch diverse Wettbewerbe braucht man keine Rotation. Ohne Rotation kann man andere Schwerpunkte setzen, braucht vielleicht keinen so großen Kader, arbeitet mit einer konstanteren Aufstellung. Jede Maßnahme verschließt bestimmte Möglichkeiten des Taktierens und eröffnet andere.

Strategische Kompetenz

Auch in der Wirtschaft gilt: Je höher ein Manager in der betrieblichen Hierarchie aufgestiegen ist, je mehr Verantwortung er trägt, desto wichtiger ist eine ausgeprägte Fähigkeit zu strategischem Denken, strategische Kompetenz also. Diese besteht aus ...

- Denken in Neben- und Spätfolgen, Rückkopplungen sowie anderen komplexen Zusammenhängen (systemisches Denken).
- Denken in Problem- und Lösungshierarchien, in Alternativen und deren Konsequenzen.
- Sensibilität für „weiche“ und „harte“ Veränderungsindikatoren innerhalb und außerhalb des Unternehmens.
- Umgang mit unsicheren, ungewissen und mehrdeutigen Informationen, Problemen, Situationen, Menschen.
- Globales, interkulturelles Denken und Handeln.
- Berufserfahrung in möglichst unterschiedlichen Unternehmen.

Die Unternehmensleitung sollte natürlich auch über die notwendigen Mittel zur Durchsetzung der Strategie verfügen, denn die beste Strategie nützt wenig, wenn man sie nicht realisieren kann.

Strategische Kompetenz lässt sich freilich nicht beim Aufstieg in die Führungsetage „auf Knopfdruck“ abrufen. Sie muss – wie bei Spitzenfußballern – frühzeitig vermittelt und eingeübt werden. Daher suchen vorausschauende Unternehmen Nachwuchsführungskräfte, die vom Beginn ihrer Tätigkeit an gezielt auf die späteren Aufgaben und Verantwortlichkeiten vorbereitet werden.

Uli Hoeneß kümmert sich schon jetzt um seinen Nachfolger, denn „spätestens 2006 ist Schluss“. Er denkt an Oliver Kahn. „Wir haben uns unterhalten, und ich gehe jetzt davon aus, dass er bald bis 2006 verlängert. Und außerdem werden wir ihm zusagen, dass meine Position nicht neu besetzt wird, ohne mit ihm gesprochen zu haben. Und wenn er sich das vorstellen kann, könnte er ja die letzten zwei, drei Jahre auch mal einen halben Nachmittag mitgehen, wenn ich mal einen Sponsor treffe oder so. Er ist der Sache jedenfalls nicht abgeneigt und kann sich das alles gut vorstellen.“

Die Konkurrenz schläft nicht

Welche Taktik, welche Strategie man auch immer wählt – die Gegner sind auch noch da und verfolgen ihre eigenen Strategien. Mit diesen steht man im Wettbewerb, und der Erfolg soll am Ende zeigen, welche Strategie die beste war.

Ohne angemessene, auf die jeweiligen Märkte zugeschnittene Strategien gibt es Probleme, wenn die Konkurrenz deutlich besser arbeitet. Das mussten die US-Autohersteller General Motors (GM) und Ford, weltweit nach verkauften Stückzahlen die Branchenführer, in Europa feststellen. Von 1996 bis 2000 gingen die europäischen Marktanteile bei GM (Opel, Vauxhall, Saab) von 12,5 auf 10,8 Prozent und bei Ford (Ford, Volvo, Jaguar, Land Rover) gar von 13,2 auf 10,8 Prozent zurück. „Anstatt den Ideen und Erfahrungen ihrer europäischen Mitarbeiter zu vertrauen, setzten sie ihnen immer neue Amerikaner vor die Nase. Auf den Vorstandsetagen in Rüsselsheim und Köln ging es zu wie im Taubenschlag. Wichtig war nur, dass möglichst viel Geld nach Detroit (GM) beziehungsweise ins benachbarte Dearborn (Ford) überwiesen wurde.

Langfristige Strategien? Pflege des Markenimages? Dafür hatten die hohen Herren nichts übrig. Im Rausch der Globalisierung dachten die Konzernchefs, dass in Amerika einträgliche Rezepte – veraltete Technik, neu verpackt – auch Europas Autofahrern reichen würden. Die Kölner mussten sich mit praktisch unverkäuflichen ‚Weltautos‘ wie dem völlig missratenen Scorpio herumschlagen, die Rüsselsheimer Ingenieure durften rund um die Welt neue GM-Werke hochziehen, anstatt sich daheim um die Qualität ihrer Vectra und Omega zu kümmern. Die ADAC-Pannenstatistik deckte die Versäumnisse gnadenlos auf.

Gleichzeitig startete die Konkurrenz wahre Modelloffensiven. Allen voran fuhr VW-Chef Ferdinand Piëch, der in den wichtigen Fahrzeugklassen gleich mit vier Marken (VW, Audi, Skoda, Seat) angreifen konnte. Und dann drangen auch noch die Nobelhersteller mit neuen Einsteigermodellen (Mercedes A-Klasse, Audi A3 und A2, BMW Compact) in die angestammten Domänen der Massenmarken ein. ‚Allein die A-Klasse hat uns 40.000 Astra gekostet‘, sagt Opels Vizechef Wolfgang Strinz“ (Die Zeit 9/01).

Erst tiefrote Zahlen ließen die Amerikaner ihre Versäumnisse spüren. Jetzt entwickeln sie neue Strategien, um ihre Fehler zu beheben. Ford hat mit abgespeckte Überkapazitäten und einem verbesserten Modellprogramm inzwischen ein wenig aufgeholt. Für Opel dagegen scheinen die Probleme im Jahr 2002 erst richtig loszugehen. Sogar eine Trennung von GM (die für Opel vielleicht sogar ein Segen wäre) scheint nicht ausgeschlossen.

Auch bei einer erfolglosen Strategie ist also nicht alles verloren. Es gibt nämlich jederzeit die Möglichkeit, eine neue, bessere festzulegen. Letztlich gibt es nicht die einzig wahre Strategie, sondern eine Fülle unterschiedlicher Varianten. Es gilt das Prinzip „Versuch und Irrtum". Man sollte seine Irrtümer nur schnell genug bemerken und korrigieren.

Fazit zu These 8:

Strategien verschiedener Akteure in demselben Markt stehen miteinander im Wettbewerb. Die beste Strategie hat dann den größten Erfolg, wenn auch das Marktumfeld stimmt.
Die Taktik ist der Strategie untergeordnet. Sie ergibt sich teilweise aus der Strategie, wenn sie dem Erreichen von Zwischenzielen dient. In der Regel ist die Taktik jedoch relativ frei wählbar, weil es mehrere Wege zum Erreichen der Zwischenziele gibt. Die Strategie – um auf das anfängliche Bild zurückzukommen – dient dem Ansteuern des Zielhafens. Die Taktik nutzt den momentanen Wind. Momentan bedeutet auch: Abhängig vom jeweiligen Gegner bzw. der Situation.
Dem strategischen Ziel kann auch eine taktische Niederlage dienen, im übertragenen Sinne ein Spiel mit verdeckten Karten. Man zeigt der Konkurrenz nicht, zu welchen Leistungen man fähig ist, um sie in Sicherheit zu wiegen. Oder man weicht bestimmten Gegnern aus, die einen gar nicht als ernsthaften Konkurrenten wahrnehmen.
Wenn man seine tatsächlichen Stärken erst zum richtigen Zeitpunkt offenbart, kann man die Wettbewerber überrumpeln.
Aus diesem Grund wird man ein innovatives Produkt so lange wie möglich geheim halten. Je später die Konkurrenten davon erfahren, desto länger werden Imitationen auf sich warten lassen, desto größer ist der eigene Vorsprung. ◆

Krisenmanagement

Als im Oktober 2000 die „Schlammschlacht" zwischen Uli Hoeneß und Christoph Daum tobte, machte der Bayern-Manager vor allem einen Fehler: Er musste schlechtes Krisenmanagement eingestehen. Das ist Grund genug, sich kurz mit diesem Thema zu befassen.

Krisen wie Erpressungen, Rückrufaktionen, Katastrophen (z. B. Explosionen, das Entweichen giftiger Substanzen, Havarien) oder auch behördliche Ermittlungen (z. B. wegen des Verdachts von Steuerhinterziehung) kommen in der Regel plötzlich und unerwartet. Hoeneß selbst hat nach einer Denunziation eine Razzia in seiner Nürnberger Wurstfabrik erleben müssen. Weil sie überaus unerwünscht sind, beschäftigt man sich ungerne mit solchen Krisen. Pläne oder gar Übungen für derartige Situationen gibt es in der Regel nicht. Es kann nicht sein, was nicht sein darf.

Umso schwieriger wird es, wenn doch eine Krise über das Unternehmen hereinbricht. Ohne Konzepte und Notpläne, ohne eine Strategie für solche brenzligen Situationen herrschen dann wahrscheinlich Kopflosigkeit und Chaos: Verantwortliche können nicht mit Telefonanlagen und Faxgeräten umgehen, weil die sonst immer von Sekretärinnen bedient werden, und die „haben gerade Wochenende". Wichtige Telefonnummern sind nicht auffindbar. Die Notrufnummern sind ausgefallen und die Amtsnummern von Polizei und Rettungsdiensten sind unbekannt. Schlüsselfiguren wie Juristen, Techniker oder Pressesprecher sind möglicherweise nicht erreichbar usw. Alles läuft schief. Das Unternehmen hinterlässt in der Öffentlichkeit einen denkbar schlechten Eindruck. Schäden und Folgekosten nehmen noch zu.

Das muss nicht so ablaufen. Zwar lässt sich nicht jede Krise vorausplanen, doch einige allgemein gehaltene, dabei aber verbindliche und stets aktualisierte Grundregeln und Anweisungen sollten nicht nur in irgendeiner Schublade liegen, sondern im Unternehmen bekannt sein und eingeübt werden.

Darüber hinaus gibt es in vielen Branchen Unfallarten, für deren Eintreten ein erhöhtes Risiko besteht – Flugzeugabstürze bei Luftfahrtgesellschaften und in der Tourismusbranche, Explosionen und den Austritt giftiger Substanzen in der chemischen Industrie usw. Auf derartige typische Krisen sollten vorausschauende, strategisch denkende Manager vorbereitet sein. Für spezielle Krisenfälle seien daher einige Tipps und Beispiele zusammengetragen.

Erpressungen

In den letzten Jahren hat es immer wieder Erpressungen von Unternehmen gegeben. Etwa im sensiblen Lebensmittelbereich kann eine derartige Krise einen enormen wirtschaftlichen Schaden erzeugen (Rückholung, Sammlung, Prüfung, Vernichtung der Waren, Berater, Ertragsausfall, Imageschaden). Die WirtschaftsWoche rät deshalb Folgendes:

„Angesichts dieser Kosten erscheint die Zahlung des Lösegelds als kleineres Übel. Das ist allerdings ein riskantes Vabanquespiel. Mögliche Folgen:

Der Erpresser wird ermutigt und fordert noch mehr Geld. Das Unternehmen macht sich in kriminellen Kreisen einen Namen als kooperatives Opfer. Wenn Kunden zu Schaden kommen, weil das Unternehmen fahrlässig gehandelt hat, gehen die Folgen weit über den materiellen Schaden hinaus. Die verantwortlichen Manager können persönlich haftbar gemacht werden. Das Image kann kaum noch repariert werden.

Deshalb raten übereinstimmend Sicherheitsberater, Versicherungen und die Polizei: Finger weg von Alleingängen.

Der Erpressungsfall sollte sofort der Polizei gemeldet werden. Die Aufklärungsquote von öffentlich gewordenen Fällen beträgt fast hundert Prozent. Eine offensive Öffentlichkeitsarbeit wird honoriert. Wenn ein Unternehmen zeigt, dass es offen und konsequent mit Bedrohungen umgeht, hält sich der Imageschaden in Grenzen. Unter Umständen kann das Erpressungsopfer sogar an Profil gewinnen.

Schon im Vorfeld können sich Unternehmen für den Ernstfall rüsten. Dazu gehören

- das Festlegen der Krisenorgane, Kompetenzen, Grundsätze und Ablaufpläne;
- der rechtzeitige Kontakt zu externen Sicherheitsberatern und der Polizei, damit sich in der Krise nicht nur Unbekannte gegenübersitzen;
- das Durchspielen von Szenarien, um zu überprüfen, ob das Krisenmanagement auch funktioniert.

Zudem gibt es die Möglichkeit, sich gegen die Folgen von Produkterpressung zu versichern. Im Juli diesen Jahres [1998] hat das Bundesaufsichtsamt für das Versicherungswesen das Verbot von Lösegeld- und Produktschutzversicherungen aufgehoben. Seitdem dürfen auch deutsche Gesellschaften in dem bislang nur von ausländischen Assekuranzen beherrschten Markt tätig werden. Die Policen können je nach individuellem Vertrag alle oben aufgezählten Kosten abdecken – meist unter der Auflage, mit der Polizei und einem professionellen Krisenmanagement-Dienstleister zusammenzuarbeiten“ (www.wiwo.de, 18.11.98).

Rückrufaktionen

Krisen können aber auch selbst verschuldet sein. Wer etwa mangelhafte Produkte auf den Markt bringt, tut gut daran, auf resultierende Kundenäußerungen schnell und souverän zu reagieren. Oft geschieht aber das Gegenteil. Der Fehler wird erst reflexhaft, dann starrköpfig geleugnet.

So hat Audi-Chef Franz-Josef Paefgen lange bestritten, dass der Audi TT beim Bremsen Probleme mit der Spurtreue habe. Umso größer war sein Gesichtsverlust, als er sich schließlich öffentlich entschuldigen musste, um dann eine auf 150 Millionen Mark geschätzte Nachrüstaktion anzukündigen. Mercedes-Benz hatte mit seiner beim berühmt gewordenen „Elchtest“ ins Schlingern geratenen neuen A-Klasse wesentlich schneller reagiert und größere Nachsicht des Publikums erfahren.

Vorbildlich verlief die weltweite Rückrufaktion von Perrier, nachdem chemische Rückstände im Mineralwasser gefunden wurden. Diese vielleicht übertriebene Aktion kostete zwar ein Vermögen, zeigte den Kunden aber, dass das Management im Zweifelsfall schnell und entschieden im Interesse der Kunden reagiert und stärkte somit das Vertrauen in die Marke. Dies ist das beste Beispiel für Imagepflege selbst im Krisenfall.

Katastrophen

Als beispielhaft wird auch das Verhalten der Swissair nach dem Absturz eines Flugzeuges mit 229 Personen vor der kanadischen Küste angesehen.

„Die Swissair reagierte sofort. Ihre Kommunikationschefin Beatrice Tschanz – die mit Recht zu den besten ihres Faches in Europa gerechnet wird – stellte unverzüglich Kontakt mit ihrem CEO Philippe Bruggisser her. Ein Krisenstab (...) wurde innerhalb einer Stunde gebildet. Eine Telefonnummer für Auskünfte an Angehörige wurde installiert. Qualifiziertes Personal zur Betreuung der Abholer am Flughafen stand unmittelbar zur Verfügung. Das erste Pressestatement wurde um 9:30 Uhr veröffentlicht und ins Internet gestellt. Binnen zwei Stunden gab es die erste von später täglich einberufenen Medienkonferenzen, in der CEO, Piloten und Techniker sich – sichtlich und glaubwürdig betroffen – mit den bis zu diesem Zeitpunkt bekannten Fakten der Öffentlichkeit stellten. (...) Der Ton war stets faktisch und zu keinem Zeitpunkt defensiv. (...) Es mag zynisch klingen, aber es ist ein Faktum, dass die Swissair durch ihre Art, mit dem tragischen Unfall in der Öffentlichkeit umzugehen, eher an Ansehen gewonnen hat" (Volker Leichsering, Unternehmensberater für internationale Kommunikation in Zürich, in der WirtschaftsWoche 46/99).

Der Experte empfiehlt eine klare Kommunikationsstrategie, angemessene Information ohne voreilige Verteidigung oder Schuldzuweisung, unverzügliche Präsenz und persönliches Verantwortungsbewusstsein des Chefs.

Fazit

Das Management des FC Bayern hat bestimmte Vorstellungen von der Zukunft. Es hat sich Ziele gesetzt, die seit vielen Jahren beharrlich verfolgt werden nach dem Motto: Steter Tropfen höhlt den Stein. So hat der Verein in der Bundesliga in vielerlei Hinsicht (Übertragungsrechte, Merchandising, Sponsoring) neue Maßstäbe gesetzt und sich selbst sowie den anderen Bundesligisten neue Einnahmequellen erschlossen. Ohne die wäre die Bundesliga international nicht konkurrenzfähig.

Der FC Bayern bemüht sich um neue Märkte, weil erst neue Kunden für Wachstum in der Branche und damit für neue Einnahmen sorgen. Der Verein hat geänderte Verhaltensweisen und Wünsche des Publikums vor seinen Konkurrenten erkannt und zu berücksichtigen versucht. Insgesamt hat der deutsche Fußball dadurch eine tiefgreifende Modernisierung erlebt.

Das Beispiel FC Bayern München illustriert, welche Vorteile die konsequente Umsetzung einer Strategie mit sich bringen, welche Stärke ein Unternehmen daraus gewinnen kann.

Aus diesem Grund sollte jedes Unternehmen sich Gedanken über die Zukunft machen, sollte selbst gesetzte Ziele verfolgen, sollte also über eine Strategie verfügen. Sie hilft, Energien zu bündeln, vorhandene Mittel effizienter (höherer Wirkungsgrad) und effektiver (bessere Zielerreichung) einzusetzen und eine in sich stimmige, langfristig konstante Politik zu verfolgen.

Eine Strategie wird entweder aus Visionen abgeleitet, wie sie in den Köpfen fantasievoller und weitsichtiger Topmanager entstanden sind, oder aus Szenarien, die von Projektgruppen entwickelt werden. Während Visionen eher intuitiv auftauchen, lassen sich Szenarien mit bestimmten Techniken erarbeiten.

Ohne eine Strategie lebt man planlos in den Tag, wurstelt sich durch und läuft Gefahr, durch Aktivitäten von heute die Anstrengungen von gestern zunichte zu machen.

4. Das Management: Teams an der Spitze

Beim FC Bayern München gibt es einen Präsidenten, mehrere Vizepräsidenten, einen Manager, einen Cheftrainer ... und alle haben sie etwas zu sagen, alle sind wichtig. Die Führungsriege besteht aus sehr unterschiedlichen Charakteren, die für die Anhänger des Vereins auch unterschiedliche Identifikationsmöglichkeiten bieten. Dass die Führung dadurch nie geschlossen auftreten kann, versteht sich. Dieser Nachteil wird aber dadurch wettgemacht, dass die Aufgabenverteilung den jeweiligen Stärken der Leute entspricht. Es scheint, als habe sich das Zusammenspiel der meisten auf dem Platz auch im Management niedergeschlagen. Wie selbstverständlich akzeptiert ein jeder, dass Beckenbauer wie ein Kapitän den Kaiser spielen darf, dass Hoeneß wie ein Stürmer die Presse zu Attacken auf die Gegner nutzt oder Rummenigge dank brillanter Technik diplomatisches Geschick an den Mann bringt.

Dies ist vor allem deshalb bemerkenswert, weil es vor dem Hintergrund einer Branche möglich ist, in der Professionalität erst allmählich Einzug hält und in der Vetternwirtschaft, patriarchalisches Gehabe oder Missmanagement zum gewohnten Bild gehören – verständlich, da die Vereinsarbeit meist aus der ehrenamtlichen Tätigkeit entstanden ist. Die Mitglieder sind anders als bei Unternehmen ja nicht deshalb zusammen in dem Verein, weil sie mit ihrer Leistung zur Wertschöpfung beitragen möchten, sondern weil die gemeinsame Identifikation mit den Inhalten, Riten und Ansichten im Vordergrund steht. Besondere organisatorische Fähigkeiten oder gar Führungskompetenz sind dort zwar wichtig, gehören aber nicht zu den Einstellungsvoraussetzungen. Unter diesen Umständen ist es umso bemerkenswerter, dass der FC Bayern München frühzeitig Maßstäbe gesetzt hat, die auch für „professionell" geführte Unternehmen Ansporn genug sein können.

Unter Managern ist die Fähigkeit, im Team zu arbeiten, äußerst selten anzutreffen, auch wenn sie immer wieder von den Mitarbeitern gefordert wird. Sicher hängt dies unter anderem damit zusammen, dass Manager Führungskräfte geworden sind, weil sie sich von anderen abheben wollen, weil sie stärker vom Drang beseelt sind, sich gegen andere durchzusetzen und die Dinge selbst zu formen. Dies widerspricht jeder Neigung, sich mit anderen abzustimmen und ein gemeinsames Format zu finden. Um jedoch mit den vielfältigen Problemen fertig zu werden, sind gerade unterschiedliche Eigenschaften vonnöten und eine professionelle Abstimmung der Handelnden unabdingbar.

These 9: Auch die Führungsriege eines Unternehmens kann als Team funktionieren, wenn die Rollenverteilung akzeptiert wird. Beckenbauer, Scherer, Hoeneß oder Rummenigge sind völlig verschiedene Charaktere mit unterschiedlichen Arbeitsweisen. Jeder erfüllt seine spezielle Funktion und schafft durch seine Art einen „Mehrwert" für das Unternehmen. Damit sind sie zugleich Vorbild für die Mannschaft.

These 10: Ein Team kann aus völlig unterschiedlichen Charakteren mit verschiedenen Ansprüchen, Erwartungen, Aufgaben und Entlohnungen bestehen. Dies wird auch von der einschlägigen Managementliteratur gefordert. In der Praxis lässt sich das wohl nirgends anschaulicher zeigen als im Mannschaftssport. Dabei fallen folgende Merkmale der Teams des FC Bayern München auf:

- Unvermeidbar sind Leistungsträger und Leitwölfe, die die anderen mitreißen.
- Es ist nötig, in gewissen Abständen Unruhe in ein Team zu tragen, um es zu neuen Leistungen aufzustacheln. Den richtigen Zeitpunkt zu wählen für die Veränderung, darin liegt die Kunst.
- Eine unterschiedliche Behandlung der Teammitglieder (Gehalt, Status etc.) wird akzeptiert, wenn eine nachweislich wichtige Leistung für das Team erbracht wird. Die Herkunft (Nationalität, Sprache, soziale Schicht etc.) der Spieler spielt dabei eine untergeordnete Rolle.

Führen – ein Team von „high potentials", Stars und Mitläufern

In wenigen anderen Branchen ist die Aufmerksamkeit der Medien so groß wie im Fußballgeschäft. In keiner anderen Branche stehen die Mitarbeiter jeden Samstag oder Mittwoch zur Analyse ihrer Leistung auf dem Tablett. Die Möglichkeit, zum Helden oder Deppen gestempelt zu werden, sind gleichermaßen groß. Dadurch ergeben sich schwierige Bedingungen für die Akteure:

- Die Mannschaft wird in kurzen Zeitabständen immer wieder neu zusammengestellt.
- Die Beurteilung der Leistung wird auch von externen Größen wie den Zuschauern, den Kritikern, den Medien wahrgenommen, sodass der Verein in seiner Handlungsfreiheit eingeschränkt ist.
- Die Bedeutung der Fußballer und Trainer als Helden und Identifikationsfiguren in der Gesellschaft führt dazu, dass ihre Leistung für den Verein nicht nur sachlich bewertet wird.

Die Zusammenstellung des Teams erfolgt in relativ kurzen Abständen immer wieder neu. Im Vergleich zu Unternehmen wird hier Kontinuität im Wochen- und Monatsrhythmus gemessen, nicht in Jahren. Entsprechend schwierig ist der Aufbau einer Mannschaft. Hinzu kommen Verletzungen und Formschwächen, wie sie bei dieser körperbetonten Arbeit ganz natürlich sind. Anders als in den meisten Betrieben muss deshalb schnell und flexibel reagiert werden.

Die hohe Aufmerksamkeit der Medien führt dazu, dass einzelne Akteure sehr schnell zum Star oder Buhmann gestempelt werden, ohne dass der Verein viel Einfluss darauf nehmen kann. Erschwerend kommt hinzu, dass sich die Berichterstattung in den letzten Jahren von der eher sachlichen Kommentierung des sportlichen Ereignisses hin zur Personalityshow entwickelt hat. Der Schwerpunkt liegt auf dem persönlichen Drama: Warum hat Spieler X den Elfmeter verschossen? Wie beeinflusst die Scheidung den Star Y? Die Personen stehen im Mittelpunkt. Ihre Vorlieben, Abneigungen, Frühstücksgewohnheiten und Bettaffären werden wie bei Filmstars enthüllt, da sie auf der Bühne der Show Fußball stehen wie Theaterfiguren an einem der letzten Orte, an denen das Scheitern und Siegen von Menschen noch greifbar ist. Denn der Sport bietet im Gegensatz zur Politik noch nachweisbare Ergebnisse. Ein Tor ist ein Tor und die Kriterien für Sieg und Niederlage sind eindeutig. Hier kann der Einsatz einer Person noch deutlich gemessen werden, und die Medien befriedigen das Bedürfnis nach „realen" Helden. Die Konsequenz für den Verein ist jedoch, dass die Beurteilung der Leistung seiner Mitarbeiter nicht allein in seiner Hand liegt. Es kommt vor, dass die Aufstellung einer Mannschaft von bestimmten Zeitungen gemacht wird.

Das Leitbild, ein Team an der Spitze

An der Spitze des Vereins steht ein Team von unterschiedlichen Typen. Allein der Erfolg der letzten Jahre zeigt, dass dies funktioniert. Dass ehemalige Stars an der Spitze stehen, bietet folgende Vorteile.

- Die Fußballwelt ist ihnen vertraut und sie können ohne viel Einarbeitung den Spielern optimale Bedingungen bieten, da sie deren Bedürfnisse aus eigener Erfahrung kennen.
- Sie sind es gewohnt, im Rampenlicht zu stehen und können mit der konstanten Beobachtung durch die Medien und auch mit dem Spiel mit Informationen umgehen.
- Als Stars bieten sie einer großen Fangemeinde Identifikationsfiguren an, die diese an den Verein binden. So, wie der Kunde je nach Vorlieben in einer Mannschaft so unterschiedliche Charaktere zu seinem Helden wählen kann, vom brachialen Jancker über den Techniker Elber, den Jungschwarm Santa Cruz bis hin zum Leithammel Effenberg, so ist dies auch in der Führungsspitze möglich. Auch hier gibt es den Repräsentanten Beckenbauer, den zurückhaltend freundlichen Rummenigge oder den Vollblutangreifer Hoeneß. Sie repräsentieren den Verein ebenso wie die Spieler, und ihre Wirkung ist nicht zu unterschätzen.

Deshalb lohnt sich ein Blick auf die Eigenheiten dieser Persönlichkeiten.

Der Manager: Uli Hoeneß

Die Führung des FC Bayern – das ist vor allem Uli Hoeneß, geboren am 5. Januar 1952, beim FC Bayern seit 1970, Manager des Vereins seit 1979. Durch seine langjährige Tätigkeit für den Verein hat er ihn entscheidend geprägt. Ohne ihn stünde der Verein mit Sicherheit nicht dort, wo er jetzt steht, und die für dieses Buch interessanten Parallelen zwischen Fußballverein und vorbildhafter Managementpraxis sähen anders aus.

Die Person Uli Hoeneß ist schillernd und facettenreich. Sie ruft so unterschiedliche Bezeichnungen hervor wie gewiefter Taktiker, visionärer Stratege, bajuwarisches Schlitzohr, Draufgänger, Egozentriker, Machtmensch, Sozialhelfer etc. Unabhängig davon wird seine Leistung als Manager allgemein anerkannt.

Die Zeitschrift Management Wissen ließ vom Meinungsforschungsinstitut Emnid im Mai 1990 eine repräsentative Befragung unter Bundesbürgern und Spitzenmanagern durchführen. Deutschlands populärste Manager sollten ermittelt werden. Uli Hoeneß landete auf Platz 3 hinter Edzart Reuter (Daimler-Benz) und Carl H. Hahn (Volkswagen), aber vor Karl Otto Pöhl (Deutsche Bank).

Hoeneß wurde folgendermaßen zitiert: „Man muss öffentlich enorm hoch spielen und pokern, wenn man hoch gewinnen will. So verstehe ich die Aufgabe eines Fußballmanagers eben darin, sich nicht nur um die üblichen Dinge zu kümmern, sondern auch unorthodoxe Vorschläge zu machen, damit der Verein im Gespräch bleibt und attraktiv erscheint. Und mein einziges Geheimnis ist zugleich mein Erfolgsrezept: total unabhängig sein." Das ist auch mehr als zehn Jahre später noch sein Credo.

1999 wurde Uli Hoeneß vom Wirtschaftsmagazin „Horizont" zum Manager des Jahres gewählt. Dies wertet er als „Titel für uns alle, der den Respekt vor dem FC Bayern zeigt. Alleine kann man den nicht gewinnen, ich stehe hier stellvertretend für das Präsidium, die Mannschaft und viele andere Mitarbeiter."

Auffallend sind bei der Betrachtung des Managers folgende Eigenschaften:

- Der Drang zur eigenen Entscheidung, die sich auch gegen die Meinung der Mehrheit zu behaupten weiß.
- Die konstante Verfolgung einer Vision, wobei der Weg dorthin nicht eindeutig festgeschrieben ist. Ist das Ziel klar definiert, so folgen Taktik und Strategie der jeweiligen Situation, die sich beständig ändert.
- Das Beharren auf ökonomisch maßvollen Wegen gegen den Trend einer Branche. Deshalb ist die Entwicklung innovativer Konzepte nötig, da der Verein im Vergleich zur internationalen Konkurrenz wie ein mittelständisches Unternehmen gegenüber multinationalen Konzernen agieren muss.
- Die Leistung eines Vereins ist immer die Leistung aller, wobei einzelnen Leistungsträgern und Innovatoren eine besondere Bedeutung zukommt.

Der Fall Daum – oder wie man sich gegen den Strom stellt

„Angriffslust blitzt in seinen blauen Augen. Uli Hoeneß, 47, spricht über seinen Lieblingsfeind. ‚Den Daum habe ich ganz bewusst attackiert‘, sagt der Manager des FC Bayern München. Und erzählt mit spürbarer Genugtuung, wie er den Leverkusener Trainer kurz vor Weihnachten austrickste.

'In hundert Jahren wird Daum mit seiner Mannschaft nicht vor den Bayern stehen', hatte Hoeneß vor dem Spitzenspiel gegen Leverkusen gelästert. Daum keilte nicht zurück – was Hoeneß, dieser Fuchs, genau kalkuliert hatte: ‚Stattdessen hat er den Druck an die Mannschaft weitergegeben. Nach zehn Minuten waren vier seiner Spieler verwarnt – und wir gewannen ohne Probleme 2:0. In solchen Momenten‘, lächelt Hoeneß süffisant, ‚finde ich mich richtig gut.‘

So ist Hoeneß. Und diese Episode, nur eine von vielen, passt ins Feindbild. Bajuwarischer Machtmensch. Eiskalter Seelenverkäufer. Gnadenloser Verfechter der Geld-kauft-alles-Moral. Obendrein arrogant, selbstherrlich, unnahbar.“ Dies schreibt die Welt am Sonntag (25.04.99), um das eben gezeichnete Bild des Bayern-Managers gleich anschließend deutlich zu revidieren. Tatsächlich sei er ein treuer, großherziger, ungewöhnlich verlässlicher Mensch, der freigiebig viel Gutes tue und wenig darüber rede.

Auch Dietrich Schulze-Marmeling bestätigt dies. „Uli Hoeneß macht um sein soziales Engagement kein großes Aufhebens, sondern ist ein Helfer, der im Stillen wirkt.“ Es sind nicht selten fünf- oder gar sechsstellige Beträge, die der FC Bayern oder auch Hoeneß selbst aus seinem Privatvermögen wohltätigen Organisationen oder schwer erkrankten Menschen zur Verfügung stellen. Selbst dem Lokalrivalen TSV 1860 griffen die Bayern bei finanziellen Problemen mehrmals unter die Arme. So war es auch keine Frage, dass die Bayern sich bereit erklärten, wenige Tage vor dem Beginn der Saison 2001/02 am Benefizspiel zugunsten des HSV-Sportinvaliden Karsten Bäron teilzunehmen. HSV-Sportchef Holger Hieronymus fand es „schon außergewöhnlich, dass der FC Bayern München sich so selbstverständlich zur Verfügung stellt.“ Doch außergewöhnlich ist das keineswegs.

Vom ZDF befragt, ob es nicht widersprüchlich sei, dass der professionellste Verein zugleich auch der menschlichste sein soll, antwortet Hoeneß: „Darin sehe ich überhaupt keinen Widerspruch. Man muss hart aber fair gegen seine Gegner und weich gegen seine Mitarbeiter sein, die innerhalb des Clubs ihre Probleme haben und weich sein gegenüber den Schwachen außerhalb des Clubs. In diesem Bereich haben wir das Geld, das wir uns hart erarbeitet haben, immer weich eingesetzt und geholfen ...“. Zwar herrscht innerhalb des Mannschaftskaders das knallharte Leistungsprinzip, „aber wenn einer dieser Spieler verletzt wird oder Probleme kriegt, ist im Verein immer einer da, der auf seiner Seite steht. Ich bin nicht der 100. Claqueur, wenn einer vier Tore erzielt, aber der erste, wenn einer im Krankenhaus liegt und Hilfe braucht.“

Warum dann sein Ruf als Enfant terrible der Bundesliga? Nun, wer gegen den Strich bürstet, fällt auf. Wer dabei mehr Erfolg hat als die Konkurrenz, fällt unangenehm auf und erzeugt Neid. Aus Überzeugung und im Interesse des Vereins geht Hoeneß konsequent auf Konfrontationskurs mit dem DFB, den Liga-Kollegen, den Medien und mit wem immer – wann immer nötig.

Gegner machen mobil

Drei Wochen im Oktober 2000 waren „die schlimmste Zeit in meinem Leben", so Uli Hoeneß. In der Münchener Abendzeitung (02./03.10.00) begann das inzwischen zwar nicht vergessene, aber glücklicherweise zu den Akten gelegte Drama, welches die Nation dermaßen erhitzte, dass sogar Sabine Christiansen eine von vielen TV-Diskussionsrunden zum Thema veranstaltete, und die Justizministerin Herta Däubler-Gmelin voreilig, einseitig und wenig sachkundig ihren Senf dazu gab.

Es ging darum, dass Christoph Daum ab Juni 2001 neuer Bundestrainer sein sollte. Folgende Passagen enthielt der besagte Artikel: „‚Ich glaube nicht, dass das Thema vom Tisch ist', hat Hoeneß gestichelt. Das Echo kam per Doppelpass. Bayer-Kollege Calmund biss zurück (‚Hoeneß hat wohl Alzheimer'), Liga-Boss Mayer-Vorfelder grollte (‚Rückfall in die Steinzeit'), Daum lästerte: ‚Ich stehe zu meinem Wort und werde unterschreiben – es sei denn, dass Uli Hoeneß DFB-Präsident wird. Wenn ich unterschrieben habe, schicke ich dem Uli eine Kopie.' Gerade dies mag Hoeneß verhindern. Bevor er sich gestern für ein paar Tage zum Golfen absetzte, interpretierte er für die AZ noch mal die Gründe für seine neue Kampagne. Und die sind brisant genug.

‚Es geht darum, was sich in den letzten sechs Monaten ereignet hat um Herrn Daum', so der Bayern-Manager giftig, ‚um sein privates Umfeld, seine Werbeverträge, um Erpressungsversuche und Prostituierte, wovon er ja selber gesprochen hat, um all die Scheiße geht es, um seine Außendarstellung und um die Frage, ob dies alles dazu geeignet ist, der oberste Trainer in einem Land wie Deutschland zu sein.'

(...) Hoeneß weiter: ‚Ich kann doch neue Erkenntnisse haben. Und wenn ich glaube, dass [die Berufung von Daum zum Bundestrainer] eine falsche Entscheidung ist, dann muss ich das sagen. Ich habe im Fall Ribbeck geschwiegen. Das habe ich mir zum Vorwurf gemacht. (...) Ich bin auch Manns genug, mal eine Meinung allein zu haben. Und ich sage sie hiermit auch. Das Beispiel Ribbeck war mir eine Lehre. Auch der Franz hat alles gewusst und damals geschwiegen. Ich jedenfalls tue dies nicht noch einmal. ‚Ulis Konsequenz: ‚Wenn das alles Fakt ist, worüber geschrieben wurde, auch unwidersprochen über den verschnupften Daum, dann kann er nicht Bundestrainer werden. Ich habe noch keinen Beweis. Aber wenn ihn einer erbringt, mache ich das nicht mit. Wenn sie es trotzdem machen, ist es okay. Aber mir kann dann keiner den Vorwurf machen, dass ich wider besseres Wissen mein Maul nicht aufgerissen habe.'"

Damit hat Hoeneß deutlich gemacht, dass er lediglich bereits existierende Vorwürfe aufgreift, und dass er nicht grundsätzlich gegen einen *Bundestrainer Christoph Daum* ist. Am Ende des Artikels wird er mit der Aussage (die er in seiner Dokumentation vom 10. Oktober auch bestätigt hat) zitiert: „Wenn sich in drei Monaten die privaten Vorwürfe und der ganze Schmarrn erledigen lassen und Herr Daum nachweisbar zu Unrecht beschuldigt wurde, wenn sich die Situation zugunsten Herrn Daum entwickelt, dann kann man den Vertrag immer noch schließen."

Bei einer gesamten Würdigung der Aussagen lassen sich weder Tücke, noch Missgunst, wie sie ihm anhand von Teilzitaten unterstellt wurden, entdecken (die AZ gab später zu, dass die Begriffe „Erpressungsversuche" und „Prostituierte" nicht von Hoeneß, sondern von Daum selbst stammten). Stattdessen bewies Hoeneß Mut und Zivilcourage. Er ist aus dem Kuhhandel um den Bundestrainerposten ausgestiegen, als gewichtige Gründe dafür auftauchten, während alle anderen Beteiligten lieber den Kopf in den Sand steckten und schwiegen. Vielleicht merkt ja keiner was …

Ausfall von Topmanagern – Krise im Unternehmen

Reinhard K. Sprenger (WirtschaftsWoche 44/00) stellt fest: „Die Affäre Daum ist in Wahrheit eine Affäre DFB.

Vergleichbar ist zunächst die Krisensituation, die jedes Unternehmen kennt. Ein Topmanager fällt plötzlich aus: Er wird durch schlechte Ergebnisse diskreditiert oder lässt sich abwerben oder kommt bei einem Verkehrsunfall ums Leben. Sofort geht die hektische Suche nach einem Nachfolger los: unter Zeitdruck, planlos, konzeptionslos. Man sucht ‚den Besten'; natürlich nur den Besten unter den gerade Verfügbaren", wobei es ein „Passungsproblem" gibt. Die fragliche Person muss nicht nur Leistung erbringen, sondern auch zu den Mitarbeitern, zur Unternehmenskultur und zum gesellschaftlichen Umfeld passen.

Und – wie so oft in Unternehmen – wurde auch bei der Suche nach einem neuen Bundestrainer ein Kardinalfehler gemacht. „Man sucht den besten Fachmann und ignoriert hartnäckig die Persönlichkeitsdefizite, die früher oder später die ganze Veranstaltung platzen lassen.

(…) Unter Zeitdruck wird der erstbeste Gleichgewichtszustand angenommen, dem alle zustimmen. Endlich! Geschafft! Am nächsten Tag erlaubt man sich als Einzelner leichter, das Ergebnis noch einmal infrage zu stellen. Aber die Disziplinierungskräfte der Gruppe sind enorm und wirken als Selbstzügelung wie eine interne Zensur: ‚Bloß nicht mehr dran rühren!'".

Diesem Mechanismus hat sich auch Hoeneß zunächst gefügt, um dann aber aus Überzeugung auszuscheren. Der Apparat reagierte schnell und bitterböse. Wohl nur

Uli Hoeneß mit seinem FC Bayern im Hintergrund – einem Machtfaktor im DFB – konnte diese Attacken überstehen. Jeder andere hätte schlechtere Karten gehabt.

Solche Querdenker, schnell als Querulanten abgetan, sind wichtig, manchmal lebenswichtig. Letztlich ist auch die US-Raumfähre „Challenger" kurz nach dem Start explodiert, weil NASA-interne Warner („Dichtungsringe verlieren bei den niedrigen Temperaturen ihre Elastizität!") nicht gehört wurden. Die „Sachzwänge" („Zeitplan muss eingehalten werden!") waren stärker. Sieben Astronauten starben.

Der Lieblingsfeind

Nach Dietrich Schulze-Marmeling ist der Hass auf die Bayern teils mit Erfolg und Neid zu erklären, teils aber auch gezielt geschürt worden. „Der Höhepunkt dieser Entwicklung war sicherlich die Saison 1985/86, als der FC Bayern den Herausforderer Werder Bremen im Kampf um den Titel noch kurz vor dem Ziel abfing. Unter den Anhängern anderer Vereine breitete sich ein Ohnmachtsgefühl aus. Es schien, als habe der FC Bayern das Glück auf ewig gepachtet und ein Abonnement auf den Meistertitel. Der Hass auf die Bayern nährte sich nicht nur vom Geschehen auf dem Spielfeld. Mit ihrer aggressiven Rhetorik gossen Hoeneß und Lattek zusätzliches Öl ins Feuer. (...) Je mehr den Bayern Ablehnung und Hass entgegenschlugen, desto arroganter und aggressiver reagierten sie. Zumindest teilweise wohl ein natürliches Verhalten von Menschen, die sich durch eine manipulierte öffentliche Meinung in die Ecke getrieben fühlen. Sowohl Hoeneß wie Lattek sind alles andere als Dickhäuter. Willi Lemke wusste, wie er die öffentliche Meinung für seine Interessen mobilisieren konnte, indem er das Bild vom Moloch FC Bayern zeichnete, dem der SV Werder im Interesse der Liga, ja des gesamten bundesdeutschen Fußballs, Paroli bieten musste. Hoeneß wäre nicht Hoeneß gewesen, hätte er diese Herausforderung nicht angenommen und die Polarisierung seinerseits forciert."

Auch nach der spektakulären Wende um Daums unerwartet positive Haarprobe (Der Spiegel: „Aus der Daum") gaben Hoeneß' Widersacher keine Ruhe. Es gab Morddrohungen und eine anonyme Denunziation gegen Hoeneß' Nürnberger Wurstfabrik Howe GmbH & Co. KG wegen angeblicher Schwarzarbeit. Die erwies sich zwar als unbegründet, aber der zweistündige Produktionsstillstand sorgte für einen Umsatzausfall von 20.000 bis 30.000 Mark. Dies zeigt deutlich, dass es nicht „um die Sache" ging, sondern um den Lieblingsfeind. Natürlich beschwerte Hoeneß sich: „Es kann doch nicht sein, dass irgendjemand mit einem Anruf beim Arbeitsamt eine Kontrolle lostritt, ohne konkrete Hinweise zu geben oder ein Verdachtsmoment zu begründen." Aber auf eine Schadensersatzklage verzichtete er nach einem Gespräch mit Bernhard Jagoda, dem Präsidenten der Bundesanstalt für Arbeit.

Ein Fehler

Gewiss muss eine Person, die wie Hoeneß im Rampenlicht steht und die Medien nutzt, um eigene Positionen zu vertreten, einiges einstecken können. Natürlich hat er aus der Ferne die rasant sich zuspitzende Situation falsch eingeschätzt, und deshalb erst eine Woche später, als Christoph Daum bereits die ominöse Haarprobe abgeliefert hatte („Ich tue das, weil ich ein absolut reines Gewissen habe"; Daum am 9. Oktober 2000), mit seiner Verteidigung und einer Dokumentation des Herganges reagiert: „Die Lawine rollte und war nicht aufzuhalten. Mit Rücksicht auf das Englandspiel [am 7. Oktober 2000 zur WM-Qualifikation] wollte ich nichts riskieren. Bei einer Niederlage wäre ich der Schuldige gewesen." Aber dann war es zu spät, und die bösen Geister einer öffentlichen Hetzkampagne, die er rief, wurde er so schnell nicht los.

Schlechtes Krisenmanagement in der ersten Woche hat Hoeneß in einem Interview zugegeben. „Den einzigen Fehler, den ich mir vorwerfen kann, ist, dass ich zu spät versucht habe, die Sache richtig zu stellen; dass ich unterschätzt habe, welche Auswirkungen meine verfälschten Äußerungen hatten. Ich war im Ausland auf Suche nach einem Wintertrainingslager und habe die Ausmaße gar nicht so registriert. Und als ich es gemerkt habe, war die Sache schon eine Woche am Laufen und da hatte ich natürlich Probleme, alles wieder zurecht zu rücken. Aber ansonsten würde ich meine Aussage, wie ich sie dem Journalisten gegeben habe, jederzeit wiederholen."

Solch eine Fehleinschätzung unterläuft ihm hoffentlich nicht wieder. Und damit zu einem anderen Themenkomplex, bei dem Uli Hoeneß ebenfalls häufig im Rampenlicht stand.

Der Markt spielt verrückt – Übertragungsrechte und Transfersummen

Ein Manager muss – wie bereits gesagt – sein Unternehmen in die Zukunft führen. Dazu gehören ein gewissenhafter Umgang mit den ihm anvertrauten Ressourcen in der Gegenwart und die Sicherung oder Erschließung künftiger Einnahmequellen. Darum bemüht sich auch Uli Hoeneß für seinen Verein. Sicher ist ihm dabei vor allem das Interesse der Medien, denn zum einen managt er den Branchenführer, der allein deshalb schon im Brennpunkt der Aufmerksamkeit steht. Zum anderen scheut er sich nicht, eigene Wege zu gehen, und dies auf unkonventionelle, bisweilen provokante Weise. Hier erteilt er eine Lektion im geradlinigen Verfolgen eines eigenen Weges aus Überzeugung – oder ist es Dickköpfigkeit?

Hoeneß spricht sich seit vielen Jahren konsequent für eine dezentrale Vermarktung der Übertragungsrechte aus. Er war Vorreiter im Kampf um höhere Einnahmen aus Fernsehübertragungen, wurde dafür von anderen Bundesligisten häufig angefeindet, hat aber letztlich auch den konkurrierenden Profi-Vereinen vollere Kassen beschert. Er predigte in den Achtzigerjahren, dass die Fernsehrechte viel mehr wert seien als das, wofür sie damals verhökert wurden. „Utopisch!“, „illusorisch!“, hieß es, doch die damals genannten Beträge sind längst überschritten, und die inzwischen ausgehandelten Summen sind ein Beweis für seine Weitsicht.

Das heißt nicht, dass er die ausufernden Ablösesummen befürwortet. „Wahnsinn“ nennt er die 116 Millionen Mark (59,3 Millionen Euro), die Real Madrid im Sommer 2000 für Figo ausgegeben hat (Anfang Juli 2001 noch übertroffen durch rund 150 Millionen Mark – 76,7 Millionen Euro – für den Transfer des französischen Nationalspielers Zinedine Zidane von Juventus Turin zu Real Madrid). Wer wollte das bestreiten? „Unsolide“ sei das, zumal der Verein schon mit über einer halben Milliarde Mark (eine viertel Milliarde Euro) verschuldet war. Hoeneß vergleicht das mit Sodom und Gomorrha (vor dem Ligapokal-Finale am 1. August 2000 gegen Hertha BSC Berlin, im gemeinsamen ZDF-Interview mit seinem Bruder, dem Hertha-Manager Dieter Hoeneß). Die Medien, beklagt er, achten nur auf die imposanten Ablösesummen, nicht auf die sich drohend anhäufenden Schulden mancher Clubs. Im gleichen Atemzug werde den Bayern vorgeworfen, nicht genug zu investieren.

Hoeneß ließ seinen Worten Taten folgen. Den aus seiner Sicht übertriebenen Ablösesummen anderer europäischer Spitzenvereine (Überschrift im Time Magazin 31/00: „More Money than Sense“ – Mehr Geld als Vernunft) hat er sich verweigert. Vergleichsweise bescheidene 27 Millionen Mark (13,8 Millionen Euro) hat der FC Bayern für seine gesamten Spielerkäufe vor der Saison 2000/01 locker gemacht. Womit man wieder bei der Glaubwürdigkeit wäre. Die ist nur gegeben, wenn Reden und Handeln übereinstimmen.

Spielergehälter

Kritisch äußerte sich auch der HSV-Vorstandsvorsitzende Werner Hackmann, früher Innensenator in Hamburg, über die galoppierende Inflation im Fußballgeschäft:

„*Welt am Sonntag:* Können Sie in Ihrer neuen Funktion etwas gegen den dramatischen Anstieg der Gehälter tun?

Hackmann: Nein, das wäre unrealistisch. Und selbst wenn wir uns in der Liga alle einig wären, würde es nichts nutzen. Wir leben nicht auf einer Insel der Glückseligen, sondern stehen in internationaler Konkurrenz.

Welt am Sonntag: Die meisten Clubs plädieren für eine Rückkehr zu streng leistungsbezogenen Verträgen.

Hackmann: Darüber wird seit Jahren gesprochen. Aber in Wahrheit läuft es ganz anders. Die Unsitte aus Italien, Spanien oder England mit den garantierten Prämien reißt doch auch immer mehr ein. Ein Topspieler lacht sich doch heute halb tot, wenn Sie ihm klarmachen wollen, dass er sich die 20.000 Mark [10.226 Euro] pro Spiel zu seinem hohen Grundgehalt verdienen muss. Denn andere Clubs geben ihm die Kohle garantiert. Ob er nun spielt oder nicht."

Preis und Leistung

Hoeneß hält die hohen Summen „sogar für geisteskrank. Für mich ist kein Spieler der Welt 50 Millionen Mark wert. Selbst wenn ich eine Milliarde Mark zu Verfügung hätte, würde ich da nicht mitmachen. Außerdem garantieren diese hohen Ablösesummen auch keine Erfolge, siehe Inter Mailand. Es ist ja gerade das große Kunststück, mit den Investitionen, wie der FC Bayern sie leistet, die anderen immer zu schlagen. Und das freut mich diebisch."

Die schwache Hinrunde in der Saison 2000/01 machte zwar Zugeständnisse erforderlich („Sparkurs kommt Bayern teuer zu stehen" – Die Welt, 21.11.00), doch Hoeneß fuhr weiterhin mit angezogener Handbremse. Als „Schmerzgrenze" für einen einzelnen Spieler nannte er im Dezember 25 bis 30 Millionen Mark (12,8 bis 15,3 Millionen Euro). Der FC Bayern dachte zu dem Zeitpunkt über Gesamtinvestitionen in Höhe von 50 bis 100 Millionen Mark (25,6 bis 51,1 Millionen Euro) nach. Daneben hat der Verein vor allem in Spielergehälter investiert, um den vorhandenen Kader langfristig an den Verein zu binden („um mit der Konkurrenz in England, Spanien oder Italien einigermaßen mithalten zu können", so Hitzfeld). Diese Investitionen hält Hoeneß für „notwendig, denn man braucht eine bestimmte soziale Ruhe im Verein. Das heißt, dass die Spieler, die die Kohlen aus den Feuer holen, auch zufrieden sein müssen. Und was hilft es da, einem fremden Spieler das Geld hinterherzuwerfen, wenn man noch gar nicht sicher sein kann, dass dieser einen weiterbringt. Meine Theorie ist daher, die eigenen Spieler, von denen man weiß, was sie können, ordentlich zu bezahlen und dafür lieber auf den einen oder anderen Transfer zu verzichten."

Gegenüber der Welt am Sonntag legte er nach: „Wohin sind denn die ganzen Clubs in Italien oder Spanien gekommen, die seit Jahren mit dem Geld anderer Leute herumasen? Inter hat 400 Millionen Mark in drei Jahren investiert und ist jetzt Zehnter." Kein italienischer Verein erreichte 2001 die Viertelfinals der Champions League.

Rosicky

Im Januar 2001 gab es Gelegenheit, den Worten Taten folgen zu lassen. Es ging um den Mittelfeldspieler Tomas Rosicky von Sparta Prag, den die Bayern gerne für mindestens fünf Jahre verpflichtet hätten, um die früher oder später auftretende

Lücke (Scholl, Effenberg) vorsorglich zu füllen. Zunächst berieten Uli Hoeneß, Karl-Heinz Rummenigge, Fritz Scherer, Karl Hopfner und der telefonisch zugeschaltete Franz Beckenbauer, ob der Verein erstmals in seiner Geschichte mehr als 20 Millionen Mark (10,2 Millionen Euro) für einen Spieler ausgeben würde. Sie entschieden sich dafür.

Doch die Forderungen waren weit höher. „Wir sind nicht bei 20 Millionen ausgestiegen", betonte Hoeneß am Folgetag, „wir waren in einer für den FC Bayern ganz neuen Dimension. Wir sind weiter gegangen, als jemals zuvor. Aber irgendwann kommt der Punkt, an dem man sich fragen muss, ob das Preis-Leistungs-Verhältnis noch okay ist." Die Antwort hieß nein.

Darüber informierte Hoeneß umgehend Michael Meier, den Manager von Borussia Dortmund. Rosicky und sein Berater waren nämlich am Tag nach den Verhandlungen in München weiter nach Dortmund gefahren. „Borussia Dortmund und wir sind Konkurrenten bis zu einem gewissen Punkt. Doch wir hatten das Gefühl, dass beide Vereine gegeneinander ausgespielt werden sollten, um den Preis nach oben zu treiben. Die Preise sind explodiert in den vergangenen Tagen", so der Bayern-Manager.

Rosicky ging nach Dortmund. Die Borussia zahlte zirka 25 Millionen Mark (12,8 Millionen Euro) – später war von 32 Millionen Mark (16,4 Millionen Euro) die Rede. Auch Arsenal London, FC Liverpool, Lazio Rom, Inter Mailand und Real Madrid sollen mit ihm geliebäugelt haben. Später erläuterte Hoeneß: „Natürlich waren auch wir an Tomas Rosicky interessiert. Aber irgendwann hatten wir die Nase voll vom Gehabe seines Beraters. Er hatte uns signalisiert, dass man sich bei einer Ablöse von 25 Millionen Mark treffen könnte. Am nächsten Tag ist er dann mit unserem Angebot bei den Dortmundern hausieren gegangen, und der Spieler sollte statt 25 auf einmal 30 Millionen Mark kosten. Solche Geschäftspraktiken sind mit dem FC Bayern nicht zu machen."

Doch die Investition in Rosicky schien sich für Dortmund gelohnt zu haben, nicht nur aus sportlicher, sondern auch aus kaufmännischer Sicht. Wenige Monate später bot Inter Mailand bereits über 50 Millionen Euro.

Capital (22/01) zeigte anhand diverser Beispiele, das auch „steuerliche Überlegungen die Ablösesummen immer höher treiben". Die Vereine, zunehmend von Steuerexperten beraten, haben gegen ausufernde Transfersummen wenig einzuwenden, weil sie Kosten darstellen, die ihre ansonsten ebenfalls ausufernden Gewinne und damit die Steuerlast deutlich senken.

An anderer Stelle bekräftigte Hoeneß: „Wir werden auch in Zukunft nur dann unvernünftige Preise für einen Spieler bezahlen", wenn es vernünftig sei, also „wenn wir eine sehr hohe Wahrscheinlichkeit haben, dass dieser Spieler 100 Prozent die Qualität des FC Bayern massiv verändert." Dies sei bei Rosicky nicht der Fall gewesen.

Der FC Bayern hätte beim Transferpoker mithalten können, aber man wollte nicht. Natürlich ließ sich die nicht erreichte Verpflichtung von Rosicky auch als Niederlage interpretieren, und man musste nicht lange suchen, um solche Kommentare zu finden: „Die Reaktion beim Deutschen Meister erinnert an den Gleichmut des Führerscheinbewerbers, der durch die letzte Prüfung fällt und behauptet: Er gehe sowieso lieber zu Fuß. Natürlich hätte Deutschlands Branchenführer sich gern mit dem Nationalspieler aus Prag verstärkt (...). Nur waren es die Münchner Einkäufer um Manager Uli Hoeneß nicht gewohnt, dass ihnen die Geschäftspartner neben den Preisen auch gleich die Bedingungen diktierten“ (Der Spiegel 3/01).

Franz Beckenbauer kommentierte den Rosicky-Transfer nach Dortmund wenig später wie folgt: „Dortmunds Präsident Gerd Niebaum rief mich an und bat uns auszusteigen. Wir haben es getan. Warum? Weil der BVB umgekehrt genauso reagiert hat, als wir Paulo Sergio vom AS Rom geholt haben.“

Kommt die Wende?

Dann kam Ende Februar/Anfang März 2001 in einer ohnehin durchwachsenen Saison ein deutlicher Einbruch. Erst ein 0:1 in Unterhaching, dann ein 1:1 zu Hause gegen den 1. FC Köln, dann ein 2:3 in Rostock und schließlich ein 0:3 in Lyon. Beim FC Bayern gab es mal wieder Feuer unterm Dach. Nicht so schlimm, wie man es von früher kannte, doch es brodelte. Kritik prasselte auf die Bayern ein. Dem Management hätte zum Saisonbeginn der Mut zu Neuverpflichtungen gefehlt, hieß es immer häufiger in der Presse. In dieser Situation beschloss die Vereinsführung, den Kampf gegen Windmühlen aufzugeben, und trat die Flucht nach vorne an.

In einer Sitzung am 12. März beschloss das Präsidium die Wende in der Transferpolitik. Hoeneß gab zu, dass man schon im Vorjahr mutiger hätte sein müssen und blies in der ihm eigenen Weise zum Angriff: „Es wird der Tag kommen, an dem die Leute Angst kriegen. Wenn wir erst loslegen auf dem Transfermarkt, dann wird einiges los sein.“ Und die Welt rechnete vor, wieviel Geld der FC Bayern zur Verfügung hat: „Im November 1998 gab der FC Bayern bei seiner Jahreshauptversammlung bekannt, dass sich 60 Millionen Mark im Sparstrumpf befänden. Seither kamen Jahresüberschüsse von insgesamt 57,5 Millionen Mark hinzu. Macht inklusive Zinsen mindestens 140 Millionen Mark an Reserven. Dazu kommen Anlagewerte im zweistelligen Millionenbereich, die beleihbar sind. Weitere rund 34 Millionen Mark hat der Rekordmeister bereits aus dem laufenden Champions-League-Wettbewerb sicher, dazu können heute zehn Millionen Mark für den Einzug ins Viertelfinale kommen (allerdings erhält in diesem Fall jeder Spieler eine Prämie von 250.000 Mark). Summa summarum könnte der Verein rund 200 Millionen Mark in neue Spieler investieren“ (www.welt.de, 14.03.01). Nachtrag: Der Einzug ins Viertelfinale gelang mit einem überzeugenden 1:0 gegen Arsenal London.

Daher kann Uli Hoeneß auch locker auf die gesunde finanzielle Situation des FC Bayern verweisen: „Andere Vereine müssen 17 Bankauskünfte einholen, ehe sie Transfers tätigen. Wir wissen, dass wir überall hinfliegen können, einen Scheck ausstellen und fertig." Ein gutes Gefühl.

Aber war es wirklich nötig, das Ruder in der Transferpolitik herumzuwerfen? Der FC Bayern hatte schließlich keine schlechte Mannschaft. Die ärgerlichen Niederlagen gegen Teams aus dem unteren Tabellenbereich (sarkastischer Kommentar vom Bayern-Kapitän Stefan Effenberg: „Die schwierigen Gegner haben wir jetzt alle hinter uns. Jetzt kommen dann Dortmund, Schalke, Leverkusen, Kaiserslautern.") waren offensichtlich eher mit einer falschen Einstellung der Spieler zu erklären. Die Nachlässigkeit wäre wohl kaum mit teuren Spielern abzustellen gewesen. Zum Saisonende bewies die Mannschaft dann auch, dass sie die falsche Einstellung abgelegt hatte, und prompt kamen die Erfolge.

Andererseits war das Geld vorhanden, also konnte es auch investiert werden (aus steuerlicher Sicht – siehe Capital 22/01 – wäre dies sogar empfehlenswert gewesen). Normalverdiener schütteln angesichts der Transfersummen ohnehin nur noch den Kopf und denken: „Die spinnen, die Fußballer". Doch da neben den Ausgaben der Spitzenvereine auch die Einnahmen aus den Fugen geraten sind, stimmten letztlich die Relationen wieder. Sie sind halt branchenüblich – was nicht mit vernünftig gleichzusetzen ist.

Beim FC Bayern ging es nun um einen Paradigmenwechsel, also um eine grundlegend neue Haltung in der Transferpolitik. Die Führung musste umschalten von dem, was normalen Menschen vernünftig erscheint, auf das, was in der Branche normal ist. Bislang hatten Uli Hoeneß und Kollegen sich aus Überzeugung geweigert, explodierende Ablösesummen zu zahlen. Dafür gibt es eine Reihe guter Gründe:

- Mit dem gesunden Menschenverstand sind derartige Beträge für die mehrjährige Verpflichtung eines Spielers kaum nachvollziehbar, zumal ein Erfolg – siehe Ronaldo bei Inter Mailand – keineswegs gesichert ist.
- Da eine Entwicklung nicht automatisch gut oder sinnvoll ist, nur weil sie stattfindet, ist es legitim, sich ihr zu widersetzen, solange man dafür gute Argumente hat. Die Bayern haben versucht, sich einem Trend entgegenzustemmen, um ihn wenigstens abzuschwächen. Dies erfordert Courage und Selbstbewusstsein, Dickköpfigkeit oder Weitsicht.
- Die Bayern haben versucht, eine Alternative zu ausufernden Ablösesummen aufzuzeigen und man muss ihnen bescheinigen, dass dies gelungen ist, in Deutschland sowieso. Selbst in der Champions League ist der Verein in den letzten Jahren stets unter den erfolgreichsten Teilnehmern gewesen. Als die Bayern im Herbst 2001 monatelang kein Spiel verloren, konnte Hoeneß sagen: „Unsere Einkaufspolitik ermöglicht die jetzige Situation. Wir haben uns

nicht beeinflussen lassen von den Zidanes oder Figos, sondern ohne einen 100-Millionen-Tranfer versucht, unsere Probleme zu lösen."

- Schließlich ist nicht ausgeschlossen, dass die Transfersummen ihren Zenith überschritten haben. Aufgrund dieser Befürchtung soll Sparta Prag den Verkauf von Rosicky derartig hastig über die Bühne gebracht haben. Am Ende könnten Bayerns Resistenz und Hoeneß' bodenständige, betriebswirtschaftlich solide, für die Sensationspresse aber eher langweilige Überlegungen zum Preis-Leistungs-Verhältnis als hellsichtig zu würdigen sein.

In der Wirtschaft läuft es ähnlich: Als die Technologieaktien am Neuen Markt (NEMAX 50) bis ins Frühjahr 2000 ständig neue Rekordwerte erreichten, wurde über warnende Stimmen ebenfalls nur müde gelächelt. Bis es abwärts ging, und abwärts, und abwärts …

Das Ende der Fahnenstange?

Gegenüber dem Spiegel (16/01) präzisierte Uli Hoeneß seine Warnungen vor übertriebenen Transfersummen und relativierte zugleich das Umdenken der Vereinsspitze in Sachen Einkaufspolitik:

„*Spiegel:* Dass sich Europas führende Clubs finanziell übernehmen, ist offenkundig Ihre Lieblingsprognose.

Hoeneß: Unser Sportchef Karl-Heinz Rummenigge schimpft auch immer: Uli, das behauptest du seit Jahren. Aber ich sage Ihnen: Der große Crash wird kommen. Mancherorts sinken schon die Preise für Spieler, weil deren Vereine praktisch pleite sind. Lazio Rom hat das Geld vom Börsengang aufgebraucht. In Spanien sind Atletico Madrid und beide Clubs aus Sevilla von der Bildfläche verschwunden. Der Erstligist Union Las Palmas hat 62 Millionen Mark Schulden, der FC Barcelona 180 Millionen. So geht das quer durch Europa.

Spiegel: Trotzdem scheinen immer noch genügend Vereine bereit zu sein, für Stars wie den Portugiesen Figo oder den Argentinier Crespo dreistellige Millionenbeträge auszugeben.

Hoeneß: Sobald die Fernsehverträge in diesen Ländern auslaufen, ist die Deadline erreicht. Sie wurden in der Regel auf fünf Jahre abgeschlossen und haben den Vereinen bis zu 500 Millionen Mark gesichert. Viele Clubs haben das Geld aber schon verjubelt. Nun machen etwa in Italien die Pay-TV-Gesellschaften mächtig Verlust. Da muss man nicht glauben, dass die nächsten Verträge auch nur annähernd wieder in dieser Größenordnung abgeschlossen werden.

Spiegel: Und in diesen schwierigen Zeiten kündigt der FC Bayern wachsende Investitionsbereitschaft auf dem Transfermarkt an. Wie passt das zusammen?

Hoeneß: Im Rahmen unserer Möglichkeiten nenne ich das immer noch vorsichtig, was wir vorhaben. Im Vergleich zu anderen handeln wir sehr konservativ.

Spiegel: Sie stellten Spielereinkäufe in großem Stil in Aussicht: Die Konkurrenz werde Angst bekommen. Erstmals, hieß es, wolle der FC Bayern nötigenfalls 50 Millionen Mark für einen Spieler zahlen. Wie viel Geld steht für Einkäufe zur Verfügung?

Hoeneß: Wir sind bereit, für die kommende Saison bis zu 100 Millionen auszugeben. Aber wenn wir am Ende mit 40 auskommen, ist es auch okay. Und wenn ich mir vorstellen kann, für einen einzigen Spieler 50 Millionen auszugeben, dann muss der aber auch eine absolute Bombe sein. Wenn uns einer gefällt, der nur fünf kostet, werden wir den sicherlich nicht ablehnen, weil er so billig ist.

Spiegel: Das klingt schon viel zurückhaltender. War die scheinbar selbstkritische Aussage, man habe bei Bayern zuletzt zu wenig Mut auf dem Transfermarkt gezeigt, also nur ein Trick, um dem vorhandenen Personal Beine zu machen?

Hoeneß: Überhaupt nicht. Nur lasse ich mich nicht verrückt machen. Die größte Gefahr für den FC Bayern besteht darin, dass wir uns von den Medien hetzen lassen. Wir haben keinen Grund, hektisch zu werden – und arbeiten in aller Ruhe am Gerüst einer neuen Mannschaft."

Wenn Hoeneß' Rechnung aufgeht, erweist sich seine Politik als überaus weitsichtig. Die Zeit der höchsten Transfersummen hat er mit einer guten Mannschaft ausgesessen, um erst dann wieder im größeren Stil aktiv zu werden, wenn Ablösesummen sinken und hoch verschuldete Vereine dringend Geld benötigen.

Volker Finke, Trainer des SC Freiburg, sprach einst von einer „Medien-Diktatur". Die gibt es bereits auf verschiedenen Ebenen – ob die Boulevardpresse die Vereine de facto mitregiert (indem sie z. B. Trainerentlassungen fordert, Streitigkeiten und Privataffären hochspielt), oder ob Fernsehsender für eine Aufsplittung der Spieltage sorgen. Letztlich scheint in der heutigen, von Medien diktierten Welt alles ganz einfach. Solange man Erfolg hat, hat man richtig gehandelt. Bleibt der Erfolg aus, hat man Fehler gemacht. Nur das Ergebnis zählt, nicht die Mittel. Moral braucht man da nicht mehr. Kaum jemand hat das Rückgrat oder die Argumente, solche Angriffe über einen längeren Zeitraum abprallen zu lassen. Irgendwann bekommen die Medien jeden weich geklopft.

Natürlich blieb auch das Bayern-Management vom ständigen Sperrfeuer der Kommentatoren nicht unbeeinflusst und reagierte mit einem taktischen (Schein-) Rückzug. Mit der angekündigten Wende in der Transferpolitik wurden die Medien ruhig gestellt. Grundsätzlich geändert hat sich bei den Bayern dadurch jedoch eher wenig, und als nach überstandenem Zwischentief Meisterschaft und Champions League gewonnen wurden, wusste ohnehin niemand mehr, was er kritisieren sollte.

Jedenfalls schlug der FC Bayern für die folgende Saison einen moderaten Kurs ein und blieb damit seinen Prinzipien treu. Für Niko Kovac (5,9 Millionen Euro),

Robert Kovac (7,7 Millionen Euro) und Claudio Pizarro (8,2 Millionen Euro) investierte der Verein Beträge, die für Bundesliga-Verhältnisse schon nicht mehr spektakulär waren, nach internationalen Maßstäben erst recht nicht. Pablo Thiam kam sogar ablösefrei.

Besser konnte es in der neuen Saison kaum laufen. Hoeneß' Kommentar: „Wir haben statt einem ganz großen Star eben Pizarro, Thiam und die Kovac-Brüder gekauft (...) und wir haben Erfolg. Ich biete dem Fan ja gar nichts, wenn ich zehn Stars habe, die nichts können. Der Fan will eine funktionierende Mannschaft. Er will einen Salihamidzic, keinen Superstar, der nicht läuft." Erst Sebastian Deisler, der frühzeitig zur Saison 2002/03 verpflichtet wurde und ca. 17,9 Millionen Euro kostete, sprengte den Rahmen des Gewohnten.

Der Trainer: Ottmar Hitzfeld

Lang ist die Reihe der Trainer, die dem FC Bayern München in den letzten Jahren Erfolge brachten. Dabei hat es immer wieder Fehler, Unstimmigkeiten und jede Menge Schmierentheater gegeben – und trotzdem überwiegen in der Summe die Erfolge.

Meist sind diese auf Konstanten zurückzuführen, d. h. auf Trainer, die länger mit der Mannschaft arbeiten konnten, sodass es eine Ära Lattek oder Heynckes gab, dass Cajkovski, Csernai oder auch Trappatoni (mit Unterbrechung) alle zirka drei Jahre arbeiten konnten, eine lange Zeit für Trainer. Ottmar Hitzfeld sei hier als aktueller Trainer beispielhaft hervorgehoben.

Die oberste Aufgabe des Trainers ist es, ein Team von Stars und Mitläufern, Aufsteigern und Altgedienten, Angreifern und Verteidigern, Kämpfern und Denkern zu formen. Dieses Team muss vor jedem Spiel neu eingestellt und aufgestellt werden. Jeder Gegner erfordert jeweils unterschiedliche Strategien; und Verletzungen, Sperren oder Leistungsschwächen fordern den Trainer, kurzfristig immer wieder neue Konstellationen aufzustellen.

Interessant für das Funktionieren von Teams sind dabei folgende Merkmale, die sich über die Jahre beobachten lassen:

Ein Leitwolf scheint immer vonnöten, um die gesamte Mannschaft zu Höchstleistungen zu treiben. Sei es, dass es die Bereitschaft dieser Personen ist, selbst aus sich das meiste herauszuholen, sei es dass es die Begabung ist, andere durch den eigenen Auftritt mitzureißen, – unabdingbar ist die Präsenz von Leistungsträgern. Sie können in Krisensituationen, d. h. in schwierigen Spielen, die nötigen Kräfte zum Umschwung mobilisieren, und im täglichen Training durch die schiere Demonstration ihrer konzentrierten Arbeit Vorbild sein.

Die hohe Anzahl an Nationalspielern ist ein Beleg für die Dichte an überdurchschnittlichen Kräften. Waren in den Siebzigerjahren die bekannten Namen Beckenbauer, Hoeneß, Maier, Müller und Breitner die Vorbilder, so hatten auch später wieder Stars wie Rummenigge, Augenthaler, Matthäus oder Effenberg diese Funktion.

Zugleich üben sie eine anziehende Wirkung auf andere Spieler aus. Dass sich die Jungstars Deisler und Ballack für den FC Bayern entscheiden, hängt damit zusammen, dass sie dort die Möglichkeit sehen, den größten Erfolg zu haben. Die Wahrscheinlichkeit ist am höchsten, dort die reizvollsten Spiele zu bestreiten. Stars ziehen weitere Stars an, weil es der eigene Ehrgeiz gebietet, nur mit den Besten gegen die Besten anzutreten. Dass dabei der Selektionsprozess hart ist, zeigt sich an der Vielzahl „gescheiterter" Spieler. Nicht jeder kann sich in der dünnen Luft der Sieger durchsetzen. Wer es jedoch einmal geschafft hat, sich in der internen Hackordnung emporzuarbeiten, der ist auch für größere Aufgaben gewappnet. Und das befähigt die Spieler, auch einer vermeintlich stärkeren internationalen Konkurrenz standzuhalten.

Wie gelingt es dabei den Trainern, die unterschiedlichen Charaktere so in Zaum zu halten, dass ihre Kräfte produktiv sind und sich nicht gegenseitig aufreiben? Ein näherer Blick auf die Person Hitzfeld mag hier helfen.

Ottmar Hitzfelds wache, braune Augen funkeln heiter zwischen zahlreichen Lachfalten. Sein teurer Anzug, selbst vom italienischen Dressman Trapattoni gelobt, trägt sich offenbar bequem. Das Outfit hat er an seinen neuen Wirkungsort – die Modestadt München – angepasst. So sitzt er im August 2000 im Aktuellen Sportstudio und beantwortet geduldig die Fragen von Michael Steinbrecher.

Stimmt, gibt er zu. Viel angespannter war er zum Beginn seiner Zeit in Dortmund. Zwar hatte er mehrere Schweizer Meisterschaften auf seinem Konto, „doch das war einfach". Deutschland war etwas anderes. Hier kämpfte er verbissen um den Erfolg und wollte sich unbedingt durchsetzen, was ihm eindrucksvoll gelungen ist. Inzwischen, als mehrfacher Europa- und Weltpokalsieger (mit Borussia Dortmund und dem FC Bayern), kann er seiner Arbeit mit einer gewissen Gelassenheit nachgehen.

Hitzfeld ist eine weitere Führungskraft, die dem FC Bayern sehr geholfen hat. Mit ihm kehrten nach den Jahren als FC Hollywood Ruhe, Konzentration und solides Arbeiten zurück – und der Erfolg.

Zu den konservativen Tugenden, die Hitzfeld einfordert, aber auch selbst vorlebt, gehören Fairness und Bescheidenheit. Daher war er am 17. März 1999 im Champions-League-Viertelfinale gegen den amtierenden Meister Kaiserslautern trotz des souveränen 4:0-Erfolgs seiner Mannschaft überhaupt nicht erfreut, als die Spieler im „Siegesrausch" (Mario Basler) mit recht überheblichen Kabinettstückchen – kunstvollen Dribblings etwa – aufwarteten. „Wir müssen bescheiden bleiben. Ich werde es nicht dulden, dass wir zu viele Show-Einlagen bieten wollen. Mir haben einige Szenen in der ersten Halbzeit nicht gefallen, als wir den Gegner vorführen wollten", stellte er klar. Und: „Es geht um unser Erscheinungsbild."

Auch bei ihm ist Glaubwürdigkeit eine zentrale Vokabel. Auf die Frage der WirtschaftsWoche, was er anders mache als andere Trainer, antwortet er: „Ich weiß nicht, was ich anders mache. Ein Trainer muss immer glaubwürdig bleiben. Das erreiche ich nur, wenn ich konsequent bin. Ich rede nicht viel mit der Mannschaft. Sage ich aber etwas, meine ich es ernst, und es muss befolgt werden. Alle müssen sich den Erfolgszielen des FC Bayern unterordnen. Wer sich nicht an die Regeln hält, spielt nicht."

Respekt

Zlatko „Tschik" Cajkovski baute in den Sechzigerjahren die große Bayern-Mannschaft auf, die den Sprung in die Bundesliga und an die europäische Spitze schaffte. Dieter Brenninger, neben Gerd Müller und Rainer Ohlhauser der dritte Torjäger jener Epoche, hat ihn erlebt: „Der war ein echtes Vorbild für uns, weil er selbst aktiv war und fußballerisch einfach Weltklasse darstellte. Was der am Ball konnte … Wir haben echt Respekt vor ihm gehabt, da er in der Lage war, uns alles selbst vorzumachen. Und ehrgeizig war er. Bei den Trainingsspielchen wollte er immer mitmachen. Wenn es nicht aufging, hat er einen von uns in die Kabine geschickt, nur um selbst mitspielen zu können. ‚Du ein bisschen verletzt, geh in Kabine und lass dich massieren'."

Rotation

Was ist eine von Hitzfelds größten Leistungen? Er hat Akzeptanz für das Rotationsprinzip geschaffen. Er hat dieses Prinzip vom Makel des Gesichtsverlustes befreit. Keinem Trainer, auch nicht Trapattoni, ist es gelungen, Stars unter den Spielern problemfrei auszuwechseln, nur weil er, der Trainer, es in dem Moment für richtig befindet. Man denke an den „Tritt gegen die Tonne" am 10. Mai 1997, als der sonst eher besonnene Jürgen Klinsmann nach seiner Auswechslung im Spiel gegen Freiburg verärgert eine am Spielfeldrand still vor sich hin werbende Papptonne perforierte.

Das war symptomatisch: Ein Star wird während des Spiels herausgenommen. Dem Star passt das nicht. Wutschnaubend, bockig wie ein kleines Kind, fixiert auf seine Wünsche oder Allüren, verschwindet er in der Kabine. Als hätte der Trainer nur seine Händchen halten und nicht gleichzeitig die gesamte Mannschaft sowie den Gegner im Auge behalten müssen. Und nach dem Spiel wettert und murrt der aus seiner Perspektive zu Unrecht mit Auswechslung „bestrafte" Star, gibt verärgert Interna an die Presse weiter und sät Unfrieden. The Making of: FC Hollywood. Der Stoff, aus dem die Albträume sind.

Aus Fehlern lernen

Ein ähnlich mimosenhaftes Denken wie bei sensiblen Fußballstars, die empfindlich auf Auswechslungen reagieren, ist häufig in Betrieben anzutreffen. So, wie Fußballer allzu leicht verstimmt sind, tendieren Beschäftigte aller Ebenen dazu, Verbesserungsvorschläge als gegen sie selbst gerichtete Kritik, ja als persönlichen Angriff zu werten.

Das ist besonders dann schädlich und kontraproduktiv, wenn es um bereits passierte Fehler geht. Statt der Ursache des Fehlers nachzugehen und dafür zu sorgen, dass er sich nicht wiederholen kann, schiebt man reflexhaft anderen die Schuld in die Schuhe oder leugnet den Schaden rundweg. Damit ist das Kind in den Brunnen gefallen, denn nun ist ein Rückzug ohne Gesichtsverlust nicht mehr möglich, und der Fehler tritt garantiert erneut auf.

Aber die Gleichung „Fehler = Versagen = negativ“ stimmt nicht. Zu einem ständigen Verbesserungsprozess („Kaizen“) gehört das gezielte Fragen nach den Gründen von Fehlern und das Abstellen der Ursachen. Dazu bedarf es eines gelassenen Umgangs mit Fehlern. Learning by doing, heißt es. Aus Fehlern lernen. „Ohne Bereitschaft, Fehler zuzugeben, ist ein Fortschritt unmöglich“, schreibt Masaaki Imai in seinem Buch „Kaizen“ (S. 90). Auf diesem Weg ist Toyota zu einem der bestgeführten Unternehmen Japans geworden. Toyotas Produkte – ein Blick in die jährliche ADAC-Pannenstatistik beweist es – überzeugen durch ihre hohe Qualität und Zuverlässigkeit.

Kaizen oder Rotation – beide Strategien brauchen Akzeptanz. Hitzfeld hat seinen Spielern den Reflex aberzogen, eine Auswechslung als Strafe für schlechte Leistung zu verstehen. Für den Erfolg der Mannschaft muss jeder einzelne sich zurücknehmen. Der Trainer hat seinen Spielern deutlich gemacht, dass eine Auswechslung oder eine nicht erfolgte Aufstellung sehr wohl auch andere Gründe haben kann, die teilweise gar im Interesse der Spieler selbst liegen. Und die Spieler müssen ihm vertrauen, dass seiner Entscheidung keine üble Absicht zugrunde liegt.

Vertrauen

In der ökonomischen Theorie spielt Vertrauen keine Rolle. Dennoch ist es unabdingbar für das Funktionieren der Wirtschaft. Was aber ist Vertrauen?

Wolfgang Grunwald, Managementtrainer und Professor für Arbeits- und Betriebspsychologie an der Universität Lüneburg, macht deutlich, dass auch Vertrauen ein mittleres Maß braucht (weder zuviel „blindes“ Vertrauen, noch ständiges Misstrauen). Vertrauen kennzeichnet die Qualität einer Beziehung. Vertrauen ist kein Besitz, den man schützen lassen kann, sondern es muss immer wieder neu erworben und erarbeitet werden.

Vertrauensvolles Handeln bedeutet, dass der Akteur sich eine Blöße gibt und verwundbar wird. Er tritt in Vorleistung, ohne sich der erwarteten oder versprochenen

Gegenleistung sicher zu sein, und ohne unbedingt über notwendige Druckmittel zum Erzwingen der Gegenleistung zu verfügen. Der Akteur riskiert also bewusst einen gewissen Schaden, während der Nutzen zunächst eher gering ist. Vertrauen entfaltet seinen richtigen Nutzen erst in einer längeren Beziehung, indem Kosten eingespart werden, die für eine mögliche Absicherung von Gegenleistungen anfallen (z. B. Verträge, Sicherheiten, Bürgschaften) und Reibungsverluste verursachen.

Grunwald identifiziert zehn „Persönlichkeitsmerkmale vertrauenswürdiger Menschen“:

- Verhaltenskonsistenz, Vorhersagbarkeit, Verlässlichkeit,
- Erfüllen von Versprechungen,
- Fairness im Umgang mit anderen,
- Loyalität (wohlwollende Absichten),
- Integrität (Ehrlichkeit),
- Diskretheit (Verschwiegenheit),
- Offenheit (offenes Reden über Ideen und Meinungen),
- Responsivität (offen sein gegenüber anderen Ideen und Meinungen),
- Fachkompetenz,
- physische Anwesenheit, Erreichbarkeit (wenn als Partner gebraucht).

Führungskräften – auch in der Wirtschaft – empfiehlt Grunwald zusammengefasst Folgendes: Glaubwürdigkeit (Denken, Sprechen und Handeln sollen übereinstimmen), Wohlwollen, Unterstützung der Mitarbeiter sowie das tägliche Vorleben ethischer Handlungsprinzipien (Goldene Regel, Fairness-Prinzip).

Höchstleistungen

Bei den zahlreichen Pflichtspielen in mehreren Wettbewerben, dazu Freundschaftsspielen sowie Länderspielen der internationalen Stars ist es zum Beispiel sinnvoll, gelegentlich den einen oder anderen Mann zu schonen. Dazu muss der Kader groß genug und mit ausreichend vielen Topleuten besetzt sein. Natürlich können dann unmöglich alle gleichzeitig auflaufen, und jeder muss/darf mal eine Pause einlegen. „Rotation“ nennt Hitzfeld dieses Prinzip. Solange die Mannschaft in der Champions League mitspielt und viele „englische“ Wochen (mit jeweils zwei Spielen) in Folge zu absolvieren hat, ist das ständige Rotieren kein ärgerlicher Luxus, sondern sogar eine Notwendigkeit.

Oliver Kahn etwa, als er im September 2000 zwischen den Champions-League-Spielen gegen Helsingborg und Trondheim aufgrund einer Oberschenkelprellung bei dem Spiel gegen Unterhaching aussetzen musste, stellte fest, dass ihm diese Pause gut getan hat. Und als im Herbst 2001 zahlreiche Leistungsträger verletzt waren, dachte vorübergehend niemand an Rotation, sondern man war einfach nur froh, einen so großen und ausgeglichenen Kader zu haben. Nur mit einer Rumpfmannschaft jetteten die Bayern zwischen zwei Bundesligaspielen und zwei Champions-League-Wochen mal eben nach Tokio, um am 27. November den Weltpokal zu holen.

Natürlich dient die Rotation zugleich der Disziplinierung. Mangelnde Fitness und fehlender Trainingseifer werden durch Nichtaufstellung geahndet. Dies liegt im Interesse des Vereins und kommt allen zugute, weil nur so die erforderliche Spannung in der Mannschaft und die ständige Bereitschaft zu Höchstleistungen aufrecht erhalten werden kann – gerade in einem hofierten Starensemble wie dem des FC Bayern. Die Maßnahme ist hart, aber notwendig, und jeder durchschnittlich intelligente Spieler sollte das einsehen.

Für die Rotation sprechen auch taktische Gründe. Jeder Gegner hat ein anderes Spielsystem, andere Stärken und Schwachpunkte. Wohl dem Trainer, der sich darauf einstellen und seine Mannschaft mit wechselnden Systemen spielen lassen kann. Das macht sie schwerer berechenbar, verunsichert die Gegner und ist ein psychologischer Vorteil. Hitzfeld spielt diesen Trumpf meisterhaft aus und hat damit Erfolg.

Doch das funktioniert nur, wenn die Spieler ihrem Trainer vertrauen, dass sie, wenn sie auf der Bank sitzen, nicht langfristig ausgebootet sind. Die Rotation geschieht nicht zuletzt zu ihrem eigenen Vorteil. „Es tut mir auch weh, wenn ich manchen Spieler draußen lassen muss", sagte Hitzfeld im RTL-Interview mit Boris Becker am 19. September 2000 vor dem Champions-League-Spiel gegen Rosenborg Trondheim, „aber im Interesse des Vereins muss ich so entscheiden."

Hitzfeld vermittelt glaubwürdig, dass der Erfolg das oberste Ziel ist, dem jeder einzelne sich unterordnen muss, der aber auch jedem einzelnen zugute kommt. Offensichtlich haben die Spieler begriffen, dass nicht nur das Spielen, sondern auch das rechtzeitige Nicht-Spielen wichtig für den Erfolg ist.

Aber Vertrauenswürdigkeit lässt sich nicht situativ (oder manipulativ) einsetzen. Entweder man hat sie sich verdient oder nicht. Es ist eine Frage der Persönlichkeit, der Reife, der sozialen Kompetenz.

Fazit zu These 9:

Entscheidend ist oft nicht das *Was*, sondern das *Wie*. Mitarbeiter in Unternehmen sind durchaus bereit, unpopuläre Maßnahmen und schmerzhafte Entscheidungen mitzutragen, wenn sie deren Notwendigkeit einsehen, und wenn sie nicht den Eindruck haben müssen, ausgenutzt zu werden. Ottmar Hitzfeld ist es gelungen, Akzeptanz für das ungeliebte Rotationsprinzip zu schaffen.

Wer unter Mitarbeitern Akzeptanz für unpopuläre Maßnahmen finden möchte, muss eine Atmosphäre des Vertrauens schaffen. Vertrauen ist auf bestimmte Personen bezogen, muss durch entsprechendes Verhalten

mühsam erworben und aufrecht erhalten werden, ist andererseits aber schnell zerstört. Erst wenn es fehlt, merkt man, wie wichtig Vertrauen für das reibungslose Funktionieren eines Unternehmens ist.
Der Erfolg eines Kollektivs – ob Unternehmen oder Verein – ist der *gemeinsame* Erfolg aller Mitglieder. Deren Engagement lässt sich nur erhalten, solange sie fair behandelt und nicht ausgenutzt werden.
Missbrauchen einzelne Personen ihre (Macht-)Position, um sich die Anerkennung für kollektive Leistungen an die eigene Brust zu heften, begehen sie einen Vertrauensbruch und demontieren die Motivation aller anderen, sich für gemeinsame Ziele einzusetzen. Argwohn und Misstrauen sind die Folgen und greifen wie Seuchen immer weiter um sich.

◆

Der Hamburger SV stattdessen, im Herbst 2000 zum ersten Mal in der Champions League, begann schon nach zwei Spielen (darunter das sensationelle 4:4 gegen Juventus Turin) zu lamentieren, dass die Doppelbelastung einerseits nichts bringe, weil man im internationalen Geschäft ohnehin keine Chance habe, dass sie andererseits aber viele wichtige Bundesliga-Punkte koste. Frustrierte Spieler (Sergej Barbarez: „Wir sollten den Wettbewerb ganz sein lassen"; Niko Kovac: „Uns fehlt die Frische. Die zusätzliche Belastung ist zu viel für uns.") drückten die Stimmung in der Mannschaft. Trainer Frank Pagelsdorf hielt dagegen: „An der fehlenden Kraft kann es nicht liegen, dafür dosieren wir ja das Training."

Mancher Fan und Beobachter wundert sich ohnehin, warum zwei Spiele pro Woche für hoch dotierte und durchtrainierte Profis zu viel sein sollen. Für sie durchaus nachvollziehbar gab Pagelsdorf den Schwarzen Peter an seine Schützlinge weiter: „Die Spieler müssen endlich in der Lage sein, sich auf zwei Spiele in der Woche zu konzentrieren."

Konzentration

Der Kontrast zum HSV machte die Weitsicht und Leistung Hitzfelds bei der Einführung des Rotationsprinzips überhaupt erst sichtbar. Im Herbst 2000 zeigte sich aber: Wo Licht ist, da ist auch Schatten. Die Bayern schienen den Faden verloren zu haben, und nur den ebenfalls schwachen Konkurrenten war es zu verdanken, dass man trotz zahlreicher Niederlagen in der Spitzengruppe der Bundesliga mithalten konnte. In einem Interview mit dem kicker analysierte Hitzfeld: „Einige Spieler dachten nach dem guten Start, 80 oder 90 Prozent würden ausreichen. Aber mit Routine und Klasse geht es nicht in jedem Spiel. Und wenn wir rotieren, muss in jedem Spiel höchste Konzentration her. (...) Mangel an Konzentration ist die logische Konsequenz der Überbelastung durch die internationalen Spiele. Die Spitze in den nationalen Ligen wird damit breiter, zum Nachteil der Topclubs. Die Bundesliga wird eher zur Routine."

Auf die Frage des Spiegels (44/00), was so extrem am Trainerberuf sei, gab Hitzfeld zu Protokoll: „Wenn ich mir einen Manager im zivilen Berufsleben vorstelle, dann unterstelle ich einmal, dass auch der besonderen Druck hat. Er hat schwierige Sitzungen zu überstehen, aber dann holt er einen großen Auftrag an Land und hat ein Vierteljahr lang Ruhe. Ein Bundesligatrainer hat permanenten Druck. Ich kann mittwochs einen großen Sieg gegen Real Madrid feiern, und samstags muss ich, sagen wir mal, nach Magdeburg. Da muss ich aber auch gewinnen – unter anderem deshalb, weil über ein solches Spiel inzwischen genauso umfangreich berichtet wird. Man wird ständig gefordert. Man kann nie sagen: Jetzt habe ich es geschafft."

Nächste Frage. Welche Situation bereite ihm Stress? „Ich glaube, Stress ist das, was ich vor dem Spiel empfinde. Ich habe dann immer ein komisches Gefühl – vielleicht ist sogar Angst das richtige Wort dafür. Ich beobachte mich dann immer sehr genau und werde stutzig, wenn ich einmal feststellen sollte, dass ich locker bin. Wenn ich locker bin, besteht die Gefahr, dass ich die Gefahr nicht erkenne. Deshalb ist ein bisschen Angst vor jedem Gegner wichtig. Ich muss ständig im Kopf haben: Ich kann da gleich verlieren, und wenn ich verliere, habe ich Ärger. Dann kommen drei, vier Tage, in denen ich keine Argumente habe. Denn als Verlierer hat man keine Argumente. Einem Verlierer glaubt man nichts."

Die richtige Distanz

Im Dezember 2000 bot Präsident Franz Beckenbauer, wie bereits vorher öffentlich bekannt gegeben, Ottmar Hitzfeld eine Art „Rentenvertrag" beim FC Bayern München an. „Ich habe Ottmar Hitzfeld zu verstehen gegeben, dass der FC Bayern daran interessiert ist, ihn langfristig an den Verein zu binden." Dabei hatte er den Sportchef Alex Ferguson von Manchester United vor Augen: „Er ist seit 14 Jahren bei ManU und leistet hervorragende Arbeit. Das könnte ich mir mit Ottmar Hitzfeld auch vorstellen." Jener schien nicht abgeneigt: „Ich fühle mich sehr wohl in München."

Aber Hitzfeld blieb doch vorsichtig. „Natürlich macht es mich stolz, dass ein Weltverein wie der FC Bayern so langfristig mit mir zusammenarbeiten möchte. Aber andererseits weiß ich genau, wie schnelllebig dieses Geschäft ist. Und dass ein Verein manchmal handeln muss, obwohl er gar nicht handeln möchte. Da nutzt dir dann auch kein Vertrag. Als Trainer brauchst du Siege. Gerade beim FC Bayern", sagte er der Welt am Sonntag. Das ist in vielen Unternehmen nicht anders, und betroffene Führungskräfte werden die Parallelen erkennen.

Franz Beckenbauer ließ jedoch nicht locker. „Wir sind mit Ottmar Hitzfeld optimal zufrieden. Sein Vertrag läuft bis 2003. Der Ottmar ist so souverän, der braucht kein Papier und weiß, dass er ewig bleiben kann."

Hitzfeld wird sich seinen Teil gedacht haben. Ausgesprochen hatte er ja bereits, was alle wissen. Im Zweifelsfall, wenn es einmal nicht läuft, ist der Trainer das schwächste Glied in der Kette. So schrieb Pit Gottschalk schon früher über Hitzfeld: „Abschotten ist sein Programm, auch bei Vorgesetzten. Er hat da Erfahrung und ist konsequent. Beim Schweizer Zweitligisten SC Zug hat ihn der Vereinschef in einem Tobsuchtsanfall gewürgt. Seitdem hört er kritischer hin, wenn Präsidenten das Blaue vom Himmel versprechen. ‚Hinter jedem Busch', sagt er und meint durchaus die Büsche in München, ‚vermute ich einen Feind.'"

Hitzfeld tut gut daran, vorsichtig zu sein. Ein Trainer ist nicht der stärkste Mann im Verein. Er wird von der Vereinsführung geheuert und gefeuert. Damit ist klar, wer im Krisenfall das Sagen hat. Der Trainer ist „nur" mittleres Management. Solange er Erfolge einfährt, herrscht bestes Einvernehmen. Bei anhaltendem Misserfolg hingegen wechselt man einfach den Trainer aus. Freundschaften zählen dann nicht mehr. Sie machen die Sache nur schwerer und menschlich bitter. Daher ist es ein Zeichen von nüchterner Professionalität und Realitätssinn, wenn ein Trainer Distanz wahrt und eine Verbrüderung mit seinen Vorgesetzten, dem Präsidium bzw. Management und seinen Schützlingen, den Spielern, vermeidet. Auch dieses Verhalten lässt sich auf mittlere Führungskräfte mit ihrer „Sandwichposition" zwischen Vorgesetzten und Mitarbeitern übertragen.

Ein dickes Lob sollte man nicht zu hoch bewerten. Das Lob von Karl-Heinz Rummenigge („Die Spieler sind gut beraten, sich den Trainer als Vorbild zu nehmen: Hitzfeld repräsentiert den FC Bayern optimal.") war sicher aufrichtig gemeint, doch der Trainer wird darüber nicht glücklich gestrahlt, sondern allenfalls säuerlich gelächelt haben. Denn wenn es eines Tages nicht mehr läuft, repräsentiert der Trainer den Verein eben nicht mehr optimal. Damit wird die einst gemachte Aussage nicht zur Unwahrheit – sie ist dann lediglich einfach nicht mehr aktuell. Das gilt für alle Vereine sowie alle Trainer – und letztere müssen gehen.

Ottmar Hitzfeld bekam schnell zu spüren, dass seine distanzierte Haltung kein Fehler war. Gerade einmal zehn Wochen nach den zitierten Lobeshymnen wurde sein Trainerstuhl jäh erschüttert. Die bereits erwähnte Mini-Krise zeigte, wie schnell Kritiker und Besserwisser aus den Löchern gekrochen kommen, wenn es mal nicht optimal läuft (Stichwort „Mediendiktatur"), und wie schnell dann auch die Vereinsführung dünnhäutig wird. Durch die zum Fußball gehörende Emotionalität, die Äußerungen im Affekt stark begünstigt, fallen sehr schnell unbedachte Bemerkungen, die Schaden anrichten, und sensationslüsterne Vertreter einer wankelmütigen Boulevardpresse tragen ihren Teil zur Schadensverstärkung bei, indem sie aus jeder Mücke einen Elefanten machen.

Die Münchener Abendzeitung wusste jedenfalls wieder einmal genau, die Fehler des Trainers zu identifizieren: „Erstens habe Hitzfeld die Disziplin zu sehr schleifen lassen. Zweitens sei das Wintertrainingslager des FCB zu ‚lasch' gewesen. ‚Die

Folge: Leistungsträger sind nicht topfit.' Drittens träfe der Bayern-Coach keine klaren Personalentscheidungen. Deswegen habe der Rekordmeister ,keinen souveränen Abwehrchef'. Viertens säßen junge Talente zu oft auf der Bank. Dies führe zu Rissen zwischen Hitzfeld und den Bayern-Bossen." Als hätten die Bayern seit dem Wintertraining nicht etliche Spiele in Folge gewonnen, darunter auch die beiden Champions-League-Begegnungen gegen Spartak Moskau ...

Dieses Intermezzo gab zu denken. Ottmar Hitzfeld hat gewiss alles registriert. Am Ende der Saison standen die Bayern jedoch überaus erfolgreich da, und wer siegt, hat Recht.

Der Präsident: Franz Beckenbauer

Präsident Franz Beckenbauer, der „Kaiser", geboren am 11. September 1945, hat als Spieler und Trainer fast alles gewonnen, was es zu gewinnen gibt. Zwischen 1965 und 1977 spielte er als Profi beim FC Bayern, absolvierte dabei insgesamt 396 Bundesliga-Spiele und erzielte 44 Tore. An den herausragenden Erfolgen des FC Bayern und der Nationalmannschaft in jener Zeit war er maßgeblich beteiligt.

Er ist Ehrenspielführer der Nationalmannschaft und des FC Bayern. Als Trainer holte er mit den Bayern den Meister-Titel 1994 und wurde 1996 UEFA-Cup-Sieger (wozu er allerdings gerade rechtzeitig vor den Endspielen Otto Rehhagel als Trainer ablöste). Mit dem DFB-Team feierte er 1990 den Gewinn der Weltmeisterschaft.

Seit 1994 ist er Präsident des FC Bayern. Darüber hinaus bekleidet er das Amt eines DFB-Vizepräsidenten, und allein Franz Beckenbauer hat als Vorsitzender des Bewerbungskomitees für die WM 2006 in Deutschland die eigentlich schon unerreichbar geglaubte Ausrichtung mit unermüdlichem Einsatz doch noch nach Deutschland geholt.

Trotz all seiner Verdienste und Leistungen wird er gelegentlich recht kritisch gesehen. So schrieb Die Zeit (44/00): „Beckenbauers Verhalten ist der Skandal im Skandal. Er redet viel, aber nie weiß man, wer da gerade spricht. Der Präsident des FC Bayern München? Der Vizepräsident des Deutschen Fußball-Bundes? Der Premiere-Kommentator? Der Kolumnist der Bild-Zeitung? Der Botschafter für die Fußball-WM 2006? Der Werbepartner der Mobiltelefonindustrie? Ein gut gelaunter Fußballrentner? Oder alle zusammen? (...)

Franz Beckenbauer wird gern unterstellt, er spreche immer nur für den deutschen Fußball. Doch genau genommen ist nicht einmal klar, worüber er spricht, geschweige denn, für wen. Das Ergebnis ist verheerend. Nie war sein Drang zum Plappern verantwortungsloser. Statt Stellung zu beziehen, beließ er es beim Raunen und bei verbindlich wirkender Unverbindlichkeit."

Beckenbauers „Brandrede" nach dem verlorenen Champions-League-Spiel am 6. März 2001 in Lyon stieß auf sehr verhalten geäußerten, aber dennoch deutlichen

Widerstand. Zwar schien sie die Mannschaft aufzurütteln – prompt gewann sie die nächsten Spiele – doch der Autorität des Präsidenten beim FC Bayern diente sie nicht. „Schon einmal, während der Bayern-Baisse im März 1998, hatte ein Rundumschlag des Präsidenten Missstimmung ausgelöst. Ohne Profiverträge, höhnte Beckenbauer seinerzeit, ‚würdet ihr unter den Isarbrücken pennen'. Seitdem, sagt ein Nationalspieler, ‚nehmen wir den nicht mehr ernst'" (Der Spiegel 11/01).

Während Günther Jauch lobt: „Für das Image der Deutschen im Ausland hat er mehr geleistet als 50 Jahre Diplomatie und 10 Goethe-Institute zusammen", meint der frühere Münchner Oberbürgermeister Hans-Jochen Vogel: „Er hat heute eine Position inne, für die seine Ressourcen nicht mehr ausreichen." Und: „Der Gedanke, dass ihm widersprochen werden könnte, ist ihm fremd geworden. Er hat mit einigen Bereichen der Realität die Verbindung verloren." Doch auch ein Intimfeind des FC Bayern wie der ehemalige Werder-Bremen-Manager Willy Lemke kann ihm nicht ernsthaft böse sein: „Wenn man das Persönliche vom Fachlichen trennt, muss ich sagen: Was für ein toller Typ. Er hat Charisma und eine natürliche Gabe, auf die Menschen zuzugehen. Das hat nichts Angelerntes. Hoffentlich kann er sich das bewahren, auch wenn er immer weiter wächst." Viel weiter können die Kommentare über eine Person kaum auseinander klaffen, und doch meinen alle denselben „Kaiser und Hofnarr", wie Die Zeit titelt.

Trotz allem: Franz Beckenbauer, der „Sonnyboy", die „Lichtgestalt", ist und bleibt ein Phänomen. Allgegenwärtig, immer gut gelaunt und gewinnend lächelnd (wenn er nicht gerade wegen schlechter Leistungen seiner Spieler poltert) erscheint er der Öffentlichkeit.

Alle Kritik kann ihm nichts anhaben. Erfolg macht unangreifbar, und wenn breite Sympathie hinzukommt, wird sogar fehlender Erfolg verziehen. Doch von fehlendem Erfolg kann bei ihm ja keine Rede sein, denn alles, was dieser Märchenprinz anfasst, wird zu Gold. Dieses Image hat er sich redlich erarbeitet. Lange genug war er selbst ein Leitwolf, der seine Mannschaft und obendrein die Nationalmannschaft zu glorreichen Triumphen führte. Dass er kein „Weichei" ist, stellte er etwa am 29. März 1969 unter Beweis, als er mit gebrochener Hand spielte und beim 6:0 gegen Werder Bremen sogar selbst ein Tor schoss.

So leuchtet er weiter als Galionsfigur des FC Bayern und genießt viele Freiräume. Er darf repräsentieren, was er vorzüglich kann. Je weiter er vom Tagesgeschäft ferngehalten wird, desto besser. Trotzdem ist er immens wichtig für den FC Bayern. „Ein Name wie Franz Beckenbauer steht überall auf der Welt für Qualität. Wir akquirieren Gelder, die sonst oft nicht machbar sind", sagt Hoeneß.

Die anderen Häuptlinge

Natürlich besteht die Führung des FC Bayern nicht nur aus Uli Hoeneß, Ottmar Hitzfeld und Franz Beckenbauer. Auch einige andere Personen gehören dazu, die jedoch nicht so sehr im Rampenlicht stehen. Ihre Funktion als Identifikationsfigur ist deshalb weniger bedeutend. Anhand der Arbeit insgesamt lässt sich auch hier ein wichtiger Faktor erkennen, die Konstanz.

Vizepräsident Dr. Fritz Scherer, geboren am 16. Februar 1940, spielte in der Jugend beim BC Augsburg. Der Professor für Betriebswirtschaftslehre war von 1985 bis 1994 Präsident des FC Bayern, davor sechs Jahre Schatzmeister. Er war maßgeblich daran beteiligt, aus dem Verein ein modernes, professionell geführtes Unternehmen zu machen. Die solide finanzielle Basis, auf der der Verein steht, ist auch seinem Know-how zu verdanken.

Anfang 1991 holte er Franz Beckenbauer und Karl-Heinz Rummenigge als beratende Vizepräsidenten an die Vereinsspitze. 1994 trat er selbst ins zweite Glied zurück und machte das Präsidentenamt frei für Franz Beckenbauer. Nicht ganz aus eigenem Antrieb wohl, aber es zeugt doch von einer gewissen Größe, ohne böse Worte einen solchen Posten zur Verfügung zu stellen. Bei dieser Gelegenheit wurde die Konstruktion mit drei Vizepräsidenten als Kompromisslösung geschaffen. Rummenigge, der zunächst gegen Scherer antreten wollte, ließ von seinem Vorhaben ab und wurde mit einem der Vizepräsidentenämter belohnt.

Karl-Heinz Rummenigge, geboren am 25. September 1955, heute als Sportchef also einer der Vizepräsidenten, kam 1974 von Borussia Lippstadt nach München. Er kostete damals 17.500 Mark (8948 Euro), die sich gelohnt haben. Max Merkel, der ehemalige Erfolgstrainer vom TSV 1860 München, hatte ihn entdeckt und dem FC Bayern empfohlen, weil er „zu gut für die Blauen" sei. Zehn Jahre lang spielte er bei den Bayern, erzielte in 310 Bundesligaspielen 162 Tore, wurde Kapitän der Nationalmannschaft und galt als einer der besten Fußballer Deutschlands. 1980 und 1981 wurde er zu Europas Fußballer des Jahres gewählt. 1984 wechselte er für 11,4 Milionen Mark (5,8 Millionen Euro) zu Inter Mailand. Nach drei Jahren in Mailand und einer Archillessehnenverletzung beendete er seine aktive Karriere bei Servette Genf. Anschließend arbeitete er als Repräsentant bei adidas und Opel und als Länderspiel-Kommentator bei der ARD, bis er ins Bayern-Management wechselte. Zusätzlich ist er einer von zwei Vizevorsitzenden der UEFA-Clubbeiratskommission G14.

Rummenigge gilt als knallharter Verhandler, der keine Emotionen zeigt. Nach der Umwandlung des FC Bayern in eine Aktiengesellschaft soll er Vorstandsvorsitzender werden.

Hans Schiefele, geboren am 1. Oktober 1919, trat dem Verein 1928 bei, spielte in der Jugendmannschaft und stand vor dem Krieg auf dem Sprung in die Nationalelf. Später berichtete Schiefele viele Jahre als Sportjournalist vorwiegend über Fußball. Beim FC Bayern war er über etliche Jahre verantwortlich für die Clubzeitung, war Mitbegründer und Leiter der Kegelabteilung, Vorstand, Schriftführer und ist seit 1987 Vizepräsident.

Karl Hopfner, geboren am 28. August 1952, ist seit 1983 Geschäftsführer des FC Bayern. Vorher arbeitete er in leitender Position bei einem Industrieunternehmen. Der gelernte Betriebswirt ist verantwortlich für Administration, Organisation und kaufmännische Belange. Gemeinsam mit Dr. Scherer und Hoeneß ist er auch Geschäftsführer der Sport-Werbe GmbH.

Auffällig ist die große Zahl ehemaliger Spieler, die heute noch (bzw. wieder) für den Verein arbeiten. Neben Uli Hoeneß, Franz Beckenbauer, Karl-Heinz Rummenigge und Senior Hans Schiefele sind zu nennen: Sepp Maier (Torwarttrainer), Gerd Müller (Betreuer der A-Jugend, Co-Trainer der Amateure), Hansi Pflügler (Koordinator für den Fanartikelverkauf), Raimond Aumann (Fanclub-Beauftragter), Wolfgang Dremmler (Chefscout), Björn Andersson (Cheftrainer der Jugend und Scout). Auch für Lothar Matthäus kann man sich eine Funktion vorstellen, und Paul Breitner hat von sich aus abgewunken, weil er mit seinem losen Mundwerk den Bayern eher schaden als nützen würde.

Alles stimmt ...

Nach dem Gewinn der Champions League äußerte sich der ehemalige Bayern-Trainer Jupp Heynckes gegenüber der Welt am Sonntag (27.05.01) über die Stärken dieses Vereins:

„*Welt am Sonntag:* Fühlen Sie sich als Prophet, weil Sie schon 1997 in Diensten von Real Madrid den FC Bayern als besten Club Europas bezeichneten?

Heynckes: Das habe ich gesagt, als bei Real noch nicht so gewirtschaftet wurde wie heute. Jetzt gehört Madrid mit Manchester United und natürlich dem FC Bayern zu den europäischen Topclubs. In München stimmt einfach alles: Die Infrastruktur, der Trainerstab, das Präsidium – mit einem sehr starken Karl-Heinz Rummenigge, der übrigens, das bekomme ich immer wieder von Funktionären bestätigt, auch bei den Verhandlungen der G14 ein herausragender Kopf ist. Dazu die klugen Persönlichkeiten aus Politik und Wirtschaft im Verwaltungsrat: Das ist einzigartig in Europa.

Welt am Sonntag: Die spanische Presse verweigert den Bayern bisher eine tiefe Verbeugung.

Heynckes: Das ist der ausgeprägte Neid der Nationen. Sie reden vom Glück, aber das muss man sich im Leben erarbeiten. Dass hinter dem Erfolg Akribie, Innovationen und Visionen stecken, vergessen sie. Und Bayern umgibt eine Aura des Erfolgs. Sie haben kein Glück, sie suchen das Glück. Und durch die Qualität ihres Kaders können sie das Glück erzwingen. Sie geben nie auf, kämpfen bis zur letzten Patrone.

Welt am Sonntag: Wie aber kann Trainer Ottmar Hitzfeld die Sieger für die neue Saison motivieren?

Heynckes: Das ist kein Problem, weil Beckenbauer, Rummenigge, Hoeneß und Hitzfeld ihren Verstand einsetzen und die Weichen für die Zukunft stellen. Sie werden mit neuen Spielern für neue Konkurrenz und damit für das nötige Spannungsfeld sorgen.

Welt am Sonntag: Muss der FC Bayern wie Real oder ManU für Verstärkungen künftig mehr investieren?

Heynckes: Hargreaves ist der Beweis, dass es auch anders geht. Viele europäische Profis rechtfertigen Summen von 50 Millionen und mehr noch nicht. Die Bayern sparen durch Informationsvorsprung Geld: Sie holen neben überdurchschnittlichen und erfahrenen Bundesligaprofis vielversprechende Talente, die ihren Marktwert binnen weniger Spiele um das X-fache steigern. Die Bayern sind nicht nur Fußballfachmänner, sondern auch Kopf- und Kaufleute. Darüber hinaus haben sie Spieler, die auf die Jüngeren Einfluss nehmen wie Effenberg und Kahn mit ihrer Entschlossenheit, aber auch Andersson mit seiner Ruhe oder Jeremies mit seinem Ehrgeiz und seiner Aggressivität.

Welt am Sonntag: Gehört auch ein Schuss Arroganz dazu?

Heynckes: Die Körpersprache gehört dazu. Psychologische Stärke muss ausgedrückt werden, wie es Effenberg tut. Du musst dem Gegner zeigen: Heute gehst du als Verlierer vom Platz."

So zeigt der FC Bayern, dass kluges Management manche Ausgaben ersetzt. Investitionen sind nicht zu maximieren, sondern zu optimieren. Moderne Unternehmensstrukturen und eine schlagkräftige Organisation schaffen einen Vorsprung selbst gegenüber größeren Konkurrenten. Die richtige Zusammensetzung der Mannschaft gewährleistet eine leistungssteigernde Spannung. Und weitsichtige Planung hilft, eigene Stärken für die Zukunft zu konservieren.

Um weiterhin so erfolgreich zu sein, macht man sich bereits über personelle Weichenstellungen für die Zukunft Gedanken. Oliver Kahn könnte eines Tages Nachfolger von Uli Hoeneß werden. Hoeneß selbst sprach sich dafür aus: „Wenn er als Bayern-Torwart 2006 Weltmeister werden sollte, wäre er der beste Torwart aller Zeiten. Danach könnte er mich ablösen. Er hat den wirtschaftlichen Background und er liebt den Verein." Auch Karl-Heinz Rummenigge bestätigte diese Pläne. „Wir sind sehr daran interessiert. Man sollte darüber mit ihm sprechen. Der Olli ist, was seinen Intellekt angeht, eine starke Persönlichkeit, er besitzt ohne Zweifel die Qualitäten, im Management mitzuwirken."

Fazit zu These 10:

Der Mix machts. Verantwortlich für die gegenwärtigen Erfolge des FC Bayern München sind einige Persönlichkeiten, wie sie unterschiedlicher kaum sein könnten. Vielleicht findet sich gerade deshalb bei jeder Aufgabe jemand, der ihr besonders gut gewachsen ist. Es ist wohl das größte Vermögen des Vereins, dass die ***richtigen*** Personen ***gemeinsam*** im Boot sitzen.

Folgende Persönlichkeitsmerkmale der Führungskräfte des FC Bayern lassen sich hervorheben, weil sie besonders wichtig für den Erfolg des Vereins sind:

- Langfristiges Denken, personelle Konstanz,
- Professionalität,
- Glaubwürdigkeit, Vertrauenswürdigkeit, Integrität,
- Mut, den eigenen Weg zu gehen,
- Konfliktfähigkeit, verbunden mit Fairness,
- Unabhängigkeit,
- Wohlwollen, positive Grundhaltung. ◆

Fazit

Beim FC Bayern fällt auf, dass viele ehemals erfolgreiche Fußballprofis in den Reihen der Vereinsführung stehen. Sie sind in diesem Geschäft groß geworden, was zwar keine Garantie für Erfolg jenseits des grünen Rasens, dem Verständnis für das Geschäft aber offenbar durchaus zuträglich ist. Möglicherweise haben sie deshalb ein besonderes Verständnis für die Denkweise ihrer angestellten Spieler, weshalb es ihnen leichter fällt, den jungen Profis günstige Rahmenbedingungen zu schaffen.

Zur Sicherung des unternehmerischen Erfolges und zur Schaffung betriebswirtschaftlich sinnvoller Strukturen verfügt das Vereinsmanagement über ausgewiesene Experten, die von anderen Führungsaufgaben weitgehend befreit sind.

Dabei gelingt das Zusammenspiel so unterschiedlicher Kräfte, weil ihre jeweilige Funktion und Rolle wie bei einer Fußballmannschaft akzeptiert wird.

Uli Hoeneß, der Manager, gilt als Visionär, der mit allen Wassern gewaschen ist und trotzdem ein großes Herz hat. Sein „Geheimnis“ ist die Unabhängigkeit. Er verfügt über die Fähigkeit, seine Unabhängigkeit kreativ zu nutzen, sowie über die innere Stärke, selbst unpopuläre Maßnahmen umzusetzen, wenn er von ihnen überzeugt ist. Als Querdenker hat er den Mut, auch mal aus Überzeugung nichts zu tun, statt blind der Herde zu folgen, bis alle von der Klippe stürzen. Aber es ist eine Gratwanderung zwischen innovativem Beharrungsvermögen und Starrköpfigkeit. Eigenes Nachdenken, die besseren Argumente und Weitsicht machen hier den Unterschied.

Ottmar Hitzfeld, der Trainer, ist ein lebenserfahrener Mann, der über eine gereifte Persönlichkeit verfügt und viel Ruhe ausstrahlt. Er hat aus einem Haufen exzentrischer Stars eine Mannschaft gemacht, die bis zu einem gewissen Grad mit ihm gereift ist – wobei ihnen der traumatische Sommer 1999 mit zwei verlorenen Endspielen in zweieinhalb Wochen sehr geholfen hat. Er besitzt das Vertrauen seiner Spieler, pflegt einen fairen Umgang mit ihnen und fordert bedingungslosen Einsatz für die Mannschaft und den Erfolg des Vereins. Alles, was er fordert, lebt er selbst vor, wobei er in alle Richtungen eine gesunde Distanz wahrt, ohne distanziert und entrückt zu wirken. Er ist ein echtes Vorbild.

Franz Beckenbauer, der Präsident, thront über allem und repräsentiert. Er ist eine schillernde Figur, hat als begnadeter Fußballer Karriere gemacht, als einer der unbestritten besten Fußballer aller Zeiten, verfügt über ein sonniges Gemüt und hat Erfolg mit allem, was er anpackt. Es ist national und international der Sympathieträger des deutschen Fußballs schlechthin.

5. Die Mannschaft: Leistung, Lohn und Interessen

Wie motiviert man seine Mitarbeiter, hohe Leistungen zu erbringen? Vor dieser zentralen Frage steht jedes Unternehmen, jeder Verein. Neben den „harten“, das heißt messbaren Argumenten wie Lohn und Prämien gibt es diverse „weiche“ Motivatoren: Anerkennung, Arbeitsumfeld und Einfluss auf die Managemententscheidungen – um nur einige zu nennen.

Ein Fußballverein hat Stars. Analog gibt es in jedem Betrieb Mitarbeiter, die besonders wichtig sind: Den Programmierer im Software-Unternehmen, den Controller in der Konzernzentrale oder den Maschinenführer im produzierenden Gewerbe. Das Abwerben solcher Mitarbeiter kann ein Unternehmen in eine ernste Existenzkrise stürzen. Wie kann man solche Stars/Schlüsselpersonen halten, auch wenn man nicht über unerschöpfliche Geldquellen verfügt?

Der FC Bayern München ist auch hier ein lohnendes Beispiel: Zwar ist er national unumstritten die Nummer 1, aber international will er finanziell nicht mithalten. Das heißt er will andere Strategien entwickeln als die des dicken Geldkoffers. Fast alle großen Spieler des Vereins waren den Geldlockungen ausländischer Vereine gefolgt und waren im Ausland tätig. Für internationale Größen wie Figo oder Zidane will der FC Bayern die Geldmittel nicht aufbrinen – und trotzdem ist der Club eine der ersten Adressen in der Welt.

Durch seinen Anspruch auf einen Spitzenplatz ermöglicht der Verein die Aussicht auf erhöhte Aufmerksamkeit durch die Medien. Jeder Spieler kann sicher sein, dass er bei Bayern München im Training mehr Zuschauer hat als bei vielen Ligaspielen der Konkurrenz. Und durch die internationalen Erfolge gibt der Club den Spielern die Möglichkeit, sich einer großen Zuschauerzahl zu präsentieren. Wer einmal den Rausch der Medienaufmerksamkeit genossen hat, weiß, wie verführerisch er ist. Das Beispiel von Tennisspielern, die nach ihrer Karriere verzweifelt versuchen, die Aufmerksamkeit der Medien auf sich zu lenken, ist wohl allen präsent. Gerade Spitzenkräfte, die die Auseinandersetzung im Brennpunkt suchen, erhalten dadurch erst die Bühne, die ihren Ansprüchen genügt. Stimmt das Gehalt, dann haben es auch hohe Ablösesummen und Verlockungen durch andere Angebote schwerer, dem Spieler mehr zu bieten. Denn beim FC Bayern ist die Wahrscheinlichkeit, international immer präsent zu sein, höher als bei den meisten anderen Teams. Dass sich die Vereinsführung ebenfalls nach den Jahren großer Erfolge als Spieler durch ihre Leistung im Verein immer wieder ins Rampenlicht rückt, ist hier förderlich. Vereinsführung und Spieler werden von den gleichen Interessen getrieben. Folgende Thesen gilt es, dabei im Auge zu behalten:

These 11: Sowohl Manager als auch Mitarbeiter verhalten sich nicht unbedingt spontan im Unternehmensinteresse. Daher sind geeignete Mittel und Wege zu finden, sie zum vollen Einsatz für ihr Unternehmen zu bewegen. Neben der gerechten Entlohnung gibt es vielfältige Möglichkeiten, Anreize zu schaffen. Mit die beste, um aus einer Mannschaft Höchstleistungen herauszuholen: Die Möglichkeit, im Team, in einer Gruppe höchste Ziele zu erreichen.

These 12: Eine Mannschaft braucht „Leitwölfe", die sie führen. Die Ernennung zum Leitwolf (Mannschaftskapitän, Abwehrchef o. Ä.) darf nicht zum Abbau des Leistungsdrucks führen. Das Rotationsprinzip beim FC Bayern ist eine Maßnahme, die auch die Leitwölfe zwingt, sich möglichst optimal einzubringen. Jeder Manager sollte sich trauen, auch einmal seinen „Matthäus" auf der „Bank sitzen zu lassen".

These 13: Teams weisen bestimmte Strukturen und Eigenarten auf. Im günstigen Fall können diese in Synergie erheblich zur Produktivität der Mitarbeiter beitragen. Diese Synergien entstehen nur bei der richtigen Zusammensetzung der Gruppe aus „Häuptlingen und Indianern".

Wer ist die Mannschaft? Bei einem Fußballverein denkt man zunächst an die Spieler. Man kann den Begriff aber auch ausweiten auf die „Mannschaft hinter der Mannschaft", also auf sämtliche Betreuungs- und Hilfskräfte. Schließlich kann man das Unternehmen bzw. den Verein einschließlich des Managements als Gesamtheit, als Mannschaft ansehen.

Zum Begriff „Mannschaft"

Das Wort „Mann" bedeutete früher zugleich „Mensch" (im Englischen, Französischen, Spanischen und anderen Sprachen heute noch). Das Suffix „-schaft" entwickelte sich zu einem Sammelbegriff für alle Inhaber derselben Rolle oder desselben Ranges, wie z. B. „Knechtschaft" oder „Arbeiterschaft".
Wer also zu einer Mannschaft gehört, ist Bestandteil dieser Gesamtheit von Menschen, dieses Kollektivs, und hat sich verpflichtet, bestimmte Regeln anzuerkennen und Verhaltensweisen zu übernehmen.
Hier geht es natürlich vor allem um die Akteure auf dem grünen Rasen. Aber es ist unvermeidlich, die Vereinsführung in Verbindung mit und im Kontrast zu den Spielern zu betrachten – so, wie in jedem Unternehmen Arbeitnehmer und Arbeitgeber einander gegenüberstehen.

Interna

Es war Anfang Februar 2001. Ciriaco Sforza, Abwehrspieler, seit einem halben Jahr beim FC Bayern, fühlte sich gemobbt – jedenfalls berichtete dies die Presse. Er war eine Weile verletzt gewesen und hatte ansonsten nur durchschnittliche Leistungen gezeigt. Das war für einen Spieler, der 12 Millionen Mark gekostet hatte, zu wenig. Seit Monaten wurde darüber diskutiert und Sforza kritisiert. Etliche Gegentore wurden ihm angelastet, und so sprach er gegenüber der Münchner „tz" von Mobbing. Ein Skandal? Darüber müsse intern geredet werden, fand er.

Die Vereinsführung reagierte nicht so verständnisvoll wie wohl von ihm erwartet. Karl-Heinz Rummenigge gab den Schwarzen Peter zurück: „Was heißt intern? Sforza muss erst mal seine Leistung extern bringen. Er muss auch lernen, selbstkritisch und nicht so empfindlich zu sein. Ein Spieler seiner Güteklasse sollte sich sachlicher Kritik stellen." Rummenigge sagte nichts anderes, als was die Vereinsführung schon seit Wochen verlauten ließ: „Was er bisher abgeliefert hat, war nicht das, was wir uns alle erhofft haben. Jeder im Team verlangt vom anderen, dass er 100 Prozent in die Waagschale wirft. Aber ich halte das für positiv, wenn sie sich unter Druck setzen."

Die Mannschaft setzte sich vor dem Spiel in Wolfsburg zu einer internen Besprechung zusammen, und diese Interna blieben tatsächlich intern. Sforza saß während des Spiels auf der Bank und äußerte sich eher kleinlaut. Oliver Kahn und andere Spieler sagten nur, die Sache sei „vom Tisch", und Sforza betonte, dass er „hier noch einiges bewegen" wolle.

„Zumindest die Führungsspieler Stefan Effenberg, Oliver Kahn und Giovane Elber scheinen noch auf seiner Seite zu stehen. Kapitän Effenberg und Kahn hatte Sforza ausdrücklich von seiner Klage ausgenommen (‚Das sind Kerle mit Charakter. Die halten zu ihren Mitspielern'). Elber hatte ebenso wie Mittelfeldspieler Thorsten Fink die Kritik an Sforzas Leistungen relativiert und festgestellt, für die Gegentore sei ‚die ganze Mannschaft und nicht allein Ciriaco verantwortlich'", schrieb die Welt am Sonntag.

Mancher Beobachter rieb sich die Augen, inzwischen allerdings nicht mehr allzu verwundert. Unter Hitzfelds Führung war solch demonstrierte mannschaftliche Geschlossenheit normal. In den Neunzigerjahren, vor der Ära Hitzfeld, als man vom FC Hollywood sprach, wäre sie kaum denkbar gewesen, und auch jetzt noch fürchteten Fans die Rückkehr jener unsäglichen Querelen. Ein Konflikt wäre nicht abgeschwächt, sondern – im Gegenteil – aufgebauscht worden. Ein unzufriedener Kollege wie Sforza wäre damals nicht diszipliniert worden (wie jetzt), sondern hätte eine Lawine weiterer Vorwürfe, Beschwerden und Meckereien diverser Spieler in ihren jeweiligen Hauspostillen losgetreten.

Doch nun war alles anders, und neben dem Trainer schien auch Stefan Effenberg Wert darauf zu legen, dass es dabei blieb. Der Mannschaftskapitän warnte: „Wer Klasse und Größe hat, spricht die Dinge intern an oder soll den Mund halten. Ich werde jedenfalls in den nächsten Wochen und Monaten genau beobachten, was da abgeht. Und es wird richtig Ärger geben, wenn es so [wie mit Sforza] weiterläuft. Denn nur solche Dinge gefährden unsere Ziele Meisterschaft und Europacup."

Es hatte sich eindeutig etwas verändert. Lag das nur an Ottmar Hitzfeld oder auch an einer Spielerpersönlichkeit wie Stefan Effenberg? Effenberg sei die „Schaltzentrale des FC Bayern schlechthin. Von dem Kapitän und ‚Antreiber' gehen die Ideen aus. Er reißt die Mannschaft mit, das volle Vertrauen von Trainer Ottmar Hitzfeld genießt er sowieso." „Effe" kam 1998 nach sechsjähriger Abstinenz zum zweiten Mal von Borussia Mönchengladbach zum FC Bayern – zeitgleich mit Hitzfeld. Inzwischen war er aber gereift und hatte sich vom unbeherrschten Heißsporn zum feurigen Spielmacher entwickelt (auch wenn er gelegentlich rückfällig wurde).

Gegenüber dem kicker nannte er seinen Verein trotz der verkorksten Hinrunde mit fünf Niederlagen als Topfavoriten für die Meisterschaft 2001. Woher die Selbstverständlichkeit? „Jeder Spieler des FC Bayern muss diesen Anspruch haben, sonst hat er in diesem Club nichts verloren. Manche mögen uns diese Haltung als Arroganz auslegen – wir selbst beziehen daraus unsere Selbstsicherheit. Und deshalb wurden wir auch in der vorigen Saison in letzter Sekunde noch Meister." Und sie sollten es erneut werden, diesmal allerdings tatsächlich in letzter Sekunde.

Leistungsdruck

Offenbar herrscht ein besonderer Leistungsdruck beim Rekordmeister. Der Ex-Münchner Thomas Helmer kann davon ein Lied singen. In der DSF-Sendung „Viererkette" (am 14.09.00 mit Paul Breitner, Rainer Calmund und Willi Lemke) erzählte er von dem Druck, permanent gewinnen zu müssen, wie er bei einer Spitzenmannschaft nun einmal herrsche. Nach einem Jahr beim FC Bayern fürchtete er, dieser Belastung nicht gewachsen zu sein. Aber das gab sich. Später wurde er sogar Kapitän.

„Voll reinhängen"

Eine andere Führungspersönlichkeit unter den Spielern ist Oliver Kahn. Der bislang teuerste Torhüter der Bundesliga kam 1994 für 4,6 Millionen Mark vom Karlsruher SC, wo er 19 Jahre lang gespielt hatte. In seiner Kindheit, nach einem Jahr als Feldspieler, bekam der siebenjährige Oliver eine „Sepp Maier"-Torwart-Kollektion geschenkt. Damit war sein Schicksal besiegelt. Auch er ist ein Vorbild für Engagement, Trainingseifer, konstante Leistung und Loyalität. Zwischen dem 4. Dezember 1998 und dem 3. April 1999 stellte er mit 736 Minuten ohne Gegentor einen neuen und bis heute gültigen Bundesliga-Rekord auf.

Sein Trainingseifer ist legendär. „Winfried Schäfer, der Kahn vor elf Jahren aus der A-Jugend des Karlruher SC in den Profi-Kader beförderte, schmerzt noch heute die Oberschenkelmuskulatur, wenn er an das Torwart-Training zurückdenkt: ‚Oliver konnte nie genug bekommen. Wenn ich ihm 50 Bälle links und rechts um die Ohren geschossen hatte, schrie er: Los, die nächsten 50.' Auch Alexander Famulla, Ende der Achtziger unangefochtenes Torwart-Idol in Karlsruhe, kapitulierte vor Kraftwerk Kahn. Den Wachwechsel vor neun Jahren hat Kahn noch heute präsent: ‚Famulla hatte irgendwann eine Schwächeperiode. Also habe ich im Training noch mehr Gas gegeben, und dann war er weg vom Fenster.‘“ Und sein ehemaliger Jugendtrainer Rudi Wimmer meint: „Kahn war nicht das Riesentalent. Er war nur ehrgeiziger als alle anderen.“ Mit anderen Worten: Jeder kann es schaffen ...

Man sagt ihm nach, er sei „besessen“. Das kommt vor allem von einigen Szenen, bei denen er wutentbrannt fast seine Gegenspieler (z. B. Heiko Herrlich) angeknabbert oder sonstwie aggressiv angegangen hat. Selbst vor Teamkollegen (z. B. Andreas Herzog) schreckte er nicht zurück, und eine Kabinentür wurde auch schon mal eingetreten. Das geschah in Uerdingen. Na ja, inzwischen – mit dem Alter – hat er seine Emotionen besser im Griff und setzt sie in positive Energie um.

„Ich will immer gewinnen. Dem ordne ich alles unter“, zitiert ihn Die Woche und lobt seine Einstellung: „Kahn weiß als einer der wenigen Profis genau, was er sich und seinem Arbeitgeber schuldig ist. Es reicht nicht, zwischen den Pfosten einen guten Job zu verrichten. Auf dem Feld lebt der Nationaltorwart einen permanenten, süchtig machenden Adrenalinfluss aus. Aber nach dem Abpfiff muss er sich resozialisieren. Dann ist er der mündige Profi. Schließlich ist er bei Bayern einer der wenigen, die das können.“

Der Vereinsführung ist das ebenfalls klar. Von der allgemeinen Kritik des Sportchefs Karl-Heinz Rummenigge an der Mannschaft und ihrer teils fehlenden Einstellung wurde Kahn in der Winterpause 2001 ausdrücklich ausgenommen.

Doch der unbedingte Siegeswille kann in extremen Situationen auch nach hinten losgehen. So ist wohl auch der übertriebene Auftritt in Rostock zu erklären, als Kahn am 3. März 2001 – Rostock führte 3:2 – in der Schlussphase mit nach vorne ging. In Mittelstürmerposition beförderte er den Ball nach einer Ecke mit den Fäusten ins gegnerische Tor, was ihm einen Platzverweis einbrachte. Für den ehemaligen Nationaltorhüter Wolfgang Kleff war klar: „Als er in der letzten Minute des Spiels merkte, dass die Niederlage nicht mehr abzuwenden ist, waren die Wut und der Frust so groß, dass er seine Mitspieler bestrafen wollte.“

Kollege Claus Reitmaier vom VfL Wolfsburg hat gegenüber derselben Zeitung eine andere Deutung parat: „Ich weiß gar nicht, was den Oliver Kahn da geritten hat. An den Ball hätte er doch auch mit dem Kopf kommen können, vielleicht wäre das sogar ein Tor geworden. Vielleicht liegt es daran, dass Torhüter Fehler schwerer korrigieren können als Feldspieler und immer unter besonderem Druck stehen.“

Wahrscheinlich haben beide Recht. Bei dem krampfhaften, wenig inspirierten Gestochere seiner Vorderleute, das er aus seinem Strafraum heraus in diesem und in einigen vorherigen Spielen machtlos mit ansehen musste, ist ihm vor lauter Frust über deren fehlenden Kampfgeist der Geduldsfaden gerissen. Er wollte eingreifen – um jeden Preis. Das war zwar kein filigrantechnischer Einsatz, aber er hat ein Zeichen gesetzt: „Mehr Engagement, verdammt noch mal!“. Und abreagiert hat er sich obendrein.

Diese negative Begleiterscheinung seiner absoluten Motivation muss man wohl akzeptieren. Tatsächlich steckten sein Kampfgeist und Siegeswille die Mannschaft an, sodass sie im Endspurt die Meisterschaft eroberte. Auch am Champions-League-Sieg war er mit drei gehaltenen Elfmetern maßgeblich beteiligt. Selbst gegnerische Fans, die ihn jahrelang verschmähten, Bananen auf den Platz warfen oder ihm gar einen Golfball an den Kopf, achten und mögen ihn plötzlich. Dazu antwortet er der Welt am Sonntag (03.06.01):

„*Kahn:* Sicher habe ich mich in den vergangenen zwei Jahren, seit der Niederlage mit dem FC Bayern gegen Manchester im Champions-League-Finale, charakterlich weiterentwickelt. Und ich glaube, dass die Menschen nach und nach merken, worum es mir eigentlich wirklich geht.

Welt am Sonntag: Um totale Leidenschaft auf dem Fußballplatz?

Kahn: Um Authentizität. Ich könnte mir vorstellen, dass das ein Grund für diesen Wandel ist. (...)

Welt am Sonntag: Sie sprachen von einer völlig neuen Konzentrationsebene, die Sie beim Champions-League-Finale gegen Valencia erreicht hätten. Können Sie die beschreiben?

Kahn: Schwer. Ich war jedenfalls ganz, ganz weit weg. Vor der Verlängerung habe ich mich mit dem Rücken auf den Rasen gelegt, alle viere von mir gestreckt und mir einen schönen Ort vorgestellt, wo alles ganz ruhig ist. Dann sah ich mich im Tor und wie die Bälle von mir abprallen, wie ich das Elfmeterschießen gewinne. Ansonsten habe ich wenig um mich herum wahrgenommen. Ich wusste nicht einmal, dass der dritte Elfmeter, den ich gehalten hatte, der entscheidende war.

Welt am Sonntag: Das klingt fast nach Magie.

Kahn: Ist es aber nicht. Es ist nur normales mentales Training. Die Konzentration wird beim Torwart ständig geschult. Ich habe ja in meinem Fußball-Leben nichts anderes gemacht, als mich im Tor zu konzentrieren. (...)

Welt am Sonntag: Haben Sie in den vergangenen Wochen sonst politische und gesellschaftliche Themen mitbekommen oder waren Sie so fixiert auf das große Saisonfinale?

Kahn: Ich muss ehrlich sagen: Ich habe gar nichts mitbekommen. Das war ein Leben wie in einem Tunnel. Ich weiß noch, wie wir nach dem Gewinn der deutschen Meisterschaft im Flugzeug nach München saßen – es war eine Stille, als seien wir gerade abgestiegen. Alle hatten sich schon derart abgeschottet und auf das Spiel gegen Valencia konzentriert.

Welt am Sonntag: Was war das Erfolgsgeheimnis der Bayern?

Kahn: Das Geheimnis liegt zwei Jahre zuvor begründet, im verlorenen Champions-

League-Finale in Barcelona gegen Manchester. Davon bin ich hundertprozentig überzeugt.

Welt am Sonntag: Weshalb?

Kahn: Der Schmerz von damals hat uns die Kraft gegeben. Was diese Mannschaft an Willen gezeigt hat, wie sie nicht eine Sekunde gezweifelt hat, das habe ich persönlich noch nie erlebt."

Damit hat er gezeigt, dass Niederlagen nicht nur negativ zu werten sind, sondern dass man gestärkt aus ihnen hervorgehen kann, wenn man konstruktiv mit ihnen umgeht.

Interessen

Ein Fußballverein, der erfolgreich sein möchte, braucht natürlich motivierte Spieler, die volle Leistung bringen. Oliver Kahn ist ein Vorbild für Einsatz und Integrität. Aber selbst die motiviertesten Spieler haben ihre individuellen Interessen (was sich keineswegs ausschließt). Das können z. B. die folgenden sein:

- hohes Einkommen (dazu gleich mehr),
- gute Altersvorsorge (für das Leben jenseits der 32),
- bei jedem Spiel zum Einsatz kommen (sofern die Spiele sich nicht zu sehr häufen),
- Ruhm,
- Verantwortung (nicht jedermanns Sache, auch eine Frage der Reife),
- die eine oder andere Trophäe fehlt noch in der Sammlung.

Was die fehlende Trophäe angeht: Giovane Elber etwa ist nach eigenem Bekunden vom VfB Stuttgart „nach München gekommen, um Deutscher Meister zu werden und die Champions League zu gewinnen." Und auch Stefan Effenberg fehlte ein großer Titelgewinn. „Deutscher Meister und DFB-Pokalgewinner reichen nicht aus, um nach dem freiwilligen Verzicht auf Länderspiele mehr als ein nationaler Star zu sein und zu Recht mit dem französischen Welt- und Europameister Zinedine Zidane verglichen zu werden, wie es Hitzfeld getan hat. Darum gilt Stefan Effenbergs ganze Sehnsucht dem Gewinn der Champions-League-Trophäe, die er im verlorenen Finale 1999 in Barcelona gegen Manchester United fast schon in Händen hielt. ‚Für mich persönlich ist die Champions League wie die Weltmeisterschaft', sagte Effenberg vor dem Zwischenrundenspiel gegen Spartak Moskau dem Fernsehsender ‚Premiere World.'"

Offensichtlicher ist jedoch, dass die Profis ihr Einkommen maximieren wollen. Warum auch nicht? Sie beanspruchen ihren Anteil vom Kuchen, denn sie erledigen einen entscheidenden Teil der Arbeit. Im Fußball können die Manager managen, wie sie wollen – spielen tun immer noch die Spieler. Nicht zu Unrecht sehen die Spieler sich daher als Leistungsträger, und das wollen sie honoriert bekommen. Das gilt analog für die Beschäftigten in Unternehmen.

Selbstverständlich sollten Manager dem ihnen anvertrauten Verein oder Unternehmen eine gesunde finanzielle Basis schaffen und erhalten. Dazu gehört, die Kosten zu kontrollieren. Spielergehälter können in Profivereinen immerhin 40 Prozent und mehr der Gesamtkosten ausmachen und stellen damit einen nennenswerten Kostenfaktor dar. Bevor Manager sich darüber beschweren, sollten sie allerdings bedenken, dass ihre eigenen Gehälter ebensolche Kosten darstellen.

Arbeitgeber und Arbeitnehmer – betrachten wir Fußballprofis ruhig als Arbeitnehmer, auch wenn sie dafür eher untypisch sind – verfolgen eigene Interessen. Das ist legitim und sollte akzeptiert werden. Daneben gibt es zwischen Management und Spielern oder Mitarbeitern jedoch auch gleichgerichtete Interessen wie das am Unternehmenserfolg.

Weder Klassenkampfdenken noch übertriebenes Harmoniestreben sind daher angebracht. Ideologien helfen nicht weiter. Stattdessen braucht man eine pragmatische Haltung, die die Interessenlage der anderen Partei anerkennt, ohne sich darüber zu entzweien, die aber gleichzeitig gemeinsame Ziele betont und als Basis für eine Verständigung nutzt.

Warum ist das wichtig? Weil man Konflikte, die aus diesem Gegensatz resultieren (z. B. Tarifauseinandersetzungen), wesentlich gelassener und fairer der anderen Seite gegenüber regeln kann, wenn man den Gegensatz als systembedingt und *beide* Positionen als gerechtfertigt ansieht.

Teure Fluktuation

Doch Übermut tut selten gut. *Kontrolle* der Gehälter meint nicht deren *Minimierung*, denn eine restriktive Lohnpolitik schadet mehr als sie nutzt. Gute Arbeitskräfte sind begehrt und umworben, und wenn sie mit den Arbeitsbedingungen oder der Entlohnung unzufrieden sind, wandern sie schnell zur Konkurrenz ab – im Fußball wie in der Wirtschaft. Eine Wiederbesetzung der Stelle ist dann mit erheblichen Kosten und dem Risiko einer Fehlbesetzung verbunden, und in Unternehmen bedeutet Fluktuation obendrein die Gefahr eines unerwünschten Abflusses sensibler Informationen. Daher zahlen *gute* Unternehmen von sich aus attraktive Gehälter. Das ist im Endeffekt billiger für sie.

Unternehmen müssen für die Neueinstellung einer qualifizierten Kraft zwar nicht gleich mehrere Millionen hinblättern wie Fußballvereine für neue Stars, aber ein halbes bis ein Jahresgehalt kostet sie auch dort. Die Stelle muss ausgeschrieben und der Mitarbeiter unter den Bewerbern ausgewählt werden. Oder Headhunter werden mit einer gezielten Suche beauftragt. Endlich im Unternehmen ist der Neuankömmling monatelang ein teurer Lehrling, der eingearbeitet und auf den betriebsspezifischen Wissensstand gebracht werden muss.

Headhunting

Etwas Ähnliches wie den Transfermarkt im Fußball gibt es auch in der Wirtschaft. Statt Scouts schickt man Headhunter auf die Suche nach fehlenden Kräften. Wesentlicher Unterschied: Nach einem vom Bundesgerichtshof bestätigten Urteil des Oberlandesgerichts Stuttgart ist das Abwerben von Mitarbeitern aus anderen Unternehmen untersagt. In Branchen mit Personalnot (wie im IT-Bereich) geht die Jagd per Telefon dennoch unverdrossen weiter, eine lukrative Tätigkeit, für die vom Auftraggeber mindestens ein halbes Jahresgehalt der meist gut dotierten freien Stelle als Prämie gezahlt wird.

Doch Not macht erfinderisch. Eine Gegenstrategie hat Anfang 2001 PrimusOnline entwickelt. Wie die WirtschaftsWoche (www.wiwo.de, 16.01.01) berichtete, zahlt die Firma ihren Mitarbeitern für jeden überführten Headhunter 25.000 Mark (12.782 Euro). „Der Abwerbeversuch zwingt den Mitarbeiter zu illoyalem Verhalten. Das stört ganz erheblich unsere erfolgreiche Arbeit und das Arbeitsklima", so Geschäftsführer Thomas Schulte-Huermann. „Von dem Kopfgeld erwarten wir uns eine abschreckende Wirkung auf penetrante Personalberater. Für 25.000 Mark Kopfgeld wird es unseren Mitarbeitern eine reine Freude sein, Headhunter wegen des Verstoßes gegen das Urteil an den Pranger zu stellen."

Fluktuation verschlingt also viel Geld – im Fußball wie in der Wirtschaft. Sofern sie auf schlechte Arbeitsbedingungen, drangsalierende Führungskräfte und dergleichen *vermeidbare* Ursachen zurückgeht, wäre es allein ökonomisch schon sinnvoll, diese Auslöser zu entfernen. Das würde sich zugleich positiv auf monetär schwer erfassbare Faktoren wie Motivation und Betriebsklima auswirken.

Anbietermarkt

Im Spitzenfußball gelten zwar dieselben ökonomischen Grundregeln wie überall, aber hier setzt man ungewöhnliche Maßstäbe. Relativ wenige Mitarbeiter erzielen recht hohe Umsätze, die überdies kaum an irgendwelche Güterströme und Warenbestände gebunden sind. Solange die Gelder reichlich sprudeln, gibt es keinen Kostensenkungsdruck, und das Management kann den Lohnforderungen der Spieler bereitwillig nachgeben oder hohe Ablösesummen zahlen.

Spieler sind in der komfortablen Lage, die um sie werbenden Vereine gegeneinander ausspielen und so ihre Gehälter in die Höhe treiben zu können. Sie gehen zu dem Club, der am besten zahlt. Der Profifußball ist also ein Anbietermarkt. Spieler (als Anbieter einer Leistung) bestimmen die Bedingungen. Sie sitzen am längeren Hebel und können ihre Interessen durchsetzen. Seitens der Vereinsführungen besteht kein echter Zwang, höhere Forderungen abzulehnen. So ergeben sich die steigenden Gehälter und Ablösesummen fast zwangsläufig.

Günter Netzer kommentiert aktuelle Entwicklungen in Sport-Bild (4/01): „Nach ein paar Spieltagen werden wieder die Klagen kommen von Spielern, die sich zu Unrecht auf die Bank verbannt fühlen. Das ist die heutige Zeit, die den Spielern solche Sprüche erlaubt. Und die Clubs haben wenig Mittel dagegen.

Die Sprüche der Spieler sind kesser, sind selbstbewusster geworden, teilweise ist es übersteigertes Selbstbewusstsein, mangelnde Selbstkritik. Wer einen Vertrag unterschrieben hat, muss sich über die Konsequenzen bewusst sein, er darf sich nicht beschweren. Das ist unseriös, charakterschwach, nicht profihaft. Schließlich wird heute kein Spieler mehr bei Vertragsabschlüssen über den Tisch gezogen. 18-Jährige haben mindestens drei Berater oder Anwälte dabei.

Es sind mir zu viel Berater und Vermittler im Geschäft. Die Vereine tun mir Leid, mit wem sie da zu tun haben. Von den Ehefrauen angefangen bis zu Vermittlern und Rechtsanwälten."

Eine Woche später haute Günter Netzer wieder in die Kerbe. „Nicht gefallen hat mir der Ausspruch von Elber in Sport-Bild, dass ihn kein noch so langer Vertrag in München halten kann (‚Wenn ich weg will, dann schaffe ich das'). Ich empfinde das als alarmierend von einem Fußballer und Menschen, den ich über alles schätze. Das zeigt wieder mal die Ohnmacht der Vereine auf, dass ein Vertrag keine Hindernisse bereitet, wenn den Spielern etwas nicht passt.

Elber hat den Bayern sehr viel gegeben. Aber er ist durch die Bayern auch sehr schnell nach oben gekommen. Über Bayern hat er sich seinen Wunschtraum mit der brasilianischen Nationalmannschaft erfüllt. Ich hoffe, dass es von Elber ein verbaler Ausrutscher war."

Elber ließ jedoch nicht locker. Auch nach dem Saisonende dachte er offen über einen Wechsel nach. „Der brasilianische Stürmer windet sich nun seit Wochen, ob er sein Engagement erfüllen wird. Zuletzt wollte er die Bayern verlassen, jetzt lässt er via eigener Homepage verlauten: ‚Zum derzeitigen Zeitpunkt gehe ich davon aus, dass ich beim FC Bayern wenigstens noch eine Saison bleiben werde. Aber das werde und will ich alles klären, wenn ich zurück an der Isar bin.' Vielleicht liegt dann ja ein größerer Scheck in seinem Kabinenspind."

Ob Elber den Bogen überspannt hatte? Hoeneß warnte jedenfalls. „Wenn Beckenbauer sagt, dass er für 50 Millionen Mark gehen kann, signalisiert das, dass Giovane aufpassen muss. Die Einkaufspolitik ist beendet, die Verkaufspolitik noch nicht."

Nun, die Wogen glätteten sich. Elber blieb in München und schoss in der kommenden Saison erneut viele wichtige Tore.

Es ist nicht zu erkennen, wie sich die Verhältnisse grundlegend ändern sollten. Zwar können – wenn alle Einnahmequellen ausgeschöpft sind und die Zahlungen für Übertragungsrechte stagnieren – die Steigerungsraten wegbrechen. Dann müssen sich auch die Spielergehälter anpassen. Aber die besten und begehrtesten Spieler werden immer knapp sein, und so wird der Anbietermarkt fortbestehen. Darauf können sich die Vereine einstellen.

Als Ausweichstrategie bleibt ihnen gute Nachwuchsarbeit, die nach der im März 2001 getroffenen Vereinbarung zwischen EU, FIFA und UEFA künftig besser honoriert werden soll, sowie ein leistungsfähiger Talentsucher (Scout), der noch unbekannte, aber begabte Spieler ausfindig macht und verpflichtet. Wenn einem Verein dies gelingt, dreht er gewissermaßen den Spieß um und profitiert seinerseits vom Anbietermarkt, weil er gesuchte Talente unter Vertrag hat und hohe Ablösesummen fordern kann. Auch hier sind die Bayern gut organisiert.

Der Scout

Eine wichtige Aufgabe im Verein hat der ehemalige Nationalspieler Wolfgang Dremmler übernommen. Mit Paul Breitner zusammen kam er 1979 von Eintracht Braunschweig nach München, wo er bis 1986 spielte. Seit 1996 ist er Chefscout des FC Bayern, und damit zuständig für die Spielbeobachtung und Talentsuche. Den Aufgabenbereich umreißt Hoeneß folgendermaßen: „Dadurch, dass Karl-Heinz Rummenigge, Ottmar Hitzfeld und ich so viel unterwegs sind, können wir den Markt gar nicht so genau beobachten, sondern uns nur ganz spezifisch Spieler anschauen. Wolfgang macht praktisch die Vorauswahl von Tausenden von Spielern und wir schauen sie uns dann anschließend genauer an. Er hat ein sehr gutes Team und wir sind mit seiner Arbeit sehr zufrieden."

Dremmler sieht dabei drei Schwerpunkte: Erstens die Sichtung und Spielbeobachtung für den Profibereich. Zweitens dasselbe für den Jugendbereich. Drittens die weltweite Talentsichtung, wobei ihm ein Stab von Mitarbeitern zur Verfügung steht. Seine „rechte Hand" ist Björn Andersson, ebenfalls Spieler bei Bayern von 1974 bis 1977, seit 1995 Cheftrainer der Jugendmannschaften.

Im Profibereich sind die guten Spieler alle bekannt. Bei der Suche nach jungen, vielversprechenden Talenten nutzt man zur Informationssammlung zunächst Videos und das Internet. Dann beobachten Dremmlers Mitarbeiter und bei Bedarf Dremmler persönlich die Zielperson. Handelt es sich um einen Kandidaten für den FC Bayern, schauen auch Hoeneß, Hitzfeld oder Rummenigge sich den Spieler noch einmal an und regeln bei Bedarf die vertraglichen Angelegenheiten.

Für die Sammlung und Katalogisierung der Daten gibt es Sichtungs- bzw. Formblätter, wobei die Kriterien flexibel sind. Die Notizen und Informationen werden in einer umfangreichen Datenbank archiviert.

Auf seinen Touren ist Wolfgang Dremmler phasenweise fast länger im Flugzeug unterwegs als am Boden. Im Schnitt sind es immerhin drei Tage pro Woche, an denen er von Land zu Land, von Stadion zu Stadion, von Trainingsplatz zu Trainingsplatz jettet.

Spieler wie Roque Santa Cruz oder Owen Hargreaves entdeckt und verpflichtet zu haben, ist für den FC Bayern nicht nur sportlich, sondern auch geschäftlich interessant. Markus Feulner war ein weiteres Talent, das im Herbst 2001 plötzlich auftauchte (im Champions-League-Spiel gegen Sparta Prag) und gleich nach dem Spiel wieder verschwand, weil er erst behutsam aufgebaut werden soll. Ob diese jungen Nachwuchskräfte, wenn sie gute Leistungen bringen, in der Mannschaft Fuß fassen oder ob sie eines Tages teuer verkauft werden können – die Investition wird sich in jedem Fall gelohnt haben.

Doch die Arbeit des Scouts wird durch den Ruf des FC Bayern nicht immer erleichtert. Es ist ja allgemein bekannt, dass der FC Bayern für jeden Spieler eine Herausforderung ist. Hinzu kommt, dass das Medienumfeld in München ein vermintes Terrain ist. Einige junge Spitzenspieler, die der FC Bayern in den letzten Jahren verpflichten wollte, haben daher abgelehnt. Sebastian Deisler ging zunächst nach Berlin, Michael Ballack nach Leverkusen, Tobias Willi blieb in Freiburg und Christian Timm in Köln.

Ottmar Hitzfeld bedauert dies: „Für mich ist es eine traurige Entwicklung, dass junge Spieler immer mehr auf die Karte Sicherheit setzen, statt zu versuchen, sich bei einem Topclub wie dem FC Bayern durchzusetzen. So wie es Hasan Salihamidzic geschafft hat, der als junger Bursche vom HSV kam und sofort Stammspieler wurde."

Aber er muss sich nicht allzu sehr wundern. In demselben Interview erwähnt er, dass es ihm seinerzeit im Grunde nicht viel anders erging: „Als junger Mensch wollte ich mit meinem ausgeprägten Harmoniebedürfnis immer einen sicheren Job, der mich und meine Familie gut versorgt. Und jetzt habe ich so ungefähr den unsichersten und unkalkulierbarsten Beruf, den es überhaupt gibt." Und im „Live-Chat" (www.fcbayern.de, 21.01.01) gesteht er: „Ich hatte 1972 ein Angebot von Bayern München, lehnte aber verständlicherweise ab, da ich gegen Gerd Müller keine Chance gehabt hätte ..." Das Streben nach Sicherheit scheint also durchaus keine so neue Entwicklung zu sein. Und Sebastian Deisler wurde nicht so alt wie Ottmar Hitzfeld, bevor er sich den Bayern anschloss.

Arbeitsbedingungen

Über so elementare Punkte wie die Arbeitsbedingungen macht man sich im Profifußball wenig Gedanken. Man setzt einfach voraus, dass sie einwandfrei sind. Aber sind sie das wirklich? Wenn es stimmt, was berichtet wird, gibt es größere Unterschiede, als der Laie glaubt, und für Deutschland entpuppen sich diese gar als Standortvorteil: „Noch in den vergangenen Jahren jetteten italienische, englische und spanische Manager mit dem Geldkoffer um die Welt, während für die Bundesliga mangels Finanzmasse und Risikowillen ihrer Lenker nur Brotsamen übrig blieben. Jetzt dreht sich die Preisspirale auch hier zu Lande in rasanter Geschwindigkeit. (...) Abgeschreckt von dubiosem Geschäftsgebaren vertrauen sich Wechselwillige gerne soliden deutschen Kaufmännern an. ‚Was nützt dem Spieler die zugesagte Villa mit Pool', lästert Berater Norbert Pflippen, ‚wenn er tatsächlich in einem Einzimmer-Appartement untergebracht wird. In Deutschland bekommt er alles, was ihm versprochen wurde.' Weiterer, nicht unerheblicher Aspekt seiner Werbebotschaft: ‚Bei uns kriegt jeder seine Kohle pünktlich am Monatsende.' Kollege Fahrian hat noch einen Vorteil ausgemacht. ‚Viele Profis mit Familie fühlen sich hier zu Lande sicherer als anderswo.'".

Gute Arbeitsbedingungen nützen nicht nur den Beschäftigten, sondern dem gesamten Unternehmen. Das sollte inzwischen weitgehend bekannt sein, wird aber dennoch überraschend oft ignoriert.

Nur vom Feinsten

Profifußballern werden bei Spitzenvereinen längst optimale Bedingungen einschließlich medizinischer Betreuung gewährt. Dies geschieht nicht, weil es sich um übersensible Mimosen mit eingebildeten Wehwehchen handeln würde, sondern weil Spitzenleistungen nur zu erbringen sind, wenn die Leistungsträger nicht von Alltagsproblemen abgelenkt werden.

Gerade unter den Allerbesten sind die Leistungsunterschiede minimal. Entscheidungen fallen oft um Haaresbreite, und zwar nicht selten zugunsten des FC Bayern. Die Bayern sind ihrer Konkurrenz um die entscheidende Schuhlänge voraus. Sie verfügen über die mentale Stärke, die ausschlaggebend für Erfolg oder Misserfolg ist. Wer Erfolg haben will, muss den Kopf frei haben, um sich auf das Wesentliche konzentrieren zu können. Daher dürfen die Arbeitsbedingungen nicht als Kostenfaktor, sondern müssen als Investition, als *Voraussetzung für Erfolg* gesehen werden.

Die ehemaligen Bayern-Spieler Dietmar Hamann, Christian Ziege und Markus Babbel, zum Zeitpunkt des Interviews allesamt beim FC Liverpool, berichten der Welt am Sonntag (25.02.01) über ihre Eindrücke:

„*Welt am Sonntag:* Spüren Sie eine andere Anerkennung als zu Hause in Deutschland?

Ziege: Ja, in Deutschland habe ich das Image des arroganten Spielers, der oft keine Lust hat. Hier sehen mich die Leute anders, obwohl ich nicht anders spiele.

Babbel: Ich glaube, das Problem haben die jungen Liverpooler Spieler hier auch. Wer für teures Geld geholt worden ist, wird anders hofiert. In diesen Genuss kommen wir jetzt.

Welt am Sonntag: Zum Beispiel?

Babbel: Ob das Kind krank ist oder das Auto kaputt – man kann Tag und Nacht im Club anrufen, sofort wird einem geholfen.

Welt am Sonntag: Beim FC Bayern ist das anders?

Babbel: Das ist kein Vergleich zur Rundum-Betreuung hier. Dabei heißt es in Deutschland immer: Schaut euch mal die harten Hunde in England an, die spielen und spielen und jammern nie. Dass die so gut betreut werden, passt bestimmt nicht ins Klischee."

Merkwürdig ist, dass ausgerechnet ehemalige Bayern-Spieler sich indirekt beklagen. Muss der FC Bayern noch nachlegen und die Betreuung verbessern? Denn die Geschäftsstelle an der Säbener Straße ist heute mit allem ausgestattet, was das Herz des anspruchsvollen Fußballprofis höher schlagen lässt. Da dürfen Kraftraum und Turnhalle ebenso wenig fehlen wie Entmüdungs- und Schwimmbecken, Whirlpool und Sauna. Das komfortable Reisen wurde bereits erwähnt, und Zeugwarte sorgen im Hintergrund für die Reinigung, Pflege und Verfügbarkeit der Schuhe und Trikots: Weltklassebedingungen für Weltklassespieler.

Team und Eigennutz

Fußball ist ein Mannschaftssport. Und schon ist das Problem da. Wie schafft man es, die Spieler trotz allem Eigennutz zu mannschaftsdienlichem Verhalten zu bewegen? Vor dieser zentralen Frage steht jedes Unternehmen – ob groß oder klein, jeder Verein, jede Organisation.

Für einen Hobbysportler ist es kein Thema. Selbstverständlich setzt er/sie sich für die eigene Mannschaft ein, sonst bräuchte man seinen Sport gar nicht auszuüben. Hier liegt eine intrinsische Motivation vor. Man pflegt den Sport, weil man ihn selbst oder das Gruppenerlebnis, die Geselligkeit schätzt.

Sobald jedoch Geld fließt, also ein ökonomisches Interesse (extrinsische Motivation) besteht, taucht aus Sicht der ökonomischen Theorie, die rationales, nutzenmaximierendes Verhalten der Individuen ja ausdrücklich unterstellt, ein grundlegendes Problem auf. Die Individuen stellen nämlich ihren Eigennutz über alles, auch über die Interessen der Kollektive (Mannschaften, Unternehmen, Abteilungen, Arbeitsteams usw.), für die sie tätig sind. Tatsächlich gibt es sogar eine Tendenz zur Leistungszurückhaltung.

Gruppengröße und Leistung

Die ideale Gruppengröße liegt bei ungefähr sieben Personen. Bei weniger als fünf Personen treten gruppenspezifische Vorteile (Synergieeffekte, gegenseitige Stärkung) nur abgeschwächt auf. Bei mehr als elf Mitgliedern zerfällt die Gruppe schnell, und Cliquen oder die zunehmende Anonymität behindern Informationsaustausch und Gruppendynamik. Dadurch sinkt die Produktivität.
Deutlich wird das am Beispiel des Tauziehens: „Bis zu einer Gruppengröße von sieben steigt die Kraft einer Mannschaft proportional an, während durch jedes weitere Mannschaftsmitglied die Gruppenstärke nur noch unterproportional anwächst. Ist die Gruppe größer als zwölf, sinkt die Teamleistung sogar. Dann zieht man nicht mehr gleichzeitig an einem Strang und die Reibungsverluste nehmen zu" (Wolfgang Krüger, S. 32).

Angesichts der Popularität von Teamarbeit gerade in Unternehmen ist es hilfreich, sich einmal bewusst zu machen, dass kollektives Handeln eben nicht selbstverständlich ist, weshalb Teams dazu neigen, nicht ihr volles Leistungspotenzial auszuschöpfen. Es ist wichtig, dies zu berücksichtigen.

Kollektivgüter

Ein Brot, eine Jacke, ein Auto, so genannte „Individualgüter", erhält nur, wer dafür bezahlt. „Kollektivgüter" dagegen sind Güter oder Leistungen, von deren Nutzung kein Mitglied des Kollektivs ausgeschlossen werden kann, ob es nun dafür bezahlt oder nicht. Beispiele sind Straßen, Brücken, Schulen, innere Sicherheit, Lohnerhöhungen, Interessenvertretung, saubere Luft. Auch die Gesamtleistung, der Erfolg einer Fußballmannschaft oder eines Unternehmens, wo im Prinzip jeder seine Leistung etwas zurückfahren kann, ohne dass es bemerkt wird, ist ein Kollektivgut. Deshalb ist die Thematik überaus aktuell, denn so lassen sich Erkenntnisse über den Umgang mit diesen speziellen Gütern direkt in Unternehmen oder Vereinen verwerten.

In seinem lesenswerten Buch „Die Logik des kollektiven Handelns" hat der Nationalökonom Mancur Olson die bis dahin vorherrschende Ansicht, dass Gruppenmitglieder sich automatisch im Gruppeninteresse verhalten, über den Haufen geworfen. Eher das Gegenteil treffe zu, stellte er fest. In der Regel, so Olson, „werden rationale, im Eigeninteresse handelnde Individuen tatsächlich nicht so handeln, dass ihr gemeinsames oder Gruppeninteresse verwirklicht wird" (S. 2).

Denn wenn man rationales, nutzenmaximierendes Verhalten unterstellt, neigen Menschen dazu, andere die Arbeit machen oder die Kosten tragen zu lassen und das Kollektivgut dennoch zu genießen. „Trittbrettfahrerverhalten" nennt das die Wissenschaft. Der Volksmund spricht von „Drückebergern". Vor diesem Problem stehen z. B.:

- Gewerkschaften, die Lohnerhöhungen aushandeln, von denen auch die Nichtmitglieder profitieren,
- Verbände, die Dienste – wie Lobbyarbeit – anbieten, die auch von Nichtmitgliedern kostenlos genutzt werden können,
- Staaten, die teure Autobahnen unterhalten, die auch nicht-steuerzahlende, ausländische Spediteure kostenlos strapazieren.

Wenn jeder sich in dieser Form vor Arbeit oder Kosten drückt, was absolut rational ist, kommt die gewünschte Leistung nicht zustande, und alle gucken in die Röhre. Sie sitzen in der „Rationalitätenfalle“, denn das Gut, welches alle wünschen und vielleicht benötigen, wird nicht erstellt, weil alle sich rational verhalten.

Es gibt mehrere Strategien, um dieser Problematik aus dem Weg zu gehen. Zwang ist eine davon, auf die der Staat mit seinem Gewaltmonopol zurückgreifen kann. So wird jeder Bürger gezwungen, Steuern zu zahlen, von denen die Infrastruktur finanziert wird. Dass jeder nach besten Kräften versucht, sich um das Zahlen von Steuern zu drücken, ohne dabei auf die Straßennutzung zu verzichten (somit also zum Trittbrettfahrerverhalten neigt), dürfte allgemein bekannt sein.

Eine weitere Strategie ist die Schaffung individueller Anreize, in deren Genuss nur kommt, wer zum Erreichen kollektiver Ziele beiträgt. Prämien und Boni stellen einen Versuch in dieser Richtung dar.

Fazit zu These 11:

Leistungszurückhaltung ist aus individueller Sicht durchaus verständlich. Erwünscht ist sie deshalb aber noch lange nicht, denn sie gefährdet den kollektiven Erfolg, und dagegen müssen Unternehmen oder Vereine natürlich etwas tun.

Daher greifen Fußballvereine (und Unternehmen ebenso) zu Prämien und Boni, die sie für das Erreichen bestimmter Ziele ausloben. Sofern es sich dabei um Kollektivziele handelt, bei denen die Leistungen nur schwer individuell zurechenbar sind (wer wollte beispielsweise festlegen, welcher Spieler wieviel Prozent zu einem Sieg beigetragen hat), gilt das Trittbrettfahrerproblem jedoch weiterhin, und jedes Gruppenmitglied kann erneut versuchen, untätig oder wenigstens mit gebremstem Einsatz in der Masse aller unterzutauchen, ohne dabei aufzufallen.

In kleinen, überschaubaren Gruppen ist dies freilich kaum möglich. Dort gibt es eine gegenseitige soziale Kontrolle, und Drückeberger werden schnell bemerkt. In kleinen Gruppen wird ein Kollektivgut daher mit hoher Wahrscheinlichkeit bereitgestellt.

Das hat große praktische Bedeutung, denn es legt die Bildung kleiner Gruppen bzw. Einheiten mit einem ausreichenden persönlichen Kontakt zwischen den Mitgliedern nahe, damit soziale Kontrolle stattfindet. Sie ist ein wirkungsvolles Druckmittel – wenn sie in der gewünschten Weise funktioniert. Die beste Belohnung für so eine Gruppe ist das Erreichen der gesteckten Ziele – Sorgen Sie also dafür, dass die Ziele zwar anspruchsvoll, aber erreichbar gewählt werden! ◆

Team und Leistung

Während eines Spiels befinden sich in der Regel elf Spieler pro Mannschaft auf dem Platz. Sie haben sich auf bestimmte Aufgaben spezialisiert – vom Torhüter über den Abwehr- und Mittelfeldspieler bis hin zum Stürmer. Neben dieser Grobeinteilung gibt es eine feinere Aufgabenzuweisung: Libero, rechter Läufer, Mittelstürmer usw. Innerhalb der Mannschaft findet man also eine ausgeprägte Arbeitsteilung, bei der die individuellen Fähigkeiten eine wichtige Rolle spielen. Günstig ist es zum Beispiel, wenn unter den Stürmern Rechts- und Linksfüßler sind, Kopfball- und Freistoßspezialisten. Dadurch erhöhen sich die Chancen, in unterschiedlichen Situationen zu Torerfolgen zu kommen.

Arbeitsteilung

Arbeitsteilung ist die Auflösung einer Arbeitsleistung in Teilverrichtungen. Diese können u. a. nach Personen (Wer macht was?), Stellen (Wo geschieht was?), Betrieben (An welchen Standorten werden welche Komponenten erzeugt?) oder Territorien (Welche Geschäftsstellen sind für welche Länder oder Regionen zuständig?) aufgegliedert werden.

Arbeitsteilung bedeutet Spezialisierung, von der man sich erhöhte Produktivität durch weniger komplexe Aufgabenstellungen und geringere Lehr- oder Anlernzeiten verspricht. Die Fließfertigung (Fließbandarbeit) ist eine verbreitete Form der Arbeitsteilung. Die ihr eigenen kurzen Arbeitszyklen erhöhen die Wiederholungsrate der Tätigkeiten und sorgen für bessere Routine, höhere Geschicklichkeit usw.

Eine übertriebene Zerlegung der Aufgaben in sehr wenige Routinen (sehr eindringlich dargestellt in Charly Chaplins Film „Moderne Zeiten“) wird seit Jahrzehnten als inhuman abgelehnt, ist aber immer noch u. a. in der Fließfertigung anzutreffen, die aus Produktivitätsgründen weiterhin in der Massenproduktion praktiziert wird.

In einer Fußballmannschaft teilen elf Personen die Aufgaben unter sich auf. Haben sich die Spieler nach Fähigkeiten und Vorlieben für bestimmte Positionen empfohlen, so müssen sie doch flexibel bleiben. Die Aufgabe in einem jeden Spiel hängt nämlich auch von der gegnerischen Mannschaft ab und von der Taktik des Trainers, ihr möglichst erfolgreich zu begegnen. Er wird mal offensiv, mal defensiv, mal Raumdeckung, mal Manndeckung spielen lassen. Die Mannschaftsaufstellung wird mit der Taktik variieren – abhängig davon, welche der verfügbaren Spieler am besten zum jeweiligen Konzept passen.

Da drei Spieler ausgewechselt werden können, kommen pro Partie meistens mehr als die besagten elf Akteure zum Einsatz. Die Mannschaft beschränkt sich also nicht nur auf elf Personen, sondern umfasst daneben die (auf der „Bank" sitzenden) Ersatzspieler (zirka fünf). Insgesamt zählen bei den Bundesligavereinen jeweils über 20 Spieler zum Kader, von denen jedoch fast immer einige krank, verletzt oder gesperrt sind oder aus anderen Gründen (Formschwäche; Länderspielverpflichtungen im Ausland) nicht zur Verfügung stehen.

In diesem von Verein zu Verein sehr unterschiedlich besetzten Kader ist nun eine leistungsfördernde Spannung zu erzeugen und aufrechtzuerhalten. Gesunde Konkurrenz muss sein, darf aber nicht so scharf sein, dass die Spieler sich untereinander befehden und destruktive Intrigen schüren. Teamgeist ist wichtig, darf aber nicht in Partystimmung oder übertriebene Harmonie ausarten. Trennende und verbindende, zentrifugale und integrierende Kräfte müssen sich die Waage halten.

Daher heißt es immer, dass der Trainer Psychologe sein und seine Profis im Griff haben muss. Aber die Mannschaft muss sich auch selbst disziplinieren können. Es müssen sich Leitfiguren mit einer gewissen Autorität finden, wie Stefan Effenberg und Oliver Kahn bei den Bayern, die – wenn erforderlich – auf den Tisch hauen und Tacheles reden.

Als im Februar 2001 in der Champions League Spartak Moskau innerhalb von acht Tagen zweimal von den Bayern besiegt wurde (und dabei die höchste Heimniederlage seiner Europapokalgeschichte hinnehmen musste), und am Wochenende dazwischen der FC Bayern in Unterhaching verlor, wurde Oliver Kahn deutlich. „Das müssen wir jetzt mal radikal und brutal aus den Köpfen herauskriegen", forderte er. „Wenn einige meinen, man könnte jetzt am Samstag gegen Köln wieder mit 80 oder 90 Prozent auflaufen, muss man mal brutal dazwischen schlagen. Denn das geht mir langsam auf die Nerven." Das Heimspiel gegen Köln endete mit einem mageren 1:1, und als es eine Woche später in Rostock die bereits erwähnte 2:3-Niederlage gab, haute er tatsächlich dazwischen, nur leider während des Spiels.

Stefan Effenberg resümierte nach dem beachtlichen 3:0-Sieg in Moskau: „Wenn wir in jedem Spiel so eine Einstellung haben, dann gibt es in Europa wenige Mannschaften, die uns packen können." Ja, wenn ... „Bei uns kann spielen, wer will, die sind alle gut", so Uli Hoeneß angesichts eines Kaders von 24 Spielern, unter denen stets kräftig rotiert wird. Aber viele hervorragende Individualisten ergeben noch lange kein gutes Team. Dazu gehört mehr. Und ein gutes Team ergibt noch keine gute Leistung, wenn die Einstellung nicht stimmt, wie bei den Bayern in der Saison 2000/01 immer wieder zu beobachten, als man nicht nur in Unterhaching, sondern bei fast jedem Abstiegskandidaten eine Niederlage kassierte. So war Oliver Kahns Ärger durchaus nachvollziehbar, und als ständiger Antreiber trug er seinen Teil dazu bei, dass die Mannschaft sich zum Ende der Saison fing.

Ob gewählter Kapitän oder informell akzeptierter Wortführer – eine Mannschaft braucht Schlüsselfiguren, die intern die Fäden in ihren Händen halten. Es können ruhig zwei oder drei, es dürfen allerdings nicht zu viele sein. Diese Charaktere gehören zur Gruppe, sind aber dennoch ein wenig herausgehoben. Sie koordinieren die Selbststeuerung der Gruppe und halten sie funktionsfähig. Sie sorgen dafür, dass Fragen und Probleme intern geregelt und geklärt werden können. So braucht nicht wegen jeder Kleinigkeit durch Vorgesetzte, wenn man Trainer und Manager eines Vereins so nennen will, eingegriffen zu werden. Dies entspricht ganz den Forderungen des Subsidiaritätsprinzips.

Das Subsidiaritätsprinzip

Das Subsidiaritätsprinzip entstammt der katholischen Soziallehre, ist aber inzwischen auch in vielen anderen Bereichen (Wirtschaft, Politik) zumindest theoretisch anerkannt.
Es fordert, dass alle Entscheidungen auf möglichst niedriger Ebene, also dezentral getroffen werden. Individuen sollen ihre Geschicke selbst bestimmen. Gruppen oder Gemeinden sollen regeln, was nur sie angeht. Die nächsthöhere Instanz wird erst dann hinzugezogen oder zuständig, wenn untere Instanzen zu einer Problemlösung nicht in der Lage sind und Hilfe benötigen. Damit soll verhindert werden, dass eine Zentralgewalt sich allzu viele Befugnisse anmaßt – was die Folge hätte, dass Verantwortungsgefühl und Hilfsbereitschaft auf der zwischenmenschlichen Ebene im unmittelbaren sozialen Umfeld, elementare Gebote der Menschlichkeit also, erlahmen und verlernt würden.

Ein weiteres Mal stellte die Mannschaft ihre Fähigkeit zur Selbststeuerung unter Beweis, als der erboste Franz Beckenbauer nach der 0:3-Niederlage im Champions-League-Spiel in Lyon seine „Brandrede“ gehalten hatte. Auf Initiative von Stefan Effenberg und Oliver Kahn hielt die Mannschaft eine geheime Sitzung ab, in der sie sich offenbar auf ihre eigentlichen Ziele und Aufgaben verständigte. Ottmar Hitzfeld ließ sie gewähren. Sein Vertrauen wurde nicht enttäuscht. Es bedurfte keiner Eingriffe von außen. Die Mannschaft, die ja wusste, was von ihr erwartet wird und dass sie diese Erwartungen durchaus zu erfüllen in der Lage ist, konnte ihre Probleme intern regeln und riss sich fortan zusammen.

Das war eine reife Leistung – vom Trainer, der ausgerechnet in einer angespannten Situation seine Schützlinge an der langen Leine führte, wie von der Mannschaft, insbesondere den Wortführern, die sich ihrer Verantwortung bewusst waren und ihr gerecht wurden. Hier hat sich das Subsidiaritätsprinzip bewährt. Im Fußball ist das schon ungewöhnlich. Aber man stelle sich einmal vor, in Unternehmen würden Vorgesetzte mit ihren Mitarbeitern ähnlich verfahren und ihnen – vor allem in Krisenzeiten – Freiräume gewähren, statt diese einzuschränken – vielleicht sollte man das einmal versuchen.

Es dürfte bereits klar sein, dass es neben der funktionalen, arbeitsteiligen Ebene auch noch eine menschliche Ebene gibt. Innerhalb der Gruppe muss „die Chemie stimmen". Neben „Künstlern", „Stars" oder „Primadonnen" muss es Leute geben, die „die Arbeit machen". Das Verhältnis von „Häuptlingen" zu „Indianern" muss passen. Neben „Wortführern" und „Arbeitern" kann auch ein „Spaßvogel", der für eine gelegentlich notwendige Auflockerung der Stimmung oder die Entschärfung von Spannungen sorgt, nicht schaden (eine Rolle, die Mario Basler bei den Bayern übernahm, bis er den Bogen überspannte, und der mit Sepp Maier einen legendären Vorgänger hatte, der immer für eine Gaudi gut war, der in einsamen Stunden im eigenen Strafraum, wenn der Gegner einfach nicht nach vorne kam, schon einmal einer Ente hinterherhechtete oder eine Sandburg baute). Die Mitglieder sollten also nicht die gleichen, sondern unterschiedliche Talente haben und sich damit ergänzen, wie es bei „Traumpaaren" in besonderem Maße der Fall ist.

Traumpaare

Synergien, die in Gruppen auftreten können, sind an „Traumpaaren", wie Udo Lattek sie nennt, besonders deutlich zu erkennen: „Tatsächlich sind solche Pärchen auf dem Fußballplatz oft der Schlüssel zum Erfolg. Sozusagen eine Macht- und Schaltzentrale, an der sich ein ganzes Team aufrichten kann. Und deshalb will ich dieses Phänomen einmal erklären.

Vorweg: Wer glaubt, diese Traumpaare im Fußball müssten auch menschlich gleich ticken, womöglich sogar enge Freunde sein, der irrt gewaltig. Fast ist das Gegenteil der Fall: Sie müssen völlig unterschiedliche Persönlichkeiten sein, die eine Art Symbiose eingehen. Damit ein solches Traumpaar funktioniert, braucht es einen Chef und einen Arbeiter. Oder einen Instinktfußballer und einen kühlen Intelligenzler.

Wenn allerdings zwei Spieler die gleichen Ansprüche anmelden, wird es haarig. Das klappte früher nicht, zum Beispiel mit den Regisseuren Günter Netzer und Wolfgang Overath in der Nationalelf. Und das klappt heute nicht, zum Beispiel mit Krassimir Balakov und Krisztian Lisztes beim VfB Stuttgart.

(...) Eine Mannschaft kann nur einen Taktstock vertragen. Deshalb muss der Trainer in solchen Fällen dazwischen gehen und die Rollen festlegen. So habe ich es damals beim FC Bayern gemacht, als der noch junge Lothar Matthäus mit Sören Lerby um den Chefposten rangelte. Ich habe Lerby brutal zum Chef erklärt, weil ich spürte, dass die Mannschaft eine klare Entscheidung erwartete. Lothar durfte nur dann einspringen, falls Lerby einmal einen schwächeren Tag hatte.

(...) 1954 gab es übrigens auch schon [ein Traumpaar]: Mit Fritz Walter als ‚Hirn' und Horst Eckel als ‚Lunge' wurde Deutschland Weltmeister. 1972 wurde man mit dem schönsten Fußball und dem Renner Herbert Wimmer als Adjutant von Netzer Europameister. Beim WM-Sieg 1974 hieß das Duo Wolfgang Overath und Rainer Bonhof, beim dritten WM-Titel 1990 Matthäus und Guido Buchwald.

Und heute? Heute fehlt es der Nationalelf an einem solchen Traumgespann, das es übrigens auch in der Abwehr geben kann – wie einst Franz Beckenbauer und sein ‚Putzer' Georg Schwarzenbeck, der dem ‚Kaiser' die Drecksarbeit abnahm" (Welt am Sonntag, 25.02.01).

Ob die Charaktere im Team zusammenpassen, ob sie sich ergänzen, ob Vertrauen entsteht oder eine leistungsfähige Teamstruktur, ob sich Traumpaare bilden – all diese menschlichen Faktoren sind nur bedingt steuerbar. Sie lassen sich durch eine geschickte, professionelle Moderation eines Trainers oder einer Führungskraft fördern, aber nur, wenn sie auf fruchtbaren Boden fällt.

Jede Gruppe entwickelt ihre eigene Dynamik, ein Eigenleben. Entsteht dabei ein konstruktives Klima, eine positive Stimmung, dann ist es vielleicht das, was man als „Teamgeist" bezeichnet, etwas, was im Kopf oder auch im Herzen vorhanden ist. Teamgeist kann leistungsfördernd sein, ist es aber nicht automatisch, was sich wiederum auf bestimmte gruppeninterne Mechanismen zurückführen lässt.

Demontage?

Ende 2001/Anfang 2002 geriet der FC Bayern in Seenot, allen voran Stefan Effenberg. Es stand fest, dass er im Sommer 2002 die Bayern verlassen würde. Sebastian Deisler war bereits verpflichtet und sollte sein Nachfolger werden. Damit hatte „Effe" als Führungspersönlichkeit keine Zukunft mehr. Denn „sobald der Nachfolger feststeht", hatte Volkswagen-Chef Ferdinand Piëch einst gesagt, „ist der alte König tot, mausetot. Er ist nicht nur eine lahme Ente, sondern er hat Glück, wenn er noch gegrüßt wird."

Hinzu kam, dass Effenberg lange verletzt war. Ohne ihn fuhr die Mannschaft neun Bundesligasiege in Folge ein, womit sie zeigte, dass in ihr eine neue, erfolgreiche Struktur entstanden war. Als er zurückkam, war es mit den Siegen vorbei und eine Serie von sechs sieglosen Spielen folgte. Plötzlich war mal wieder der Wurm drin. Man setzte auf eine erholsame Winterpause, aber das folgende, überaus peinliche 1:5 auf Schalke ließ den Abstand zur Tabellenspitze auf acht Punkte wachsen und die Meisterschaftshoffnungen schrumpfen. Sieben sieglose Spiele in Folge hatte es seit über 30 Jahren nicht mehr gegeben, und die Presse machte sich langsam auf die Suche nach einem Sündenbock.

Stefan Effenberg war ein geeigneter Kandidat. Nach seiner Verletzungspause kam er nicht richtig in Form. War er als Führungsspieler abgemeldet – mausetot? Störte er mit seinem selbstverständlichen Führungsanspruch die zwischenzeitlich entstandene dezentrale Struktur? Hatten sich inzwischen andere – vielleicht unauffälligere – Schlüsselspieler gefunden? Oder fiel die Mannschaft auseinander? „Es war einmal eine Mannschaft, die eine Menge qualifizierter Stars sowie zwei unangefochtene Autoritäten vereinte und die mit viel Gemeinschaftsgefühl ein großes Werk vollbrachte. Diese auf den Höhen aller Wettbewerbe angelangte Mannschaft erschien einem in Schalke als Ansammlung kleiner Lichter und verirrter Geister, angeführt von der tragischen Figur Stefan Effenberg. Es wurde ein komplettes Desaster", kommentierte die Süddeutsche Zeitung.

Die Nerven lagen blank, das Management tobte, Effenberg attackierte seine Mitspieler und griff sogar Ottmar Hitzfeld an, der bemüht war, sich entschieden, aber sachlich zu wehren, um nicht weiteres Porzellan zu zerschlagen.

War dies das Ende der Mannschaft oder der nötige Muntermacher zum Jahresauftakt? Die Zukunft wird es zeigen. Die Bayern haben schließlich häufiger gezeigt, dass sie gefährlich werden, wenn sie mit dem Rücken zur Wand kämpfen. Daher äußerten Oliver Kahn und Giovane Elber sich durchaus zuversichlich über ihre Titelchancen.

Fazit zu These 12:

Oliver Kahn und Stefan Effenberg sind Schlüsselspieler in der Mannschaft des FC Bayern. Sie treiben die Mannschaft mit ihrem Einsatzwillen und ihrem Charisma an, ihre Leistungsbereitschaft ist vorbildlich. Auch Krisen können dies nicht in Abrede stellen.

Eine Mannschaft braucht einen oder zwei „Leitwölfe", die sie antreiben und zum Erfolg führen – informelle Führungskräfte, deren Autorität sich die eigentlich gleichgestellten Kollegen freiwillig unterordnen.

Es dürfen aber nicht zu viele sein, sonst finden entweder „Hahnenkämpfe" statt, bis sich eine „Hackordnung" gebildet hat (was lange dauern und die Produktivität gefährden kann), oder die Mannschaft zerfällt in mehrere Cliquen.

So erweist sich das Gleichgewicht in Gruppen – insbesondere in Hochleistungsteams wie dem FC Bayern – immer wieder als labil. Es kann innerhalb der Gruppe oder im gesamten Unternehmensgefüge zu schwerwiegenden Konflikten kommen,

- wenn ein Leitwolf Autorität verliert, andere sich um seine Position bemühen, er seinen Platz aber nicht freiwillig räumt,
- wenn ein Leitwolf meint, seine starke Position berechtige ihn dazu, Vorgesetzte anzugreifen oder auszubooten (z. B. indem er die Mannschaft gegen den Trainer aufwiegelt), wobei es entweder Schwäche oder Kalkül des höheren Managements ist, ihn gewähren zu lassen bzw. dem Vorgesetzten keinen Rückhalt zu geben,
- wenn ein Leitwolf so mächtig wird, dass er vom höheren Management kaum noch kontrollierbar ist, also ein „Königreich" entsteht.

Letztlich sind Leitwölfe aber wichtig für die Leistungsfähigkeit von Gruppen. Daher muss das Management ihnen Freiräume gewähren, muss diesen Freiräumen aber auch Grenzen setzen, und es muss – um seine eigene Handlungsfähigkeit zu bewahren – notfalls durchgreifen und die Gruppenstruktur ändern können.

Beispiel Rotationsprinzip. In einer überschaubaren Gruppe ist die Kontrolle individueller Anstrengungen möglich. Spieler werden zu Höchstleistungen angespornt, weil sie fürchten müssen, andernfalls nicht spielen zu dürfen. Dieser Druck führt unter Ottmar Hitzfeld zu den gewünschten Ergebnissen. Er ist jedoch an bestimmte Voraussetzungen (z. B. Vertrauen, Akzeptanz) geknüpft. Sind die nicht erfüllt, ist der Erfolg von Rotation fraglich. ◆

Exkurs: Erkenntnisse der Gruppenforschung

Die Bayern sind ein exzellentes Beispiel für beides: Spitzenspieler ohne Teamgeist (FC Hollywood) und Spitzenspieler mit Teamgeist (z. B. unter Ottmar Hitzfeld). Zwischenzeitlich bestätigte sich, dass Teamgeist kein alleiniger Erfolgsgarant ist. Doch die Mannschaft hat – wie von Kritikern recht einhellig bescheinigt wurde – immer wieder gezeigt, dass sie Krisensymptome aus eigener Kraft abschütteln kann. Deshalb wurde ihr auch Charakter zugesprochen.

Es zeigt sich freilich, dass man nicht jeden Fehler selbst machen muss – weder in Fußballmannschaften, noch in Unternehmen. Mancher Ärger ließe sich vermeiden, wenn man sich vor der Einführung von Gruppenarbeit über Erkenntnisse der Gruppenforschung informieren würde. Einige wichtige hat Diether Gebert zusammengetragen, und sie seien hier kurz vorgestellt. Dabei ist zu beachten, dass in den Sozialwissenschaften keine festen Gesetzmäßigkeiten wie z. B. in der Physik gelten, sondern lediglich Wahrscheinlichkeiten für ein bestimmtes Verhalten.

Die Attraktivität einer Gruppe für ihre Mitglieder nennt man *Kohäsion*. Je attraktiver die Gruppe, desto geringer ist das Bestreben, sie zu verlassen (Fluktuationsneigung). Umgekehrt gilt: Je geringer die Attraktivität, desto eher verlassen die Mitglieder ihre Gruppe – wenn sie dürfen.

Falls sie nicht dürfen, spricht man von Abhängigkeit oder *Dependenz*. Bei geringer Attraktivität der Gruppe und hoher Abhängigkeit (man will nicht, muss aber mitmachen) suchen die Mitglieder sich einen anderen Ausweg: Ihre Fehlzeitenrate nimmt zu. Überdurchschnittlicher Absentismus sollte Unternehmen zu denken geben und Anlass für genauere Analysen sein – natürlich auch wegen der Kosten, vor allem aber als Krisensymptom.

Eine erhöhte Gruppenkohäsion (Attraktivität) an sich hat entgegen landläufiger Meinung keine Leistungssteigerung zur Folge, sondern möglicherweise gar das Gegenteil. Dann nämlich, wenn es zu einer zunehmenden *Konformität* (Anpassung) des Verhaltens und der individuellen Leistungsniveaus unter den Mitgliedern kommt. Sie passen sich an. Ursache hierfür ist ein *Uniformitätsdruck* in der Gruppe. Denn um das angenehme Klima nicht zu gefährden, halten die Mitglieder sich mit dem Austragen von Konflikten zurück. Für Leistungssteigerungen wären schärfere Regeln nötig, die nicht ohne Reibung blieben. Doch die vermeidet man aus einem Harmoniestreben heraus. Niemand will unangenehm als „Streber“ auffallen.

Konflikte fallen also unter den Tisch. Die Kommunikation ist nicht so offen, wie sie sein müsste. Handlungsnormen auf dem kleinsten gemeinsamen Nenner bilden sich heraus. Abweichler und Querdenker sind unerwünscht. Die Mitglieder verwerfen bestimmte, die Harmonie möglicherweise störende Gedanken frühzeitig. Sie werden „betriebsblind“, weil sie Selbstverständlichkeiten nicht mehr hinterfragen. In einem geänderten Umfeld kann es sich schnell nachteilig auswirken, wenn nötige Reformen unterbleiben.

Dieses „*groupthink*“ genannte Phänomen weist auf eine weitere Gefahr hin, der Gruppen unterliegen. Es kann nämlich zu einer Extremisierung von Einstellungen kommen, die bei Einzelpersonen seltener auftritt. Die Gruppenmitglieder bestärken sich gegenseitig in einer objektiv unbegründeten Gewissheit, während sie *dissonante* (unwillkommene) Informationen abwehren. Auf diese Weise können sie erstaunlich risikofreudig werden und sogar langsam den Bezug zur Realität verlieren.

So ist es wohl in manchen Aufsichtsräten geschehen, die in Krisensituationen kläglich versagt haben. Teilweise (z. B. Coop, Bremer Vulkan) konnte man später nicht begreifen, mit welcher Sturheit Warnungen und Alarmsignale von den Kontrollgremien ignoriert wurden, bis die Unternehmen am Ende waren.

Trotz dieser bekannten Schwierigkeiten wird in der Hoffnung auf diffuse Synergieeffekte mehr Gruppenarbeit gefordert.

Von Synergien spricht man, wenn eine Arbeitsgruppe mehr leistet als ihr bestes Mitglied („2+2=5“). Synergien, die beim Einsatz von Gruppenarbeit gerne unterstellt werden, sind jedoch keineswegs die Regel. Vielmehr sind sie an eine Reihe von Bedingungen geknüpft, die oft nicht erfüllt sind. So kommt es zu einem Ergebnis, das der besten Individualleistung unterlegen ist und daher enttäuscht.

Um dies zu vermeiden, muss man eine Kommunikationsstruktur (wer muss sich mit wem abstimmen) schaffen, die den Aufgaben entspricht. Bei komplexen Aufgaben, die mehrstufig zu lösen sind, bedarf es z. B. einer „Kreis-Struktur“ (jeder spricht mit jedem). Daneben sind zu erfüllen:

- die Unabhängigkeitsbedingung (um eine Perspektivenvielfalt zu schaffen, müssen Mitglieder unabhängig voneinander nach Lösungsansätzen suchen),
- die Mitteilungsbedingung (sämtliche Lösungsansätze müssen den Mitgliedern auch mitgeteilt werden),
- die Akzeptierungsbedingung (nach einem Austausch von Informationen und eventuell einer aus den verschiedenen Ansätzen neu entwickelten „besten“ Lösung muss diese von der Gruppe auch als solche akzeptiert werden).

Somit stellt Gebert fest, „dass die generelle Befürwortung von Gruppenarbeit bestenfalls ideologisch, keinesfalls aber empirisch fundiert ist“ (S. 127). Das sollte den allgemein nach Teamarbeit strebenden Unternehmen zu denken geben.

Gruppenarbeit ist also nicht einfach deshalb vorteilhaft und gut, weil sie modern scheint und häufig gefordert wird. Eine Frage, die sich beim Fußball nicht stellt (weil dies ein Mannschaftssport ist), muss in Unternehmen in jedem Einzelfall gründlich geprüft werden: Ist *Gruppenarbeit für uns sinnvoll?* Das kann z. B. der Fall sein, wenn besonders komplexe oder risikoreiche Aufgaben zu lösen sind, bei denen sehr unterschiedliche Gesichtspunkte bedacht werden müssen. Hier ist wahrscheinlich ein Expertenteam nötig.

Teambildung

Ein Team entsteht nicht einfach so. Es muss sich zusammenraufen. Verschiedene Charaktere müssen zueinander finden. Kommunikationsstrukturen, Verhaltens- und Leistungsnormen müssen sich bilden. Die Arbeit muss aufgeteilt werden. Eine interne Struktur („Hackordnung") muss entstehen. Selbst das egalitärste Team benötigt einen *Primus inter pares*, den Ersten unter Gleichen. Oft bilden sich sogar zwei Führungspersönlichkeiten heraus – eine sozial-emotionale (zuständig für die Stimmung innerhalb der Gruppe) und eine aufgabenorientierte (zuständig für die Leistung).

Deshalb sprechen Praktiker von vier Phasen der Teambildung, die zu unterscheiden sind und alle durchlaufen werden müssen:

- forming (Bildungsphase),
- storming (Sturmphase),
- norming (Regelungsphase),
- performing (Leistungsphase).

Dabei ist die hitzige zweite Phase, so lästig und unproduktiv sie auf den ersten Blick scheinen mag, von großer Wichtigkeit und sollte intensiv ausgetragen werden. Denn bevor Leistung erbracht wird, sind Regeln nötig. Sie entscheiden in strittigen Fragen. Die erkennt man freilich erst, wenn man sich ordentlich gestritten und auf diese Weise festgestellt hat, wo abweichende Vorstellungen über Ziele, Mittel usw. vorliegen, Konfliktpotenziale also.

Ohne die Sturmphase treten ungeregelt gebliebene Sachverhalte später als Probleme auf, werden aber, weil man ja produktiv sein und nicht streiten will (Uniformitätsdruck, Harmoniestreben), unter den Teppich gekehrt und wirken als verdeckte Konflikte weiter. Die sind recht gefährlich, weil man sie nicht mit offenem Visier austrägt. Deshalb sollte einem Team unbedingt ein angemessener Zeitraum zur „Selbstfindung" gewährt und ein erfahrener Moderator an die Hand gegeben werden, der diesen Prozess begleitet.

Hat ein Team endlich die gewünschte Phase der Leistungserbringung erreicht, können personelle Veränderungen sich recht störend auswirken. Mit Glück füllt ein Neuankömmling genau die Lücke des Vorgängers aus. Aber das ist eher unwahrscheinlich. In der Regel müssen die Phasen der Gruppenbildung neu durchlaufen werden, wenn auch in abgeschwächter Form, weil man nicht alle Regeln neu aufstellen muss. Erneut kann also keine volle Leistung erbracht werden.

Das spricht für personelle Konstanz. So wollte die Welt am Sonntag (21.01.01) von Hoeneß wissen, warum es im Gegensatz zu manchen anderen Clubs (z. B. HSV, TSV München 1860) im Kader der Bayern kaum eine Fluktuation gebe. Sei das „ein Gegenmodell zur grassierenden Söldner-Mentalität?

Hoeneß: Das ist so. Für uns, also für den Kalle (Rummenigge; d. Red.), den Franz (Beckenbauer; d. Red.) und für mich ist der FC Bayern noch immer eine Großfamilie. Wir wollen den Spielern väterlicher Freund sein, und das geht nur mit Kontinuität. Dennoch kann ich nicht ausschließen, dass auch beim FC Bayern eines Tages ein Kommen und Gehen herrschen wird. Aber das wird nicht mehr unsere Welt sein."

Langfristige Bindung

Die national und vor allem international bislang erfolgreichste Zeit des FC Bayern waren die elf Jahre nach dem Aufstieg in die Bundesliga. Dietrich Schulze-Marmeling weist auf einen der entscheidenden Pluspunkte des Vereins hin: „Der FC Bayern hatte mit Maier, Beckenbauer, Breitner, Schwarzenbeck, Roth, Hoeneß und Müller die sieben wichtigsten Spieler der Europapokalmannschaft von 1974 kostenlos oder zu Spottpreisen erworben, und es war ihm gelungen, fast alle diese Akteure über einen langen Zeitraum an sich zu binden. Franz Beckenbauer kickte fast 13 Jahre in der ersten Mannschaft des FC Bayern, Gerd Müller und Sepp Maier brachten es sogar auf fast 15 bzw. fast 17 Jahre. Auch Georg Schwarzenbeck diente dem FC Bayern 17 Jahre. Franz Roth, Bayerns ‚Mister Europacup', blieb dem Club elf Jahre erhalten, und Uli Hoeneß kam auf immerhin acht Jahre. Da der FC Bayern bald das höchste Gehaltsniveau der Liga besaß, musste er keine Spieler an heimische Konkurrenten abtreten" (S. 157).

War damals die Konstanz ein möglicherweise entscheidender Erfolgsfaktor für den Verein? Dann muss es der Mannschaft in beachtenswerter Weise gelungen sein, ein drohendes „groupthink" zu vermeiden. Erst ab 1975, gegen Ende jener legendären Ära, als man zwar im Europapokal erfolgreich blieb, in der Meisterschaft jedoch zurückfiel, war langsam die Luft raus. Während man sich zu den Höhepunkten, den internationalen Begegnungen, zusammenreißen und motivieren konnte, stellte der Bundesliga-Alltag offenbar keinen ausreichenden Anreiz für Höchstleistungen mehr dar.

Hatten die Schwächen bei Bundesliga-Spielen in der Saison 2000/01 eventuell eine ähnliche Ursache, nämlich die eindeutige Konzentration auf den Europapokal? Hatten Kritiker doch Recht, die ein größeres Engagement auf dem Transfermarkt forderten? Braucht ein Team neue Spieler als Impulsgeber, als Frischzellenkur, weil es beim Fußball auch um Kreativität geht, um Unberechenbarkeit, um das Überraschungsmoment? Erstarrt ohne neue Spieler die anregende Spannung in der Mannschaft in Konformität und „groupthink"?

Offenbar braucht man zwar für große Erfolge eingespielte, gut funktionierende Teams, wie die Bayern mit ihren drei Europapokalgewinnen in den Siebzigerjahren sowie dem Champions-League-Sieg 2001 gezeigt haben. Bleibt ein erfolgreiches Team dann länger zusammen, scheinen sich Schludrigkeiten einzuschleichen. Zu viele Erfolge lassen den Wert einzelner Titel verblassen. Die Mannschaft ist auf den höchsten Titel (Europapokal) fixiert und wird nachlässig in weniger prestigeträchtigen Wettbewerben (Meisterschaft, nationalem Pokalwettbewerb, sonstigen Turnieren), die sie en passant absolvieren zu können glaubt. In dieser Haltung keimt bereits der Abstieg. Daher muss bei (oder besser noch vor) ersten Anzeichen solcher Tendenzen gegengesteuert werden.

Gegensteuern bedeutet, Konstanz und Fluktuation in Einklang zu bringen. Es kommt darauf an, einen Kern der Mannschaft konstant zu halten, am Rande aber doch ausreichende Fluktuation zuzulassen, um für frischen Wind zu sorgen. Behutsame Schritte in diese Richtung unternahm die Vereinsführung im Sommer 2001 mit den Kovac-Brüdern, Claudio Pizarro und Pablo Thiam. Der Erfolg bleibt abzuwarten.

Fazit zu These 13:

Die Gruppenforschung hat eine Reihe nützlicher Erkenntnisse zusammengetragen, die in der Wirtschaft allerdings zu wenig berücksichtigt werden. Gruppenarbeit lässt sich nicht per Anweisung schnell realisieren, sondern sie bedarf umfangreicher Vorbereitung und wenigstens in der Anlaufphase einer sachkundigen Begleitung.

Der Prozess der Gruppenbildung steckt voller Tücken und braucht Zeit, denn die Mitglieder müssen gemeinsame Verhaltensnormen entwickeln.

Im „Leben" einer Gruppe müssen personelle Konstanz und Fluktuation in einem ausgewogenen Verhältnis stehen.

Die Gruppenzusammensetzung ist wichtig. Es bedarf einer Balance von „Häuptlingen" und „Indianern", „Künstlern" und „Arbeitern". Ein „Spaßvogel" schadet nicht.

So viele Parameter sind jedoch nur bedingt kontrollierbar, zumal sich in Gruppen eine Dynamik entwickelt, die kaum vorhersehbar ist. Nicht jede Gruppe wird die gewünschte Leistungsfähigkeit erreichen, und nicht bei jeder Aufgabenstellung sind Gruppen Individuen überlegen.

Unter günstigen Voraussetzungen können Gruppen allerdings schlagkräftige Einheiten mit anspruchsvollen Leistungsnormen werden.
Für Manager in Unternehmen lassen sich aus diesen allgemeinen Tendenzen folgende Empfehlungen ableiten:

- Teamarbeit ist nur für bestimmte Aufgaben sinnvoll.
- Informieren Sie sich genau über die für Sie relevanten Ergebnisse der Gruppenforschung.
- Schalten Sie erfahrene Moderatoren ein, die den Gruppenbildungsprozess begleiten.
- Lassen Sie den Teammitgliedern ausreichend Zeit, sich miteinander zu arrangieren.
- Erwarten Sie nicht gleich Leistungen von neuen Teams.
- Sorgen Sie für gelegentliche, aber nicht zu häufige personelle Wechsel. ◆

Nicht zu empfehlen ist offenbar eine allzu drastische Fluktuation, wie sie beim FC Bayern in den Neunzigerjahren unter den Spielern und zugleich unter den Trainern herrschte. Dietrich Schulze-Marmeling resümiert: „Mag sein, dass die Schatten von ‚Bomber' Gerd Müller und Karl-Heinz Rummenigge zu lang sind. Da so viele ihrer Nachfolger scheiterten, wird der Trainingsplatz des FC Bayern auch ‚Friedhof der Stürmer' genannt. Auf den Stürmern lastet der Erwartungsdruck besonders stark. Klaus Augenthaler, Anfang 1997: ‚Wann hat bei Bayern zuletzt ein Stürmer richtig eingeschlagen? Selbst bei Jürgen Klinsmann hat man vergessen, dass er mit 15 Toren den UEFA-Cup fast allein gewonnen hat. Man hat keine Geduld mit den Stürmern. Wenn einer nicht in jedem zweiten Spiel ein Tor macht, wird er infrage gestellt.'." (S. 491).

Seine „Liste der Gescheiterten" umfasst daher viele Namen, bei denen man sich teilweise kaum noch erinnern kann, dass sie je in München spielten: Mark Hughes, Johnny Ekström, Radmilo Mihajlovic, Alan McInally, Mazinho, Adolfo Valencia, Emil Kostadinov und Jean-Pierre Papin.

Dass der FC Bayern trotzdem eingermaßen erfolgreich blieb, lag an den herausragenden individuellen Fähigkeiten der Spieler. Synergieeffekte jedoch traten kaum auf. Eine hierarchische Struktur fehlte in der Mannschaft, und so kam sie vor lauter „storming" kaum zum Stürmen.

Was erlauben Struunz ...

Aufgebracht von schlechten Leistungen seiner Spieler hielt Trainer Giovanni Trapattoni am 12. März 1998 seine berühmte „Wie Flasche leer"-Rede, mit der er sich wild gestikulierend und mit heiserer Stimme in die Herzen der Fans wetterte (Wortlaut zitiert nach: taz, 14.03.98):

„Es gibt im Moment in diese Mannschaft, oh, einige Spieler vergessen ihnen Profi was sie sind. Ich lese nicht sehr viele Zeitungen, aber ich habe gehört viele Situationen:

1. Wir haben nicht offensiv gespielt. Es gibt keine deutsche Mannschaft spielt offensiv und die Namen offensiv wie Bayern. Letzte Spiel hatten wir in Platz drei Spitzen: Elber, Jancker und dann Zickler. Wir mussen nicht vergessen Zickler. Zickler ist eine Spitzen mehr Mehmet e mehr Basler.

Ist klar diese Wörter, ist möglich verstehen, was ich hab' gesagt? Danke. Offensiv, offensiv ist wie machen in Platz.

2. Ich habe erklärt mit diese zwei Spieler: Nach Dortmund brauchen vielleicht Halbzeit Pause. Ich habe auch andere Mannschaften gesehen in Europa nach diese Mittwoch. Ich habe gesehen auch zwei Tage de Training. Ein Trainer ist nicht ein Idiot!

Ein Trainer sehen, was passieren in Platz. In diese Spiel es waren zwei, drei oder vier Spieler, die waren schwach wie eine Flasche leer!

Haben Sie gesehen Mittwoch, welche Mannschaft hat gespielt Mittwoch? Hat gespielt Mehmet, oder gespielt Basler, oder gespielt Trapattoni? Diese Spieler beklagen mehr als spielen! Wissen Sie, warum die Italien-Mannschaften kaufen nicht diese Spieler? Weil wir haben gesehen viele Male solche Spiel. Haben gesagt, sind nicht Spieler für die italienische Meisters.

Strunz! Strunz ist zwei Jahre hier, hat gespielt zehn Spiele, ist immer verletzt. Was erlauben Strunz? Letzte Jahre Meister geworden mit Hamann eh ... Nerlinger. Diese Spieler waren Spieler und waren Meister geworden. Ist immer verletzt! Hat gespielt 25 Spiele in diese Mannschaft, in diese Verein! Muss respcktieren die andere Kollegen! Haben viel nette Kollegen, stellen sie die Kollegen infrage! Haben keinen Mut an Worten, aber ich weiß, was denken über diese Spieler!

Mussen zeigen jetzt, ich will, Samstag, diese Spieler mussen zeigen mich e seine Fans, mussen alleine die Spiel gewinnen. Muss allein die Spiel gewinnen. Ich bin müde jetzt Vater diese Spieler, eh, verteidige immer diese Spieler!! Ich habe immer die Schulde über diese Spieler. Einer ist Mario, einer, ein anderer ist Mehmet! Strunz dagegen, egal, hat nur gespielt 25 Prozent diese Spiel!

(Pause)

Ich habe fertig."

Die dringend benötigte Ruhe ist erst wieder mit Ottmar Hitzfeld und seinem Co-Trainer Michael Henke eingekehrt, die 1998 gemeinsam aus Dortmund kamen. Sie formten aus einem Ensemble eigenwilliger Stars eine Mannschaft mit Teamgeist. In den Jahren zuvor – dem Zeitalter des FC Hollywood – ist das mehreren Trainern nicht gelungen.

Mit Hitzfeld und Henke kam aber auch Stefan Effenberg, der sich als Spielmacher etablierte und sich als genau der Häuptling entpuppte, den die Mannschaft brauchte. In jenem Jahr hatte das Management ein ausgesprochen glückliches Händchen.

Fazit

Die Mannschaft des FC Bayern ist – gemäß den Ansprüchen des Vereins – ein Ensemble hochklassiger Spieler. Das gewährleistet nicht, dass dort der nötige Teamgeist herrscht, der die Mannschaft befähigt, über sich hinauszuwachsen. Am Ende der Saison 2000/01 ist aber genau dies geschehen, wie überhaupt in den drei Jahren unter Ottmar Hitzfeld eine ganz andere Stimmung, ein ganz anderer Zusammenhalt unter den Spielern zu beobachten war als in einer Reihe von Jahren zuvor. Der Trainer hat es mit Gespür, Erfahrung und der Kraft seiner überzeugenden Persönlichkeit verstanden, aus der Mannschaft ein funktionierendes Team zu machen, leistungssteigernde Impulse und eine effektive Selbststeuerung zu wekken.

Insbesondere Stefan Effenberg und Oliver Kahn haben Ordnung in die Mannschaft gebracht und gezeigt, dass ein funktionierendes Team eine Hierarchie benötigt. Es braucht Mitglieder, die auf derselben Stufe wie die anderen stehen, gleichzeitig aber eine hervorgehobene Position einnehmen. Sie sind Wortführer und Leitfiguren, die von den anderen respektiert und akzeptiert werden. Ihr Charisma, ihr Wille zum Erfolg, aber auch herausragende spielerische Qualitäten versetzen sie in die Lage dazu.

Doch würden die Kollegen sie nicht anerkennen oder würden zu viele Spieler gleichzeitig einen Führungsanspruch erheben, bestünde wiederum die Gefahr unsäglicher Machtkämpfe. Ständige Eifersüchteleien und Cliquenbildung wären die Folge. Insofern bedarf es der „richtigen" Zusammensetzung einer Mannschaft auch in menschlicher Hinsicht. Die Chemie muss stimmen, wie man sagt. Das ist beim FC Bayern in den letzten Jahren offenbar der Fall.

Allerdings kann es gerade bei einem gut funktionierenden Team passieren, dass sich Nachlässigkeiten einschleichen. Erfolg schafft ein trügerisches Gefühl der Sicherheit und macht blind für notwendige Modernisierungen. Daher schadet es nicht, durch personelle Änderungen für frischen Wind im Team zu sorgen. Hier ist den Scouts zu danken, die gut in die Mannschaft passende Spieler entdeckt und dem FC Bayern zugeführt haben. Man darf gespannt sein, ob die Mannschaft in der Lage sein wird, die von Franz Beckenbauer gewünschte vierte Meisterschaft in Folge zu erkämpfen – so etwas gab es in Deutschland noch nie, also muss der FC Bayern es schaffen.

Jedes Unternehmen hat eine Mannschaft. Diese kann aus wenigen oder aus vielen „Mitspielern" bestehen. Sie alle verfolgen ihre persönlichen Interessen und müssen doch zum gemeinsamen Erfolg beitragen.

Wer Höchstleistungen fordert, muss optimale Arbeitsbedingungen schaffen. Hier sparen viele Unternehmen. Sie brauchen sich über mangelnde Motivation nicht zu beklagen, denn warum sollte ein Mitarbeiter bei schlechter Behandlung gute Leistung erbringen? Gute Arbeitsbedingungen sind also notwendig für hohe Leistungen, aber sie alleine reichen nicht aus.

Denn auch die Beziehungen zu den Kollegen müssen stimmen. Das ist oftmals nicht der Fall, weil elementare Bedingungen nicht erfüllt sind, wenn z. B. neu gebildete Gruppen keine Zeit zur Entwicklung von Gruppennormen haben, weil sie sofort produktiv sein müssen. Dabei wäre es leicht möglich, Erkenntnisse über die Gestaltung von Gruppenarbeit zu berüksichtigen und mancherlei kostspielige Fehler zu vermeiden.

6. Die Konflikte: Streit, Eifersüchteleien und ein Trauma

Schon seit Jahren geistern erstaunliche Zahlen durch die Managementliteratur, die sich durchaus mit der Erfahrung vieler Berufstätiger decken. „40 bis 60 Prozent der Arbeitseffizienz geht in den Unternehmen durch Reibungsverluste verloren", schreibt das Manager Magazin (8/90), und die Zahl sei für manche Betriebe noch eher niedrig angesetzt. „Da wird von Sachzwängen und objektiven Gegebenheiten geredet, in Wahrheit aber geht es um Profilierung oder den Versuch, die eigene Inkompetenz zu verbergen." Da entsteht der Eindruck, dass ein großer Teil der Arbeitszeit nicht für die zu erbringenden Dienstleistungen oder für die Produktion verwendet, sondern für Rang- und Verteilungskämpfe missbraucht wird. Beim FC Bayern scheint das zumindest zeitweise nicht wesentlich besser zu sein – interne Streitigkeiten, Querelen mir den DFB-Funktionären und ein zwiespältiges Verhältnis zu den Medien lenkten allzu oft von den Erfolgen ab. Dazu zwei Thesen:

These 14: Feindbilder werden oft geschaffen, um von eigenen Versäumnissen abzulenken, oder um die eigene Mannschaft angesichts des Gegners (und vermeintlichen Feindes) zu motivieren. Diese Strategie verschärft in der Regel jedoch die eigenen Probleme.

These 15: Wer erfolgreich sein möchte, stellt sich den Konflikten, statt ihnen aus dem Weg zu gehen. Dadurch kann man sogar ein höheres Leistungsniveau erreichen. Innerhalb der Mannschaft des FC Bayern München herrscht dafür auch ein klares Hierarchiegefälle. Die Leitwölfe von Breitner bis Kahn mussten sich immer dem Ansturm der „jungen Wilden" stellen. Nur wer Leistung zeigt, darf mitspielen.

Konfliktformen

Mitarbeiter benötigen viel Energie und Zeit für das Ausfechten von Konflikten, die nur zum Teil sachlicher Art sind. Sie sind damit beschäftigt, Komplotte zu schmieden, Intrigen zu spinnen, Koalitionen zu bilden, an Stühlen anderer zu sägen oder sich selbst gegen derartige Attacken zu verteidigen. Es herrscht ein gnadenloser Kampf. Der Zweck heiligt die Mittel. Für die eigene Karriere geht man „über Leichen". Bis zum Mobbing ist es nur noch ein kleiner Schritt.

Ewald Lienen, politisch engagierter Trainer des 1. FC Köln (bis Ende Januar 2002) und bis 1992 im Alter von 38 Jahren Fußballprofi, beklagte bereits 1983 in seinem Aufsatz „Ellenbogengesellschaft – Gewalt im Sport": „Die ständig vorhandene Brutalität in der Bundesliga ist Ausdruck des für unsere Ellenbogengesellschaft typischen Existenzkampfes, den jeder einzelne für sich allein führen soll und muss. Sie ist gleichzeitig Ausdruck des perversen Materialismus unserer Gesellschaft, der dazu führt, dass Spieler ihren eigenen finanziellen Erfolg höher einstufen als solidarisches Verhalten und Gesundheit der Spielerkollegen. (...) Der Bundesligafußball ist (...) zu einem brutalen Existenzkampf heruntergekommen, weil sportlicher Ehrgeiz durch teilweise rücksichtslosen finanziellen Ehrgeiz ersetzt worden ist."

Mobbing

In den späten Achtzigerjahren wurde von Heinz Leymann das Schlagwort „Mobbing" geprägt. Nicht das Phänomen (grausames Spiel im betrieblichen Machtkampf) ist neu, sondern der Begriff.

Mobbing lässt sich Konflikten am Arbeitsplatz zuordnen. Es ist aber ein besonders heikles Thema, weil seine Bewertung sehr stark von der Perspektive des Beobachters abhängt und weil der Bereich affektiv hoch besetzt ist. Wer ist Täter, wer ist Opfer? Die Frage ist zumeist nicht leicht zu klären.

Das Opfer ist oft ein „Störenfried", der die Gruppennormen gefährdet – sowohl nach „oben" („Akkordbrecher", „Streber") als auch nach „unten" („Drückeberger", „Faulenzer"). Das Kollektiv schlägt dann gnadenlos zurück, verstößt diese Person und will sie „kaputtmachen". Manchmal auch hetzen skrupellose Intriganten ihre Kollegen gegen jemanden auf, den sie aus dem Weg räumen wollen. Oder ein unkündbarer Mitarbeiter soll zur Kündigung getrieben werden ...

Da bei einem fortgeschrittenen Konflikt eine sachliche Argumentation fast unmöglich wird, lassen sich weder die Ursache noch die Schuldfrage zuverlässig rekonstruieren, und jeder kann behaupten, Mobbingopfer zu sein. Damit verliert der Begriff seine Schärfe, erlangt eine gewisse Beliebigkeit und wird zum allgegenwärtigen Modewort.

Ob übertriebener Ehrgeiz oder Mobbing, ob im Sport oder in der Wirtschaft – Wettbewerb und Konkurrenzkampf haben in unserer Gesellschaft fast jeden Bereich erfasst. Und Wettbewerb ist zwangsläufig mit Konflikten verbunden.

Ein Konflikt ist ein Zwiespalt, Streit, Kampf oder gar Krieg. Ursachen sind in der Regel unterschiedliche Ziele oder Interessen bzw. knappe Ressourcen oder Positionen. Dabei versucht eine Person oder Gruppe, die andere(n) zu beeinflussen, zu unterdrücken, zu besiegen oder gar zu vernichten, um eigene Interessen besser durchsetzen zu können.

Neben solchen *zwischenmenschlichen* Konflikten gibt es *innere* Konflikte, die innerhalb einer Person stattfinden. Man hat im Laufe der Zeit viele unterschiedliche Kategorisierungen für Konfliktformen eingeführt. Einige der bekanntesten orientieren sich an den Akteuren (s. u. 1. bis 5.) oder an dem Konfliktgegenstand (s. u. 6. bis 8.). Mehrere dieser Formen können gleichzeitig vorliegen:

1. *intrapersonaler Konflikt* (intra = innerhalb): innerhalb einer Person:
2. *interpersonaler Konflikt* (inter = zwischen): zwischen mehreren Personen,

3. *Intragruppen-Konflikt:* innerhalb einer Gruppe,
4. *Intergruppen-Konflikt:* zwischen mehreren Gruppen,
5. *Akteur-Umwelt-Konflikt:* zwischen einer Person oder Gruppe und ihrer Umwelt,
6. *Zielkonflikt:* Unterschiedliche Akteure verfolgen unterschiedliche Ziele,
7. *Mittelkonflikt:* Unterschiedliche Akteure wollen mit unterschiedlichen Mitteln dasselbe Ziel erreichen,
8. *Bewertungskonflikt:* Unterschiedliche Akteure bewerten dieselbe Maßnahme unterschiedlich.

Fraglich ist, ob ein Interessengegensatz bereits als Konflikt angesehen werden darf. Hier gehen die Meinungen auseinander. Ist eine Tarifauseinandersetzung (Intergruppen-Konflikt: Arbeitnehmer versus Arbeitgeber; Zielkonflikt: Arbeitnehmer fordern höhere, Arbeitgeber bieten geringere Lohnsteigerungen; Bewertungskonflikt: Arbeitnehmer halten hohe Lohnsteigerungen für erforderlich, Arbeitgeber finden sie gefährlich) bereits während der üblichen Verhandlungen ein Konflikt oder erst, wenn sie zu Warnstreiks oder gar Streiks führt?

Um es gleich vorwegzunehmen – Konflikte können, müssen aber nicht negativ sein. Karl Berkel zählt einige charakteristische Merkmale auf, wegen denen sie gefürchtet sind: Konflikte sind Störungen, sie wirken belastend, sie haben die Tendenz zu eskalieren und sie erzeugen einen Lösungsdruck. Der letzte Punkt weist bereits in eine freundlichere Richtung. Lösungen, wenn sie denn gefunden werden, verringern oder beseitigen gar Probleme.

Diesen positiven Aspekt von Konflikten sollte man nicht übersehen. Konflikte signalisieren Handlungsbedarf und regen zu Innovationen an. Sie indizieren einen verbesserungsfähigen Zustand, ob nun Regelungen nötig sind oder – im Gegenteil – in einem überregulierten Bereich abgeschafft werden müssen.

Der FC Bayern mit seinen Managern und Spielern hat bereits manchen Konflikt ausgetragen oder über sich ergehen lassen müssen. In seinem Umfeld findet man reichlich Beispiele.

Im Konflikt geboren

Am 27. Februar 1900 wurde der FC Bayern München gegründet. Am Abend dieses Tages spaltete sich die bereits seit drei Jahren existierende Fußballabteilung des MTV München von 1879 während der Hauptversammlung unter Protest ab, weil die überwiegende Mehrheit im MTV sich dagegen aussprach, dem Verband Süddeutscher Fußballvereine beizutreten. Die damals gegenüber den Turnern noch um Akzeptanz kämpfenden Fußballer verließen das Lokal, begaben sich in das Gasthaus „Gisela“ in der Frühlingsstraße und hoben noch am selben Abend den FC Bayern München aus der Taufe.

Um dieses Ereignis den genannten Konfliktkategorien zuzuordnen: Es war zugleich ein Intragruppen-Konflikt (innerhalb des Vereins), ein Intergruppen-Konflikt (zwischen verschiedenen Abteilungen des Vereins), ein Zielkonflikt (verschiedene Abteilungen verfolgten verschiedene Ziele) sowie ein Bewertungskonflikt (der Beitritt zum Verband Süddeutscher Fußballvereine wurde von verschiedenen Abteilungen unterschiedlich bewertet). Das Ergebnis hieß FC Bayern.

Der FC Bayern ist also aus einem Konflikt heraus entstanden (dessen Eskalation sich offenbar in Grenzen hielt, denn ein Anwesender war um Schlichtung bemüht: „Meine Herren, Sie sehen, dass die Herren austreten und einen Fußballclub gründen wollen! Es ist doch besser, wir machen mit der ganzen Debatte Schluss, trennen uns in Freundschaft und sorgen dafür, dass beide Parteien auch in Zukunft im guten Einvernehmen miteinander leben“; 100 Jahre, S. 82). Insofern hat das Thema eine gewisse Tradition, und einige besonders prägnante Konflikte wollen wir Revue passieren lassen. Sie zeigen beispielhaft, wie Konflikte aus vergangenen, schlecht geregelten Auseinandersetzungen hervorgehen. Und sie zeigen, wie Konflikte über eine lange Zeit hinweg ruhen können, um plötzlich wieder aufzubrechen.

Konflikte sind allgegenwärtig. Oft passiert trotz eines gewissen Konfliktpotenzials (z. B. Meinungs- oder Interessendifferenzen) nichts. Der Konflikt ist „latent“, er schläft. Manchmal genügt ein Funke, um das Pulverfass explodieren zu lassen, oder ein Tropfen, der das Fass zum Überlaufen bringt. Dieser mit Sprichwörtern reichlich umschriebene Sachverhalt meint, dass der Konflikt ausgebrochen, „manifest“ geworden ist. Nun müssen die Konfliktparteien irgendwie damit umgehen.

Probleme mit dem DFB

Immer wieder ist der FC Bayern München mit dem Deutschen Fußball-Bund aneinander geraten. Animositäten zwischen den beiden haben Tradition, und es gibt ein Ereignis, das einen anhaltenden Groll des Vereins gegenüber dem DFB besonders gut nachvollziehbar macht.

Als 1963 die Bundesliga gegründet wurde, konnten die Bayern annehmen, dabei zu sein. In der Oberliga Süd hatten sie in beiden Spielzeiten zuvor jeweils den dritten Platz belegt.

Wie eine Bombe schlug daher am 11. Mai 1963 der Brief vom DFB ein, in dem den Bayern eine Absage erteilt wurde. Der TSV 1860 München war in der Oberliga Süd Meister geworden und hatte Vorrang. Den hohen Herren aus Frankfurt erschien es „wenigstens im Jahre der Einführung der Bundesliga nicht ratsam (...), zwei Vereinen am gleichen Ort eine Lizenz für die Bundesliga zu erteilen.“ Geharnischte Proteste halfen nicht. Der Verein blieb draußen. (Ironie des Schicksals: Zwei Jahre lang spielten mit der SpVgg Unterhaching aus einem Münchner Vorort, dem TSV 1860 und dem FC Bayern erstmals drei Vereine aus einer, und zwar aus genau dieser Stadt, der man seinerzeit zwei Vereine verwehrte, gleichzeitig in der Bundesliga.)

Diesen Schuss vor den Bug hat der FC Bayern dem DFB bis heute nicht recht verziehen. Dietrich Schulze-Marmeling weist aber darauf hin, dass die Ablehnung sich im Nachhinein als Glücksfall für die Bayern erwies. Denn nur so hatte der neue Trainer Zlatko „Tschik" Cajkovski Gelegenheit, in aller Ruhe und ohne die finanziellen Belastungen der Eliteliga ein junges Team mit Spielern wie Sepp Maier, Gerd Müller und Franz Beckenbauer aufzubauen. Damit konnte er die Grundlage für spätere und anhaltende Triumphe legen.

Bei der Fußball-WM 1974 in Deutschland krachte es erneut zwischen dem FC Bayern und dem DFB, was vor allem daran lag, dass die Nationalmannschaft größtenteils aus Bayern-Spielern bestand. Die Bayern-Fraktion muckte gegenüber den selbstherrlichen Funktionären auf.

Die Prämienverhandlungen liefen zwar hart, aber noch sachlich ab. Für einen Titelgewinn bot der DFB 30.000 Mark pro Mann. Die Spieler forderten 75.000, was angesichts der 120.000 für die Italiener und 100.000 für die Brasilianer nicht allzu unbescheiden schien. Am Abend des 8. Juni einigte man sich zu vorgerückter Stunde auf 60.000 Mark (30.678 Euro) für den Titel und 15.000 Mark (7669 Euro) als Startprämie, die jeder Spieler allein für die Teilnahme erhielt.

Zum Eklat kam es bezeichnenderweise in München am Abend nach dem gewonnenen Endspiel. Das Festbankett fand im Hilton-Hotel statt. Die Funktionäre feierten mit ihren Damen, während Spielerfrauen nicht erwünscht waren. Die Spieler, allen voran Uli Hoeneß, wurden ärgerlich. Delegationsleiter Deckert: „Das sind die Damen der Offiziellen, das ist etwas ganz anderes. Hier herrscht noch Zucht und Ordnung. Maßen Sie sich nicht Rechte an, die Ihnen nicht zustehen." Hoeneß und Frau verließen den Saal. Weitere Mannschaftskameraden folgten.

Einige von ihnen – z. B. Gerd Müller, Paul Breitner und Uli Hoeneß – erklärten noch in derselben Nacht ihren Rücktritt aus der Nationalmannschaft. Breitner ließ sich später zu einem Comeback breitschlagen, aber die Abneigung gegenüber den DFB-Funktionären blieb. Richtig obrigkeitshörig waren diese Rebellen ohnehin nie gewesen.

Andere Vereine und Emotionen

Auch mit Liga-Kollegen, Schiedsrichtern, den Medien sowie anderen Personen und Organisationen gerieten und geraten die Bayern bisweilen aneinander. Manche Beschimpfungen (z. B. von Schiedsrichtern), die im emotionalen Aufruhr eines Spieles oder gleich danach erfolgen, lassen sich schnell aus der Welt schaffen. Die Bayern sind da nicht zimperlich, und wer austeilt, muss auch einstecken können.

Die Bayern können. Ohnehin provozieren sie Animositäten durch ihre polarisierende Wirkung. Wo die Bayern sind, ist immer etwas los. Im Grunde subventionieren sie damit die gesamte Liga, denn sie füllen jedes Stadion. Wenn es die Bayern nicht gäbe, müsste man sie erfinden.

Für viele Mannschaften ist das Heimspiel gegen den FC Bayern die einzige Gelegenheit der Saison, die eigene Arena bis auf den letzten Platz zu belegen. Vor so großem Publikum, dem Spiel des Jahres, sind die Gastgeber dann 200-prozentig motiviert, die Fans machen ein Riesenspektakel und die Bayern absolvieren eigentlich jedes Auswärtsspiel in einem Hexenkessel. Das härtet ab und beflügelt durchaus auch den Rekordmeister. Doch jeder seiner Ausrutscher wird bejubelt, zumal die Bayern stets Favorit sind. Der Sieg eines Davids gegen Goliath schmeckt halt besonders süß.

Gegen den FC Bayern lässt sich immer gut Stimmung machen. Mancher Konkurrent versteht es vortrefflich, das alte Feindbild zu aktivieren und für eigene Zwecke zu instrumentalisieren. Wenn man den Bayern den Nimbus der Unbezwingbarkeit anhängt, hat man außerdem gleich eine Ausrede für die eigene Niederlage parat. Und wer im Kampf um die Meisterschaft fürchtet, den Kürzeren zu ziehen, baut die Bayern schon vorsorglich propagandistisch zur Übermannschaft auf, gegen die man natürlich nie eine Chance hatte. Der bereits dargestellte Hoeneß-Daum-Konflikt gedieh ja nicht zuletzt auf diesem fruchtbaren Boden.

Rotes Tuch

Der Konflikt zwischen Uli Hoeneß und Christoph Daum fand einen vorläufigen Höhepunkt im Oktober 2000. Auch dieser Konflikt hat seine Vorgeschichte.

In der Saison 1988/89 war Daum Trainer des 1. FC Köln. In jener Zeit, 1988, 1989 und 1990 landeten die Kölner zum Saisonende jeweils einen Platz hinter den Bayern, was ihnen einen dritten und zwei zweite Plätze bescherte. Trainer beim FC Bayern war Jupp Heynckes, und der wurde von „Großmaul Daum" (Schulze-Marmeling, S. 221) so heftig attackiert, dass Uli Hoeneß ihm zu Hilfe eilen musste. Erst als die Bayern am viertletzten Spieltag in Köln gewannen und die Kölner Meisterschaftshoffnungen zunichte machten, wurde Christoph Daum vorübergehend etwas ruhiger.

Am Ende jener Saison pöbelte Daum in einem ZDF-Sportstudio mit den Gästen Hoeneß und Heynckes derartig herum, dass selbst die nicht gerade als Hauspostille des FC Bayern verdächtige taz (23.05.89) ihn in einer kaum zitierbaren Weise kommentierte. Christoph Daum hat in jener Zeit manche üble Breitseite gegen die Bayern abgeschossen (und manche deftige Antwort bekommen), und es ist nicht verwunderlich, dass Uli Hoeneß seitdem nicht so gut auf ihn zu sprechen ist.

Konflikt als Bumerang

Bevor man in einen Konflikt steuert, sollte man bedenken, dass der Gegner sich wehren wird, und zwar mit Mitteln, die einen überraschen können, denn auch Gegner sind kreativ. Ein Konflikt kann die beteiligten Parteien belasten und bedrücken. Er kann erhebliche Aufmerksamkeit beanspruchen und von anderen wichtigen Aufgaben ablenken. Er kann viel Kraft, Nerven, Zeit und auch Geld (wenn erst Anwälte eingeschaltet werden) kosten. Daher sollte man sich rechtzeitig an die „Goldene Regel" erinnern: „Was du nicht willst, das man dir tu, das füg auch keinem andern zu!"

FAZIT ZU THESE 14:

Neben mehr oder weniger unvermeidlichen Verteilungs- und Interessenkonflikten gibt es künstliche, aus taktischen Gründen vom Zaun gebrochene Konflikte, mit denen jemand versucht, von eigenen Defiziten abzulenken oder die öffentliche Meinung gegen einen unliebsamen Konkurrenten zu mobilisieren. Derartige Kampagnen gehen fließend in Ränkespiel, Intrigen, Demagogie und Rufmord über.

Aber nicht aufgrund eines überirdischen Beistands, sondern wegen bestimmter Fähigkeiten oder Leistungen ist ein Konkurrent über Jahre hinweg einfach besser. Diesen Vorsprung kann man nur mit sachlichen Analysen und erheblichen Anstrengungen wettmachen. Lamentieren hilft nicht weiter.

Als in den Achtzigerjahren die japanische Autoindustrie der westlichen Konkurrenz immer mehr Marktanteile abnahm, weil sie bessere Qualität zu niedrigeren Preisen anbieten konnte, kursierten im Westen die bizarrsten Erklärungen für dieses Phänomen. Diese Fehldeutungen nützten niemandem, führten aber zum Aufbau eines Feindbildes, indem man den Japanern eine gezielte Verschwörung unterstellte. Erst die Erkenntnis und Beseitigung eigener Ineffizienzen brachte westliche Hersteller zurück ins Geschäft. ◆

Die Provokation

Der Gipfel der Häme gegen die Bayern wurde erreicht, als zum Saisonauftakt 1985/86 ein Eigentor von Winkelhofer zur 0:1-Niederlage gegen Uerdingen führte und dieses Tor zum Tor des Monats gewählt wurde. Welch eine Gaudi für ein gehässiges Publikum!

Die Bayern waren verständlicherweise entrüstet. Hoeneß reagierte auf seine Weise: „Wir dürfen uns nicht mehr gefallen lassen, dass die uns vom Fernsehen verarschen. Wir müssen wieder arroganter werden." Seither zeigte er öfter die Zähne, wenn es ihm nötig schien. Dass die Schar der Bayern-Hasser wuchs, wurde durch einen Zuwachs an Fans mehr als ausgeglichen. Damit haben die Bayern-Gegner den Bayern sogar in die Hände gespielt, denn Hoeneß merkte, dass Polarisierung sich lohnt. Gegner mögen einen ohnehin nicht. Aber: je aggressiver die Gegner, desto loyaler die Fans. Und es sind die Fans, die den Umsatz bringen.

Nach diesem kalkulierten Imagewandel hatten die Bayern-Hasser über Jahre hinweg reichlich Gelegenheit, sich über die Arroganz der Münchner „Millionarios" zu ärgern. Seit 1985 (!) wurden die Bayern in der Bundesliga nur zweimal (1992 und 1995) nicht erster oder zweiter.

Der FC Hollywood

Intern hat der FC Bayern ruhige und raue Zeiten durchgemacht. So geht es jedem Verein und jedem Unternehmen. In den Neunzigerjahren gab es eine mehrjährige Phase, da knirschte und krachte es unentwegt an allen Ecken und Enden. In den Medien wurde der Verein nicht ganz unpassend in „FC Hollywood" umgetauft, und Fans stockte angesichts der teilweise unverständlichen und scheinbar unnötigen Streitigkeiten der Atem. Immer, wenn mal wieder Ruhe eingekehrt zu sein schien, platzte garantiert wieder jemandem der Kragen. Außenstehende wunderten sich, dass sich der Verein trotz der teils chaotischen Zustände sportlich relativ gut hielt. Vielleicht hat es sogar kaum mehr Konflikte gegeben als anderswo. Nur wurden sie hier eben in der Öffentlichkeit ausgetragen und dadurch verstärkt.

Die Chemie stimmte einfach nicht. Es gab zu viele Häuptlinge und zu wenige Indianer. Es gab Cliquenwirtschaft und Eifersüchteleien. Interna sickerten nach außen und Schlammschlachten fanden in den Medien statt. Folgerichtig nahm diese höchst unglückliche Konstellation, die bisweilen eskalierte, der Mannschaft die Ruhe zum konzentrierten Arbeiten.

Neun Stufen der Eskalation

Der Salzburger Konfliktforscher und -berater Friedrich Glasl hat eine neunstufige Skala für die Entwicklung von Beziehungsstörungen bzw. die Eskalation von Konflikten konstruiert (die im Spielfilm „Der Rosenkrieg" mit Michael Douglas und Kathleen Turner sehr anschaulich bis zum bitteren Ende nachgezeichnet wird):

1. *Verhärtung:* Partner beharren häufiger auf ihren Ansichten und gehen nicht mehr unbefangen miteinander um.
2. *Polarisierung:* Es kommt zu einer härteren Gangart, verbalen Auseinandersetzungen, Koalitionsbildung und Provokationen.
3. *Konfrontation:* Die Bereitschaft zum Nachgeben ist erloschen. Ein starkes Wir-Gefühl innerhalb von Gruppen erzeugt eine stärkere Eigendynamik und lässt die Kluft größer werden.

4. *Vom Gegner zum Feind*: Eine Polarisierung (Schwarz-Weiß-Denken) findet statt. Nur noch Sieg oder Niederlage zählen. Eine Regelung aus eigener Kraft ist nicht mehr möglich.
5. *Vom Feind zum Untermenschen:* Die Kontrahenten stellen sich öffentlich bloß und diffamieren sich gegenseitig. Die Abscheu vor dem Gegner wächst und geht mit einem wahnhaft übersteigerten Selbstbild einher. Der Feind wird zum teuflischen Gegenbild.
6. *Unverhüllte Drohungen:* Die Gegner bringen sich durch Absichtserklärungen gegenüber Dritten in Zugzwang. Ein Rückzug ist nur mit Gesichtsverlust möglich. Daher tritt man die Flucht nach vorn an. Die Eskalation geht weiter.
7. *Schlacht:* Der Gegner ist nur noch ein Objekt, das unschädlich gemacht werden muss. Wenn nur der Gegner geschädigt wird, ist man bereit, auch eigene Niederlagen hinzunehmen.
8. *Vernichtungsfeldzug:* Nun wird eine völlige Vernichtung des Gegners angestrebt. Man ist zu weitgehender Selbstaufopferung bereit, aber das eigene Überleben ist noch wichtig.
9. *Kamikaze:* Die letzte Stufe der Eskalation ist nur noch ein Gemetzel, ein totaler Krieg. Es wird nicht mehr zwischen Gegnern, deren Sympathisanten und Neutralen unterschieden. Der eigene Untergang wird akzeptiert, weil die Vernichtung des Feindes jedes Opfer rechtfertigt. Die Vernichtung des Feindes ist nunmehr das einzige Lebensziel.

Jeder Stufe erfordert spezifische Maßnahmen des Eingreifens. Ab der vierten Stufe ist nur noch eine Intervention von außen möglich. Auf den letzten Stufen müssen die Parteien fast so sehr vor sich selbst wie vor dem Gegner geschützt werden.

Hoeneß gegen Beckenbauer

Konflikte innerhalb der Mannschaft gab es zu allen Zeiten. Selbst Uli Hoeneß und Franz Beckenbauer, die heute im Präsidium gut miteinander auskommen, hatten seinerzeit als Spieler ihre vielleicht völlig unnötigen Probleme miteinander.

Mitunter gibt es Konflikte ohne klaren Anlass. 1974 hätte der FC Bayern eigentlich jubilieren müssen. Man war Europapokalsieger, Deutscher Meister und die hauptsächlich aus Bayern-Spielern bestehende Nationalmannschaft war Weltmeister geworden.

Aber die Spieler waren müde (und durch die Prämien auch ziemlich „satt“). Als sie Erholung brauchten, begann die neue Saison, die ziemlich mies laufen sollte, gleich mit einer 0:6-Schlappe gegen Kickers Offenbach am Tabellenende.

In dieser Situation hing der Haussegen schief. Allianzen bildeten sich: Beckenbauer und Präsidium gegen Hoeneß, Breitner und Trainer Lattek. Letzteren war der

„Kaiser“, dessen Einfluss nicht nur beim FC Bayern weit über den eines gewöhnlichen Mannschaftskapitäns hinausging, wohl zu mächtig geworden. Beckenbauer hatte als Kapitän der Nationalmannschaft Bundestrainer Helmut Schön nach dem peinlichen 0:1 gegen die DDR bei der Mannschaftsaufstellung beraten, und es galt als sein „Verdienst“, dass Uli Hoeneß im nächsten Spiel erstmal draußen bleiben musste, was jener ihm übel nahm.

Angeblich glaubte Hoeneß, Beckenbauer würde ihm die Karriere nicht gönnen. Auch ein „Intellektuellenproblem“ wird bemüht, das die „Abiturienten“ Hoeneß und Breitner mit dem einflussreicheren „Nicht-Abiturienten“ Beckenbauer gehabt haben sollen.

Vielleicht sind das aber alles nur nachträglich an den Haaren herbeigezogene Erklärungen, weil es eigentlich keine Erklärung gab. Jeder weiß, wie anhaltender Stress und fehlende Erholung ein gereiztes Klima schaffen, in dem Kleinigkeiten aufgebauscht werden, die normalerweise kein Grund zur Aufregung sind. Noch in derselben Saison verließen Paul Breitner und Udo Lattek den FC Bayern.

Querelen

Die Querelen des FC Hollywood begannen in der Saison 1990/91 und sollten die Bayern über acht Jahre hinweg verfolgen. Allem voran ließ die Personalpolitik einen roten Faden vermissen. Man weiß natürlich nicht vorher, wie gut ein neuer Spieler sich in die Mannschaft einfügt, insofern braucht man bei Neuverpflichtungen ein glückliches Händchen. Das hatten die Bayern oft genug gehabt, und nun hatten sie es halt einige Jahre lang nicht.

Aber auch sonst lief einiges verkehrt. Es fehlte die Ordnung in der Mannschaft und im Verein. Man hatte Stefan Effenberg und Brian Laudrup geholt und damit, wie Präsident Scherer fand, „den jüngsten und wohl erfolgversprechendsten Lizenzspieler-Kader der Vereinsgeschichte“, doch es war kein Team. „Mit der Ankunft von Effenberg und Laudrup ging die Cliquenwirtschaft los“, analysiert Schulze-Marmeling und zitiert Klaus Augenthaler: „Ob zu Beckenbauers Zeiten, in der Ära Breitner und Rummenigge oder als ich Kapitän war, immer gab es eine klare Hierarchie, drei, vier absolut unumstrittene Spieler, die sich einig waren. Da hatten Unruhestifter keine Chance.“ In den Zeiten gelang es der Mannschaft sogar, den Vereinspräsidenten zu stürzen.

Die acht mageren Jahre waren eingerahmt von zwei Meisterschaften des 1. FC Kaiserslautern, hinter dem die Bayern jeweils Zweiter wurden. Insgesamt gab es in dieser Phase zwei Meisterschaften, vier zweite Plätze, einen sechsten und einen zehnten Platz, einen DFB-Pokal und einen UEFA-Cup, also keine so schlechte Bilanz. Nur: Dafür hatte der Verein das viele Geld nicht ausgegeben. Mehr Titel hätten es schon sein dürfen. Doch zum Erfolg – wie man ihn sich beim FC Bayern vorstellt – fehlte ganz einfach der Team-Faktor.

Zum Ende der Saison 1990/91 verließen Jürgen Kohler, Stefan Reuter, vor allem aber der treue und zuverlässige Klaus Augenthaler (seit 1976 Lizenzspieler bei den Bayern) die Mannschaft. Die „Hackordnung“ fiel auseinander. Die Betonung verschob sich von „Ordnung“ auf „Hacken“. Während der Druck von außen („Zieht den Bayern die Lederhosen aus!“) unvermindert anhielt und durch das eigene Verhalten (z. B. provokativ-trotziges Tragen von Lederhosen bei öffentlichen Auftritten) nicht gerade abgemildert wurde, fehlten innen die Persönlichkeiten, die den Druck in positive Energie umzusetzen vermochten.

Provisorien

Neuverpflichtungen wie die Brasilianer Mazinho oder Bernado entpuppten sich mehr oder weniger als Fehleinkäufe. Ähnlich der Schotte McInally, der Karlsruher Michael Sternkopf, Mihajlovic, Valencia und weitere. Auch Jean-Pierre Papin und Alain Sutter kamen kaum zur Geltung. Mit all diesen Spielern hatten sich große Erwartungen verbunden, die letztlich enttäuscht wurden. Vielleicht verzettelte man sich auch und verfolgte zu viele Ziele gleichzeitig, z. B. für das weibliche Publikum attraktiver zu werden. Was übrig blieb, war lediglich die ungesunde Fluktuation – ein ständiges Stopfen personeller Löcher, das den Eindruck unausgegorener Provisorien vermittelte.

Hinzu kamen etliche Trainerwechsel. Jahrelange Amtszeiten gehörten der Vergangenheit an, als Jupp Heynckes in der Saison 1991/92 von Sören Lerby abgelöst wurde, der es seinerseits nicht einmal bis zum Saisonende schaffte. Erich Ribbeck blieb eine restliche, eine ganze und eine angebrochene Spielzeit. Giovanni Trapattoni brachte es in zwei Versuchen auf drei Jahre, und Otto Rehhagel hielt es dazwischen kein Jahr aus. Zweimal musste Franz Beckenbauer bis zur Sommerpause für einen zwischenzeitlich entlassenen Coach (Ribbeck und Rehhagel) einspringen. Erst mit Ottmar Hitzfeld kehrte ab 1998 wieder Ruhe ein – und der alte, positiv-selbstbewusste Bayern-Geist zurück.

Die mangelnde Konstanz offenbarte sich in den Spielergebnissen. Wie eine launische Diva gebärdete sich die Mannschaft. Eindrucksvollen Siegesserien folgten Negativserien und schmachvolle Heimniederlagen gegen spätere Absteiger. Dass die Bayern sich dennoch ganz passabel hielten, spricht nicht gerade für den Rest der Liga. Nur die Saison 1991/92 ging fast ins Auge. Auf dem 10. Platz war man nicht weit vom Abstieg entfernt gelandet.

Da es so nicht weitergehen konnte, kaufte man 1992 für 23,5 Millionen Mark (12 Millionen Euro) Spieler ein. Damals bekam man für den Betrag noch mehrere Stars. Zu den wirklich wichtigen und erfolgreichen Investitionen gehörte das Trio Thomas Helmer, Mehmet Scholl und (mal wieder) Lothar Matthäus. 1993 kamen Marcel Witeczek und Alexander Zickler hinzu, 1994 Oliver Kahn und Markus Babbel, 1995 Jürgen Klinsmann, 1996 Carsten Jancker, Mario Basler und Ruggiero

Rizzitelli. Damit sind nur die lohnendsten Einkäufe genannt. All diese hochkarätigen Profis ließen den FC Bayern immer oben mitspielen, doch das Starensemble vermittelte selten den Eindruck einer echten Mannschaft.

Münchner Publizisten (wer schreibt, der bleibt ...)

Matthäus, der nach vier Jahren bei Inter Mailand nach München zurückkehrte, war ein großer Kämpfer und Antreiber, der nicht nur durch wundervolle Pässe und spektakuläre Tore auffiel, sondern leider auch durch seine verbalen Auftritte in den Medien. Er war der Dampfplauderer, auf den die Bild-Zeitung lange gewartet hatte. Mit ihr klappte die Zusammenarbeit besser als mit manchen Mannschaftskameraden. Da gab es zum Beispiel seine „geheimen Tagebücher", die veröffentlicht wurden und für ziemlich viel Wirbel sorgten.

Am 14. November 1994 wurde Franz Beckenbauer nach drei Jahren als Vizepräsident zum Präsidenten des FC Bayern München gewählt. Auch dies nicht ganz unproblematisch, da er dasselbe Boulevardblatt wie Matthäus mit Informationen versorgte, als Fernseh-Kommentator arbeitete und gleichzeitig seine eigenen Werbeverträge hatte. Wer jetzt vermutet, dass bei diesen vielen Verpflichtungen ein Inter-Rollen-Konflikt auftreten konnte, liegt wohl nicht ganz falsch. Ähnlich wie Matthäus hätte auch der „Kaiser" gelegentlich besser im Interesse des Vereins geschwiegen, statt in seiner Funktion als Kolummnist unbedingt etwas über den FC Bayern zu Papier bringen (lassen) zu müssen.

In diesem Umfeld konnte die Verpflichtung von Jürgen Klinsmann 1995 kaum gut gehen. Gegen die dicht gesponnenen Fäden, mit denen Beckenbauer und Matthäus sich in der Münchner Szene etabliert hatten, kam der schwäbische Stürmer, der zuvor in Tottenham gespielt hatte, nicht an.

Klinsmann gegen vorhandene Strukturen

Durch die Verpflichtung von Jürgen Klinsmann entstanden etliche Konflikte oder alte wurden sichtbar, die vorher nicht so deutlich zutage getreten waren:

Klinsmann gegen Matthäus: Die beiden Nationalspieler hegten keine ausgeprägten Sympathien füreinander. Matthäus soll vor allem missfallen haben, dass der Bundestrainer Klinsmann als „besten Botschafter des deutschen Fußballs" bezeichnete.

FC Hollywood gegen FC Bayern: Das FC-Hollywood-Image der Wichtigtuer, die erst reden und dann (vielleicht) nachdenken, nervte inzwischen auch die Fans und beeinträchtigte die Konzentration der Spieler. Klinsmann, der lieber spielte als redete, wäre der richtige Mann zum Gegensteuern gewesen, kam aber nicht gegen den „Heimvorteil" der Medienprofis Matthäus und Beckenbauer an.

Gebundene Hände: Gegen Matthäus' Äußerungen konnte Hoeneß wenig ausrichten, solange dessen „Spezi" und Reporterkollege Beckenbauer dem Präsidium vorsaß und ihm gewissermaßen Protektion verschaffte.

Leistung: Bei aller Kritik an Matthäus und seinen verbalen Entgleisungen darf man nicht übersehen, dass er ein begnadeter Fußballer war. Er gehörte zu den wenigen, die praktisch im Alleingang ein Spiel herumreißen konnten. In puncto Kampfgeist und Engagement gehörte er bis zu seinem Abgang im März 2000 stets zu den Vorbild-Fußballern der Liga. Seine Klasse auf dem Platz machte ihn relativ unangreifbar.

Die Episode Rehhagel

Gleichzeitig mit Klinsmann nahm der neue Trainer Otto Rehhagel seine Arbeit bei den Bayern auf. Unter keinem guten Stern übrigens, denn dass am Tag nach seinen Vertragsverhandlungen die Bedingungen bereits in der Presse nachzulesen waren, ist nicht gerade die feine Art. Jedenfalls stürzte er sich Hals über Kopf in die Münchner Medienfluten – und ging darin unter. Er konnte aufgrund des ständigen Rummels nicht in Ruhe arbeiten. Das Präsidium bestand aus Fußballexperten, die ihm oft in die Quere kamen, alles besser wussten und dies umgehend ihren jeweiligen Journaillen zutrugen. Und in der Mannschaft gab es einige selbstbewusste Stars, die zu disziplinieren dem Trainer nicht gelang. Da Rehhagel so etwas noch nicht erlebt hatte, konnte er auch nicht entscheidend gegensteuern.

Kurzum: Irgendjemand aus der Vereinsführung sägte an seinem Stuhl, noch ehe er richtig darauf saß. Insbesondere Beckenbauer, der sich ursprünglich für Rehhagel stark gemacht hatte, schwenkte schnell um und untergrub dessen Autorität, wo immer er konnte. Bereits nach wenigen Wochen war offensichtlich, dass die beiden nicht miteinander zurechtkamen, und in der Rückrunde war die Entlassung nur noch von der passenden Gelegenheit abhängig. Die kam kurz vor dem UEFA-Cup-Finale, in das die Rehhagel-Truppe sich dank unglaublich vieler Klinsmann-Tore (15 Tore in einem europäischen Wettbewerb stellten einen neuen Rekord dar) und schließlich einem 2:1-Sieg in Barcelona vorgearbeitet hatte. Gerade rechtzeitig vor den Finals ernannte Beckenbauer sich an Rehhagels Stelle zum Trainer. So wurde der erste internationale Titel seit 20 Jahren unter des „Kaisers" Ägide gewonnen.

Mr. Teflon

Als „Mr. Teflon" wurde seinerzeit der US-Präsident Ronald Reagan von der amerikanischen Presse bezeichnet, weil der Strahlemann und gelernte Hollywood-Schauspieler, bekannt aus zweitklassigen „B-Movies", unentwegt von Fettnäpfchen zu Fettnäpfchen stapfte, ohne dass etwas an ihm haften blieb. Im Notfall setzte er sein treuherziges Lächeln auf, die Nation lag ihm zu Füßen und die Kritiker strichen die Segel.
Ähnliches kann man von Franz Beckenbauer sagen. Er, die „Lichtgestalt" des deutschen Fußballs, hat fast unbegrenzte Entscheidungsfreiräume. Beim FC Bayern kann er sich mancherlei erlauben, ohne Konsequenzen fürchten zu müssen. „So ist Franz Beckenbauer der einzige Amtsinhaber und Multifunktionär der Bundesrepublik, der verzapfen kann, was er will, ohne ernsthaft kritisiert oder zur Verantwortung gezogen zu werden", kommentierte Die Zeit (18/01).
Grund: Seine enormen und unbestreitbaren Verdienste um den deutschen Fußball. Die Nation liebt ihn, und er hatte noch immer die Stammtische auf seiner Seite. Damit besitzt er eine Popularität, die ihresgleichen sucht.
Einer der wichtigsten Bausteine in seiner Erfolgsbilanz: Es wird einhellig ihm zugeschrieben, dass die Fußball-WM 2006 nun in Deutschland stattfindet. Erst als der DFB im Herbst 1998 in einer relativ aussichtslosen Situation Franz Beckenbauer zum Bewerbungschef machte und dieser sich wirklich unermüdlich engagierte, begann das Blatt sich zu wenden.

Rückennummer 18

Als Torjäger und Sympathieträger tat Klinsmann den Bayern nicht nur vom Image her gut. Auch das Merchandising wurde durch ihn angekurbelt. Kein Trikot verkaufte sich so gut wie das mit seiner Rückennummer 18. Umso bedauerlicher war, dass die Realität beim FC Bayern seinen Vorstellungen und Bemühungen massiv zuwiderlief. Kein Wunder, dass ihm kurz vor dem UEFA-Cup-Finale der Geduldsfaden riss und er gestand, „ziemlich angefressen" zu sein, weil es keine Ruhe zum inhaltlichen Arbeiten gab.

Die Experten waren sich denn auch weitgehend einig, dass die Querelen den Verein die Meisterschaft kosteten. Die Bayern hatten sich selbst ein Bein gestellt. Borussia Dortmund, wo man sich auf den Fußball konzentrieren konnte, holte mit Ottmar Hitzfeld zum zweiten Mal in Folge die „Salatschüssel" des DFB. Auch Beckenbauer analysierte: „Der Streit und die Eifersüchteleien haben uns den Titel gekostet."

Konflikte müssen nicht zwangsläufig negativ sein, aber meistens sind sie es. Vor allem, wenn sie nicht sachlicher Art, sondern durch menschliche Unzulänglichkeiten (Neid, Eifersucht, Profilierungsstreben usw.) verursacht sind. Solche Konflikte *müssen* unterbunden (geregelt oder gelöst) werden.

Die Geschichte des FC Bayern München illustriert auch, wie sehr interne Querelen Leistung und Erfolg eines Unternehmens schädigen können. Grundlegendes Problem: Der Schaden ist nicht quantifizierbar, weil man nicht weiß, wie erfolgreich man ohne diese Streitereien abgeschnitten hätte und was weitere Meisterschaften und Pokaltriumphe zusätzlich eingebracht hätten. Uli Hoeneß würde wahrscheinlich in Ohnmacht fallen, wenn man in Zahlen ausdrücken könnte, welche Kosten langjährige interne Konflikte dem FC Bayern beschert haben.

Diese Unkenntnis verschleiert die ökonomischen Folgen und reduziert den Handlungsdruck der Verantwortlichen. Deshalb wird in vielen Unternehmen bei vergleichbaren Konflikten nicht entschieden genug eingegriffen – eine Ignoranz, die nicht nur *unkalkulierbare* materielle Kosten, sondern auch immaterielle Kosten wie Imageverluste und vor allem menschliches Leid billigend in Kauf nimmt.

Da ist es schon sinnvoller, professionelle Hilfe durch Konfliktberater oder Mediatoren (teilweise bieten Handwerkskammern, Berufsverbände oder die IHK Unterstützung) in Anspruch zu nehmen. Diese Kosten sind immerhin *kalkulierbar*.

Interne Streitigkeiten lenken auch die beste Truppe von den eigentlichen Aufgaben ab: Sich auf den Gegner (die Konkurrenz) zu konzentrieren.

In der Saison 1996/97 nahm „Mister" Trapattoni für einen zweiten Versuch auf der Trainerbank Platz. Neu in die Mannschaft kamen u. a. Mario Basler, „Sammy" Kuffour, Carsten Jancker und Ruggiero Rizzitelli. Man wollte Meister werden.

Für Klinsmann wurde es nicht besser. Wieder gab jemand aus dem Präsidium Einzelheiten seines Vertrages an die Presse weiter. Es war schon konstante Boshaftigkeit, mit der man diesen Stürmer vergraulte. Hinzu kam, dass Trapattonis Defensivtaktik nicht gerade dafür sorgte, dass der Angriff permanent mit Flanken und Pässen versorgt wurde, was für zusätzlichen Frust sorgte.

Klinsmann, Matthäus und „Bild"

„Warum macht er sich so viele Feinde?", fragt Sport Bild (4/99) schon auf dem Titelbild, und Günter Netzer kommentiert, dass Klinsmann stets enorm hohe Gehaltswünsche durchsetzen konnte. „Aber diese Politik hat ihren Preis: Klinsmann hat zu viele Leute verärgert. Da wurden Spuren hinterlassen, da sind Narben geblieben."

Ein anderer Kommentator schreibt im selben Heft, dass „das Schwaben-Cleverle seine Arbeitgeber in Mailand, Monaco, Tottenham und München ein wenig zu kräftig abgezockt hat (...) – der Klinsi kriegt sein Raffke-Image nimmer los." Allerdings wird gerade der „Bild" in Sachen Klinsmann negative Parteilichkeit vorgeworfen (er sei ihr „Hassobjekt", so Schulze-Marmeling). Pikanterweise erscheint auf der Titelseite des eben erwähnten Heftes auch Matthäus: „Er feiert seine späten Siege". Und er wird zitiert: „Irgendwann setzt sich Leistung, Ehrlichkeit, Aufrichtigkeit durch. Ich war in meinem Leben nie ein Linkmichel. Ich habe nicht auf meinen eigenen Vorteil geschaut, wusste, dass ich mit der Wahrheit anecke. Aber ich hätte nicht ruhig schlafen können, wenn ich nicht das hätte rauslassen können, was ich gedacht habe. Dafür habe ich viel auf die Fresse bekommen. Aber irgendwie bekommt man im Leben immer das zurück, was man verdient hat."

Der letzte Satz wird ausdrücklich als Seitenhieb auf Klinsmann hervorgehoben, dem gegenüber der DFB ein Abschiedsspiel der Nationalelf abgelehnt hat (Grundsatzbeschluss von 1995), während Matthäus (bereits vorher) eines zugesichert bekommen hatte.

So war es keine Überraschung, dass Klinsmann am 18. März seinen Weggang zum Saisonende bekannt gab. Zwar konnte er auf eine sehr erfolgreiche Bilanz zurückblicken, doch richtig Fuß fassen konnte er in München nicht, geschweige denn etwas ändern. „Die Gegenkräfte innerhalb und außerhalb des Clubs erwiesen sich als zu mächtig. Anstatt nun endlich eine ernsthafte Diskussion über die Missstände, die zum Klinsmann-Abschied geführt hatten, zu beginnen, schwadronierte der Kaiser über das Naturell des Weltenbummlers, während sich die Boulevardpresse tagtäglich über Klinsmanns angebliche Geldgeilheit ausließ." Das war purer Neid und darüber hinaus einfach dumm, denn warum soll ein herausragender Spieler nicht das tun, was in der Branche allenthalben üblich ist – nämlich seine Einkünfte maximieren? Kein Verein ist gezwungen, sich auf irgendwelche Forderungen einzulassen. Man kann wohl grundsätzlich das Ausufern der Gehälter kritisieren, aber nicht lediglich bei einem Spieler, den man zufällig nicht mag.

Entspannung

Langsam schien man im Präsidium zu erkennen, dass der Verein als schlagzeilenträchtiger FC Hollywood sportlich Schaden nahm, und bemühte sich, den Informationsfluss nach außen ein wenig einzudämmen, nicht ganz konsequent zwar, aber immerhin spürbar. Und die Fußballstars betätigten sich in der Rückrunde gelegentlich ansatzweise als Mannschaft. Tatsächlich gelang das Meisterstück – aber wie alt hätte die Konkurrenz aussehen können, wenn die Bayern sich nicht immerzu mit ihrem Zank verzettelt hätten, wenn man gelegentlich direkt miteinander geredet hätte statt über die Presse, wenn Klinsmann nicht „angefressen" gewesen wäre, wenn Trapattonis Sprachprobleme kleiner gewesen wären …

Als Meister ging man in die Saison 1997/98. Klinsi war weg, Michael Tarnat und Giovane Elber kamen neu in die Mannschaft. Assistenztrainer Klaus Augenthaler verließ nach 17 Jahren etwas unfreiwillig den FC Bayern, Trapattoni blieb. Matthäus verlor durch sein „geheimes Tagebuch" Sympathien unter den Kollegen und seine Rolle als Kapitän. Fast wäre er auch über Trapps Klinge gesprungen, aber

Beckenbauer verhinderte dies mit Mühe. Thomas Helmer wurde sein Nachfolger als Kapitän, Oliver Kahn dessen Stellvertreter – und die Lage zwischen Matthäus und Klinsmann entspannte sich.

Happy End zwischen Klinsmann und Matthäus

Jürgen Klinsmann hat sein Abschiedsspiel noch bekommen – er musste es allerdings privat organisieren. Am 24. Mai 1999 spielten die „VfB Stuttgart All Stars“ gegen das „Jürgen Klinsmann Dream Team“, ein nettes Show-Spiel mit vielen, schönen Toren und prominenten Mitspielern wie Boris Becker.

Auch Lothar Matthäus war eingeladen, musste aber aus nachvollziehbaren Gründen absagen. Matthäus in Sport Bild: „Respekt habe ich auch vor Jürgen Klinsmann. Ich habe mich wahnsinnig gefreut über die Einladung zu seinem Abschiedsspiel am nächsten Montag. Vor allem, weil er sehr nette persönliche Worte fand. Daran sieht man, dass seine Probleme mit mir erledigt sind. Ich habe ihm in einem persönlichen Brief zurückgeschrieben, dass mich der Verein am Tag vor dem Flug zum Champions-League-Finale nie nach Stuttgart fahren ließe. Dass ich ihm und seiner Familie aber Glück und Gesundheit wünsche.

Ich bin sicher, dass sich unsere Wege irgendwo mal kreuzen, dass wir uns locker zusammensetzen und über die Vergangenheit sprechen. Vielleicht irgendwann bei meinem Abschiedsspiel. Da werden alle Spieler eingeladen, mit denen ich Erfolg hatte. Und da gehört Jürgen sicherlich dazu.“

Am 27. Mai 2000, kurz vor der Europameisterschaft, fand dann tatsächlich Matthäus‘ vorgezogenes (weil er bei der EM noch mitspielte) Abschiedsspiel statt. Klinsmann war eingeladen und spielte eine halbe Stunde in der „Bayern“-Mannschaft. Auch dies war wieder eine nette Show, an der sogar Maradona aktiv teilnahm und einige Kabinettstückchen vorführte. So hat dieser über Jahre hinweg schwelende Konflikt noch eine versöhnliche Wendung genommen. Die beiden Streithähne sind eben älter, reifer und vernünftiger geworden. Vor allem eine gewisse Distanz wird ihnen gut getan haben.

Sechs Grundmuster für Konfliktlösungen

Gerhard Schwarz unterscheidet sechs verschiedene Strategien zum Umgang mit Konflikten. Von einer echten Lösung kann man allerdings nur beim Konsens sprechen. Alle anderen Strategien gehen der Konfliktaustragung mehr oder weniger aus dem Weg, vertagen sie. Der Konflikt kann also früher oder später erneut auftreten.

Die Reihenfolge entspricht dem vermuteten menschlichen Lernprozess im Laufe der kollektiven Zivilisations- oder der individuellen Persönlichkeitsentwicklung. Für einen Konsens bedarf es also der größten Reife bei den Konfliktparteien.

1. *Flucht:* Dieses ursprünglich-instinkthafte Verhaltensmuster schließt Verleugnung und Verdrängung ein. Man entkommt schnell der Gefahr. Allerdings führt die Flucht zu keiner echten Lösung. Es findet auch kein Lernprozess statt. Im Gegenteil. An der Variante der Unfallflucht sieht man, dass die Probleme später erst richtig beginnen.
2. *Vernichtung des Gegners:* Eine Vernichtung beseitigt den Gegner dauerhaft. Allerdings sind Fehler nicht korrigierbar. Wer diese Strategie akzeptiert, muss bedenken, dass sie auch die eigene Vernichtung gestattet – ein echter Nachteil.
3. *Unterordnung des einen unter den anderen:* Diese findet sich in vielfältigen Formen wie Sklaverei, Hierarchie, Überreden, Bestechen, Drohen, Abstimmen. Das Ergebnis ist immerhin revidierbar. Eine Unterordnung schafft in der Regel jedoch neue Konflikte.
4. *Delegation an eine dritte Instanz:* Die dritte Instanz können Losentscheid, Vermittlung, Schlichtung oder Schiedsspruch sein, je nach Bedeutung des Konflikts. Hier tauchen Ansätze von Objektivität, Sachlichkeit und Kompetenz auf, indem die Konfliktparteien auf externe Hilfe statt direkte Konfrontation setzen. Allerdings sind die Lösungen oft nicht recht zufriedenstellend.
5. *Kompromiss:* Eine gewisse Reife spiegelt sich in einer Teileinigung wider. Vielleicht kommt ein guter Kompromiss zustande (oder aber ein fauler). Eine Teileinigung ist freilich zugleich ein Teilverlust, weil man nicht alle Ziele durchsetzen kann.
6. *Konsens:* Optimal ist eine Einigung auf höherem Niveau, eine Synthese vorher unvereinbarer Ansichten. Beide Seiten sind von der gefundenen Lösung überzeugt. Dazu bedarf es eines dialektischen Entwicklungsprozesses, eines Aufeinander-Zugehens. Ein solcher Lernprozess ist jedoch aufwändig und bedarf in der Regel erfahrener Moderatoren.

Der FC Bayern hatte offensichtlich gelernt, dass man Konflikte, die man nicht nach außen trägt, auch nicht in der Öffentlichkeit regeln muss. Das letzte Jahr mit Trapattoni verlief deutlich ruhiger. Man bemühte sich spürbar, Internes hinter verschlossenen Türen zu halten. So richtig gelang dies aber erst unter Ottmar Hitzfeld. Nun drangen kaum noch Konflikte aus der Mannschaft nach draußen. Das erste Hitzfeld-Jahr war dann auch sehr erfolgreich, von zwei verlorenen Finalspielen abgesehen (Champions League und DFB-Pokal), die man immerhin erreicht hatte. Mit 15 Punkten Vorsprung wurden die Bayern Meister. Nur 1973, mit 11 Punkten Vorsprung nach der Zwei-Punkte-Regelung (20 Punkte nach der Drei-Punkte-Regelung), war ihre Dominanz deutlicher gewesen.

Das Trauma

Aus der Hitzfeld-Ära sind keine größeren Konflikte zu berichten (von zwei Krisen nach Niederlagenserien abgesehen). Wohl aber ein Trauma, welches die Mannschaft zwei Jahre lang mit sich herumtrug – das ManU-Trauma. Seit dem so unglücklich verloren gegangenen Champions-League-Finale 1999 in Barcelona, als Manchester United mit zwei Toren durch Terry Sheringham und Ole-Gunnar Solskjaer in der Nachspielzeit den Bayern ihren sicher geglaubten Sieg entriss, trugen die Spieler (jeder für sich) und die Mannschaft (als Kollektiv) diese bittere und offenbar durchaus belastende Erinnerung mit sich herum.

Dann trafen die Bayern im Viertelfinale 2001 erneut auf diesen Gegner. Management und Spieler waren begeistert. Ziemlich einhellig wurde diese Gelegenheit zur Revanche begrüßt und ausdrücklich als solche gewertet. Nach dem 1:0-Hinspielsieg der Bayern in Manchester herrschte gespannte Zurückhaltung.

Im Rückspiel führten die Bayern mit 2:1. ManU benötigte noch zwei Tore – wie damals in Barcelona. Dann wurde – wie seinerzeit in Barcelona – Ole-Gunnar Solskjaer eingewechselt. Terry Sheringham war bereits vorher ins Spiel gekommen. Mit beiden Torschützen von damals rannte Manchester gegen die Bayern-Abwehr an – wie seinerzeit in Barcelona – und die Nachspielzeit sollte einige Minuten dauern ...

„Was sich heute in der Schlussphase, beim Stand von 2:1 für uns, im Unterbewusstsein abgespielt hat, das brauche ich wohl nicht zu sagen", gestand Oliver Kahn nach dem Rückspiel.

Die Wirkung war clever kalkuliert. Das Spiel nahm Züge eines Thrillers an. Es hatte doch eine beängstigende symbolische Kraft, was ManU-Trainer Alex Ferguson da inszenierte. Nicht nur manchem Spieler, auch vielen Fans ist das Herz ein wenig in die Hose gerutscht. Selbst Uli Hoeneß gestand: „Als [Solskjaer] reinkam, dachte ich: Um Gottes willen." Aber glücklicherweise wiederholte sich die Geschichte nicht.

Dann war Manchester besiegt. Das Kapitel „ManU-Trauma" konnte zugeklappt und als abgeschlossene Episode, als bewältigter Konflikt ins Archiv gelegt werden.

Fast jedenfalls. Das Bundesliga-Saisonende wurde noch sehr spannend und erfolgreich. Die in der 89. Spielminute bereits entglittene Meisterschaft holte man sich mit enormer Willenskraft in der Nachspielzeit in Hamburg endgültig; und im Elfmeterschießen des Champions-League-Finales gegen Valencia geriet man ebenfalls ins Hintertreffen, bog es aber dank dreier von Oliver Kahn gehaltener Schüsse noch um.

Erst diese beiden Erlebnisse innerhalb von fünf Tagen zeigten, dass die Mannschaft aus dem ManU-Trauma gelernt und dieses in positive Energie umgewandelt hatte. Im Nachhinein entpuppte sich jene Katastrophe als wichtige Lektion auf dem Weg zum Erfolg, womit sie ihren Schrecken verlor. Allerdings – es war wirklich knapp gewesen ...

Ähnlich wie mit Konflikten ist offenbar auch mit Traumata umzugehen – ehrlich und offensiv. Es hilft nicht, vor dem Gegner davonzulaufen. Irgendwann kommt er doch. Je früher man die Begegnung sucht, desto eher bietet sich eine Chance, die böse, lähmende Erinnerung abzuschütteln.

Fazit zu These 15:

Man muss sich Konflikten stellen, wenn man sie entschärfen möchte. Dies ist eine Erkenntnis, die man aus dem bewältigten ManU-Trauma des FC Bayern ziehen kann. Der nicht verarbeitete innere Konflikt („Wie konnte uns das passieren?") erzeugte irrationale Ängste, die durch Parallelen zum Auslöser (die Führung um ein Tor nach 90 Minuten, die Einwechslung der Torschützen von damals) geschürt werden konnten (den Bayern-Spielern rutschte das Herz in die Hose).

Doch das Selbstbewusstsein der Bayern war innerhalb von zwei Jahren gewachsen. Man glaubte an sich und überstand die Situation siegreich. Damit war das Trauma nicht nur abgebaut, sondern die Mannschaft zog aus dieser Erfahrung (selbst in der Nachspielzeit kann man ein Spiel noch herumreißen) die nötige mentale Stärke, die ihr einige Wochen später half, bei einem Rückstand in der Nachspielzeit mit großer Willensleistung die fast schon verlorene Deutsche Meisterschaft doch noch zu gewinnen.

Das Ignorieren von Konflikten ist hingegen gefährlich, weil unterdrückte Konflikte im Untergrund völlig unkontrollierbar wie ein Schwelbrand wirken. Stellt man sich Konflikten jedoch und bemüht sich um eine Regelung oder Lösung, dann wird dabei nicht nur der Konflikt entschärft, sondern man lernt einen besseren Umgang damit und reift daran. ◆

Fazit

Konflikte müssen als Bestandteil unseres Lebens akzeptiert werden. Man kann sie selbst heraufbeschwören. Aber auch, wenn man das als friedliebender Mensch zu vermeiden sucht, bleibt man kaum von ihnen verschont.

Konflikte sind nicht grundsätzlich negativ zu bewerten. Oft zeigen sie einen Handlungs- oder Regelungsbedarf, und wenn man sich des Themas annimmt, lässt sich eine ohnehin erforderliche Lösung finden.

Es gibt viele unvermeidliche Konflikte. Verteilungskonflikte gehören in diese Kategorie. Knappe Ressourcen (Güter, Geld) oder Aufstiegspositionen stehen nun einmal nicht in beliebigem Umfang zur Verfügung. Also kann nicht jeder die gewünschte Menge davon erhalten. Stattdessen müssen sie nach einem bestimmten Schlüssel verteilt werden. Entweder im ungeregelten Kampf, wo der Stärkere oder der Listigere sich durchsetzt, oder nach geregelten Verfahren, die vorher festgelegt wurden, und die in Vereinbarungen, Satzungen oder Gesetzen festgehalten sind.

Und es gibt unnötige Konflikte. Das sind solche, die aus Neid, Missgunst, Profilierungsstreben und anderen menschlichen Unzulänglichkeiten herrühren. Aber Menschen sind nun einmal nicht perfekt. Egoistische, beleidigte, empörte, entrüstete Reaktionen spiegeln außerdem nicht selten eine andere Auffassung wider, die durchaus zulässig ist, weil verschiedene Sichtweisen möglich sind. Insofern ist auch mancher scheinbar unnötige Konflikt unvermeidlich.

Akzeptiert man, dass Konflikte unausweichlich sind, heißt das jedoch nicht, dass man jede Form ihrer Austragung gutheißen muss. Der FC Bayern hat über viele Jahre hinweg seine Beschäftigten in der Öffentlichkeit ihre Konflikte breittreten lassen, und das hat ihm geschadet. Dadurch wurde Zwietracht gesät, das Betriebsklima vergiftet, die Leistung einzelner Spieler sowie der gesamten Mannschaft beeinträchtigt. So hat der Verein leichtfertig eine Reihe möglicher Titel verspielt.

Natürlich haben die Medien dankbar zugegriffen und gerne über die Befindlichkeiten der sensiblen Stars berichtet. Doch viele Probleme hätten intern geregelt werden müssen. Sie gingen das Publikum eigentlich nichts an.

Der Schaden lässt sich nicht beziffern. Was ist ein Meistertitel wert? Wieviel mehr hätten einzelne Spieler und Trainer leisten können, wenn konzentriertes Arbeiten möglich gewesen wäre? Wieviel Fluktuation wäre vermeidbar gewesen? Was hätte ein professionelles Konfliktmanagement bewirken können?

Wenn Unternehmen, wie eingangs zitiert, rund die Hälfte ihrer Produktivität in Konflikten verlieren, wenn Mitarbeiter gegeneinander arbeiten und sich dabei aufreiben, wenn ihre Motivation auf der Strecke bleibt, wenn das Betriebsklima sie krank macht, wenn unvermeidbare Konflikte geleugnet werden, weil nicht sein kann, was nicht sein darf – welche Kosten lassen sich einsparen, welche Reserven lassen sich durch ein professionelles Konfliktmanagement, das diese Missstände reduziert, freisetzen?

Ob Handlungsbedarf besteht, muss jeder selbst entscheiden. Beim FC Bayern jedenfalls hat man eines Tages eingesehen, dass etwas geschehen muss. Kaum hatte man die richtigen Leute dafür, kehrten Glanz und Erfolg zurück. Das heißt nicht, dass es keine Konflikte mehr gäbe. Es gibt sie nach wie vor. Sie sind zum Teil nicht vermeidbar, und sie werden teilweise in der Öffentlichkeit ausgetragen. Aber wenn es gelingt, interne Streitigkeiten intern abzuarbeiten, und wenn dadurch ihre Eskalation vermieden wird, ist bereits viel gewonnen. Der Unterschied zwischen dem FC Hollywood und dem gegenwärtigen FC Bayern spricht jedenfalls für sich, und jedes Unternehmen hat es selbst in der Hand, ob es eher dem einen oder dem anderen Beispiel nacheifert.

7. Das Marketing: Sponsoring, Image und Präsenz

Wenn ein Pinguinmann den schönsten Stein, den er finden konnte, seinem erwählten Weibchen präsentiert, hofft er, dass ihr der Stein gefällt. „Entscheide dich für mich“, scheint er sagen zu wollen. „Ich bin in der Lage, den schönsten Stein zu finden. Ich bin der Richtige für dich.“ Akzeptiert sie den Stein, gilt der Bund fürs Leben als geschlossen. Dann war seine Werbung erfolgreich.

Werbung ist ein fester Bestandteil unserer Umwelt geworden. Zwar keine hübschen Kieselsteine, aber bunte Bilder und farbige Sprüche findet man allerorts. Jede Anzeige will auffallen. Nicht nur die Werbebranche lebt davon. Sie verbindet Sport und Wirtschaft eng miteinander. Drei Thesen sollen helfen, diesen Sachverhalt mit seinen Auswirkungen zu verstehen:

These 16: Niemals schwammig werden: Es ist besser, geliebt oder gehasst zu werden – dazwischen gibt es nichts im Marketing. Das polarisierende Marketing eines Uli Hoeneß hat den größten Erfolg in der Branche.

These 17: Je klarer die Vorstellungen von einem Produkt, desto eher wird es akzeptiert. Dabei sind „harte“ Produktfakten nebensächlich. Entscheidend ist das Bild, das im Kopf des Käufers/Fans entsteht. Der FC Bayern positioniert sich als der Verein der Sieger.

These 18: Man macht ein Produkt für Fans und die Fans machen ein Produkt zum Kult: Die emotionale Bindung des Kunden zum Produkt ist dabei entscheidend. Der FC Bayern liefert Dramen und Triumphe zum Miterleben. Durch die Produkte des Merchandising wird die Aura des Erfolgs fassbar.

Angriffsmarketing

Reine Produktdarstellungen in der Werbung sind selten geworden: Die Werbung im dritten Jahrtausend ist emotional. Nicht die Vorzüge des Produkts (Waschmittel, Auto, Lebensversicherung) stehen im Mittelpunkt, sondern das Gefühl, das der Besitz dieses Produkts vermittelt. Die Sparkassen werben nicht mit „Unser Sparbuch ist sicher und liefert drei Prozent Zinsen“, sondern mit „Mein Haus, mein Auto, meine Yacht“. Dies polarisiert, das heißt es spricht nicht jeden an, sondern nur eine spezielle Zielgruppe. Die wird aber exzellent erreicht.

Durch die Polarisierung werden mehrere Dinge erreicht: Es wird ein klares Bild vom Produkt und seinen Vorzügen vermittelt: Wenn du dieses Auto kaufst, dann gehörst du zu diesen Siegertypen. Dadurch entsteht eine klare Corporate Identity. Der potenzielle Käufer identifiziert sich mit dem Produkt – er wird nicht so sehr über die (realen oder irrealen) Vorzüge des Produkts nachdenken, sondern er glaubt, mit dem Kauf die Zugehörigkeit zu einer Gruppe zu erwerben. Davon werden aber nur bestimmte Personen angesprochen und angezogen, andere nicht.

Fazit zu These 16:

Angriffsmarketing verzichtet bewusst auf Zielgruppen, die man mit emotionaler Werbung nicht erreichen kann. Dafür bedient man seine Zielgruppe besser und intensiver, als man das ohne emotionale Signale könnte. Auch für diese Strategie liefert der FC Bayern, der Club der „arroganten Sieger", beste Beispiele, die auch in kleinen Unternehmen vor Ort beherzigt werden können. ◆

Der Werbeträger

Werbung hat immer zum Ziel, sich aus der Masse hervorzuheben, positiv aufzufallen. Werbung soll den Verkauf von Produkten fördern. Aber welche Erzeugnisse haben Fußballvereine zu bieten, und welche Werbung machen sie für sich?

Marketing und Werbung

Marketing (von engl. „Market") umfasst alle auf den Markt ausgerichteten Aktivitäten eines Unternehmens, die zum Verkauf der eigenen Produkte, zur Erhaltung vorhandener und zur Gewinnung neuer Kundenpotenziale und Märkte nötig sind.
Die Werbung im weitesten Sinne ist Bestandteil des Marketing. Auch Marktforschung, Kundenbetreuung und weitere Tätigkeiten gehören dazu.

Zunächst einmal machen Fußballvereine keine Werbung, wie man sie sich gemeinhin vorstellt. Sie schalten keine Anzeigen, keine Rundfunk- und Fernsehwerbung. Das müssen sie auch nicht, denn über sie wird ohnehin berichtet, weil ihr Produkt, das Fußballspiel, als „Volkssport Nummer 1" für viele Menschen interessant ist.

Fußball ist nämlich nicht einfach irgendeine Ware, die sich beliebig austauschen lässt. Fußball ist viel mehr als das. Seine Anhänger vergleichen wohl kaum im ökonomischen Sinne Kosten und Nutzen miteinander, um dann auf ein möglichst hohes Nutzenniveau zu gelangen. Nein, sie sind begeisterte Fans. Sie lieben bestimmte Vereine und verabscheuen andere. Sie geben ihr Geld für Fanartikel aus, mit denen sie öffentlich dokumentieren, welchem Verein sie ihr Herz geschenkt haben. Sie kaufen teure Eintrittskarten und investieren viel Zeit in den Besuch von Fußballspielen, selbst wenn die gleichzeitig im Fernsehen übertragen werden und vom eigenen Wohnzimmer aus nahezu kostenlos und viel bequemer zu sehen wären. Sie jubilieren bei einem Sieg ihrer Mannschaft, sind todunglücklich bei einer Niederlage und folgen ihrem Lieblingsverein durch dick und dünn. Fußball ist ihr Leben.

Wie aber hat es der FC Bayern geschafft, seine Fans nicht nur in München zu finden, sondern bundesweit 2000 Fanclubs mit unzähligen Mitgliedern zu begeistern? Irgendetwas müssen die Bayern besser machen als andere Fußballvereine.

Wenn Hersteller von Marmeladen, Wassersprudlern, Autoreifen oder Videokassetten mangelhafte Qualität liefern, nimmt man eine andere Marke. Wenn in Getränken Reinigungsmittel nachgewiesen werden, gibt es genügend Alternativen. Wenn jedoch der Lieblingsverein dreimal hintereinander absteigt, bleibt man ihm verbunden. Das muss Treue sein. Das sind wahre Fans.

Fans fühlen sich ihrem Verein emotional eng verbunden, sie identifizieren sich mit ihm. Die Gefühle reichen weit über das Sachlich-Fußballerische hinaus. Deshalb gibt es im neuen Stadion „Auf Schalke" sogar eine kleine Kapelle, in der Fans sich trauen lassen können. So etwas darf im künftigen Münchner Stadion eigentlich nicht fehlen.

Spieler des Vereins sind Helden, wenn sie gewinnen, Versager, wenn sie verlieren (und man nicht einfach dem Schiedsrichter die Schuld geben kann), Verräter, wenn sie zu einem anderen oder gar „feindlichen" Verein wechseln. Ein Sieg der Mannschaft wird zum persönlichen Triumph, eine Niederlage zum wochenendverderbenden Waterloo.

Fußballfans suchen diese Inszenierung jede Woche aufs Neue. Die gottesdienstähnliche Veranstaltung mit Musik, Stadionsprecher und Fangesang, das Ausgeliefertsein des Fans an den ungewissen Ausgang des Spiels („der Fußballgott war gegen uns") und die Überhöhung der Fußballspieler zu gottgleichen Stars („der Kaiser") – all das beherrschen die Bayern und die anderen Vereine. Nur mit der Bühne waren die Bayern wenig zufrieden. Zu weit war das Rund des Olympiastadions, zu groß der Abstand zwischen Spielern und Fans und zu groß auch der Abstand zwischen den Gegentribünen. Wenn man die Gesichter derer, die einem gegenüberstehen, sehen kann, so wie auf Schalke, dann ist das Gemeinschaftsgefühl, das „Wir-gehören-zur-selben-Familie-Gefühl" stärker. Im neuen Stadion, das sich – je nachdem, ob die Bayern spielen oder die 60er – unterschiedlich beleuchten lässt (rot-blau für Bayern, blau-weiß für die Löwen), wird das Erlebnis für den Fan noch intensiver und emotionaler.

Dieses Stadionerlebnis lässt keinen kalt: Entweder man reiht sich bei den Bayernfans ein oder man versteckt sich und schwört, nie wieder zu kommen. Der eine fühlt sich emotional angesprochen, möchte dazugehören und ist bereit, für Schal, Mütze, Dauerkarte und Autoaufkleber Geld zu investieren. Der andere, der vielleicht ab und zu Live-Fußball sehen möchte, ist eher verwirrt und abgestoßen. Für den FC Bayern ist der „lauwarme" Fan uninteressant, der „echte" Fan aber ist Gold wert. Diesen Vollblutfan muss das Management im Visier haben: Er bringt regelmäßig Geld und denkt nicht rational über die Ausgaben nach. Er will dabei sein bei seiner Familie und starke Gefühle erleben.

Da steht oder sitzt der treue Fan, fiebert und zittert während des Spiels, jubelt und rauft sich die Haare. Und immer, wenn er seine Idole sieht, nimmt er – bewusst oder unbewusst – einen Schriftzug wahr, der unübersehbar auf ihren Trikots prangt. Ob Automarke, Telefongesellschaft, Bier oder Versicherung – Verbundenheit und Zuneigung tragen das jeweilige Markenzeichen geradewegs in das weit geöffnete Sympathiezentrum im Herzen des Anhängers. Fußballvereine bzw. Sportler sind also Werbeträger.

Dieser Sachverhalt lässt sich nutzen. Werbefachleute und Marketingstrategen haben schon lange erkannt, dass sie Fußballspieler (oder Formel-1-Piloten, oder Skispringer, oder ...) als Vehikel einsetzen können, um dem Fan ihr Produkt nahe zu bringen, als Trojanisches Pferd sozusagen. Die Fläche auf den Trikots ist daher begehrt, und Vereine verkaufen sie für viel Geld. So haben beide etwas davon. Vereine erzielen zusätzliche Einnahmen. Sponsoren hoffen auf positive Werbeeffekte. Und der Bayern-Fan muss sich nicht wundern, wenn er eines Tages einen Opel kauft, obwohl er doch eigentlich immer auf eine andere Marke schwor. So jedenfalls das Kalkül von Opel, bis der Autohersteller von existenziellen Problemen eingeholt wurde und den Sponsorenvertrag vorzeitig kündigen musste, weil das eigene Überleben wichtiger war.

Die „Erfindung" der Trikotwerbung in Deutschland

Am 24. März 1998, genau 25 Jahre nach Einführung der Trikotwerbung in der Bundesliga, berichtete Martin Sonnleitner in der taz über diesen „Geniestreich" von Günter Mast, damals Chef der Mast-Jägermeister AG in Wolfenbüttel:

„Die Idee war folgende: Der Braunschweiger Löwe, seinerzeit Vereinswappen und sechs bis acht Zentimeter groß die Brust der Bundesligaspieler zierend, sollte zur Rückrunde der Saison 1972/73 ersetzt werden durch das 18 Zentimeter große kapitale Haupt eines Zwölfender-Hirschs, Wahrzeichen des Magenbitters ‚Jägermeister'. Als Gegenleistung sicherte Mast dem Verein 500.000 Mark für fünf Jahre zu. Doch die DFB-Statuten untersagten Mannschaften aller Klassen, mit ihrer Spielkleidung Werbung zu betreiben. (...)

Mast und die Vorstandsriege von Eintracht Braunschweig konterten mit Bauernschläue. ‚Paragraph 1 der Braunschweiger Satzung, der den Löwen als Vereinswappen vorsah, wurde einfach geändert', erzählt Mast. Fortan war der Hirsch mit dem Kreuz zwischen den Hörnern offizielles Vereinsemblem. Der Firmenname sollte den Trikots fernbleiben."

Die Sittenwächter des DFB, immer noch irgendwelchen Amateuridealen hinterherträumend, waren entrüstet, obwohl sie selbst bereits einen Werbevertrag mit adidas abgeschlossen hatten und die Nationalspieler in allen Länderspielen adidas-Stiefel tragen mussten. Die hohen Herren sahen mal wieder den Splitter im Auge des anderen, nur nicht den Balken in ihrem eigenen Auge.

Immerhin: „Im Februar 1973 relativierte das Präsidium des DFB seine Meinung, beschloss aber: Der Name des Vereins müsse in irgendeiner Form in diesem ‚Hirschkopf-Abzeichen' erscheinen und dieses dürfe ‚einen Durchmesser von 14 cm nicht überschreiten'. Die schon fertigen Trikots mussten noch einmal geändert werden. Am 24. März 1973 war es schließlich so weit. Die Jägermeister-Mannen leiteten im Heimspiel gegen Schalke 04 ein neues Kapitel Bundesligageschichte ein."

Die Medien überschlugen sich und verdammten Masts „Schnapsidee". Der ließ sich nicht beirren. „Ich bin kein Freund des Sports, für mich ist das ein Geschäft, denn Sport ist das größte Unterhaltungsmedium." Der Erfolg seiner Maßnahme gab ihm Recht.

Sonnleitner weiter: „‚Ich trinke Jägermeister, weil ...', war künftig aus keiner Kicker-Ausgabe mehr wegzudenken und wurde zur bekanntesten Werbung in Deutschland. Mast galt als Genie in Public Relations. Schon in den Siebzigerjahren pumpte der studierte Volkswirt 18 Prozent seines Werbeetats, rund fünf Millionen Mark, in die Sportwerbung. Die Braunschweiger Fußballer versorgte er bis 1977 mit 1,6 Millionen Mark. Selbst Paul Breitner konnte von Real Madrid ins Niedersächsische geholt werden.

Noch heute lobt Breitner den Gönner für dessen Professionalität. ‚Mast ließ keinen Zweifel daran, dass es ihm um Jägermeister ging', sagt Breitner, ‚das gefiel mir.' Er hatte zusammen mit Uli Hoeneß 1971 die USA besucht, wo längst schon die Vermarktung des Berufssports begonnen hatte. Beiden wurde dort klar, was auch in Deutschland kommen musste. Heute tituliert Breitner seinen einstigen WG-Genossen Hoeneß als ‚Enkel Masts'. (...)

Heute, 25 Jahre nach Masts Pioniertat, wird beim unangefochtenen Branchenführer Bayern München fast die Hälfte des Umsatzes von der Werbeabteilung erschlossen. Ob Uli Hoeneß es dem alten Mast dankt? ‚Mast hat den Fußball als Werbeträger entdeckt', sagt der Bayern-Manager großzügig, ‚das kann er sich ans Revers stecken.'"

Der FC Bayern übrigens trug am 6. April 1974 erstmalig den adidas-Schriftzug auf seinen Trikots. Und nach einem Beschluss der FIFA vom 30. November 2001 dürfen sogar Schiedsrichter auf den Ärmeln werben.

Ein Verein stellt seine Trikots und andere freie Flächen also für Werbezwecke zur Verfügung, was man sich von den Sponsoren gut bezahlen lässt. „Sponsoring" nennt man das. Aber Trikotwerbung ist nicht alles. Dem Verein eröffnen sich weitere Einnahmequellen. Er nutzt seinen Bekanntheitsgrad, indem er anderen Firmen gestattet, gegen Lizenzgebühren das Vereinslogo, sein Markenzeichen, auf Bettwäsche, Weinflaschen, Armbanduhren, Terminplaner, T-Shirts usw. zu drucken, womit diese ihren Umsatz ankurbeln (Merchandising). Er betreibt Öffentlichkeitsarbeit (PR), denn jeder Auftritt in den Medien bedeutet Werbung für die Sponsoren und erhöht das Interesse am Verein. All diese Maßnahmen gehören zum Marketing.

Harry Potter bewirkt Wunder

Merchandising soll nicht einfach nur Umsätze steigern, sondern selbst auf gesättigten Märkten zusätzliche Umsätze möglich machen. Ein Bayern-Fan, der bereits genügend Handtücher im Schrank hat, freut sich garantiert trotzdem über ein Bayern-Badetuch.

Des Weiteren sollen Käufer ermuntert werden, unter den zur Auswahl stehenden Produkten genau die der Lizenznehmer zu erwerben, was auf zusätzliche Marktanteile zielt. Wer die populärsten Lizenzen hat, gewinnt die meisten Marktanteile. Ein Kind, das bei der Gestaltung seines Zimmers mitreden darf, wählt keine beliebige Tapete, sondern die mit seinen Idolen drauf. So ist der Tapetenhersteller A.S. Création aus Gummersbach mit seiner Harry-Potter-Tapete immerhin zum Marktführer in Deutschland avanciert.

Auch beim FC Bayern stehen Interessenten Schlange, um sein Logo auf ihren Produkten unterbringen zu dürfen. Gegenüber der Süddeutschen Zeitung (24.10.01) plaudert Uli Hoeneß über das Merchandising des FC Bayern:

„*SZ:* Der FC Bayern hat in Sachen Vermarktung eine Vorreiterrolle gespielt. Welches Problem hat man mit Fans, wenn man schon wieder ein neues Trikot für 120 Mark herausbringt?

Hoeneß: Dem Fan geht es gar nicht ums neueste Trikot. In der Südkurve tragen sie Trikots aus vielen verschiedenen Phasen. ManU hat fünf verschiedene Trikots gleichzeitig, wir haben nur zwei, plus das Champions-League-Trikot. Ich finde nicht, dass wir dem Fan ein Problem bereiten. Wir haben nie gesagt, wer kein Trikot kauft, ist kein richtiger Fan. Das ist doch Demokratie.

SZ: Das ist weniger Demokratie als Wirtschaft. Der FC Bayern nutzt seine Position als Club mit treuen Anhängern aus, um Umsätze zu steigern.

Hoeneß: Wir nutzen gar nichts aus. Wir bieten Produkte an, und der Mensch ist völlig frei, eins zu kaufen. Wir bewegen uns auf einem freien Markt, der Käufer kann selber entscheiden. Ich bin der Meinung, dass ich dem Fan mit Bayern-Artikeln eine ganze Menge biete.

SZ: Zum Beispiel?

Hoeneß: Sich als Fan zu outen. Was glauben Sie, wieviel Trikots heute in der Schule getragen werden.

SZ: Wann hatte alles angefangen?

Hoeneß: Vor acht Jahren, da war ich in San Francisco bei den 49ers. Und dann haben wir uns überlegt, es wäre gut, auch hier mehr Trikots zu verkaufen.

SZ: Oder auch FC Bayern-Christbaumkugeln.

Hoeneß: Ich habe die FC-Bayern-Weihnachts-CD. Die wird bei uns an Heiligabend gespielt. Wenn ich die nicht hätte, hätte ich vielleicht die von Bing Crosby. Genauso ist es mit den Trikots oder den Christbaumkugeln. Ich kann rote dranhängen oder weiße. Oder welche vom FC Bayern. Wichtig ist, dass die Artikel den Fan nicht als Zusatzinvestition belasten.

SZ: Warum braucht man überhaupt eine solch große Fanartikel-Palette?

Hoeneß: Weil es den Markt dafür gibt."

So einfach ist die Antwort. Wenn jemand schon Bayern-Fan ist, möchte er auch als solcher erkannt werden. Mit Symbolen, Farben und Logos demonstriert der Fan seine Zugehörigkeit. Das Spektrum reicht von der fast willkürlichen Vorliebe für eine Marke bis hin zur Verehrung einer Marke, die die eigene Weltanschauung widerspiegelt.

Mit Harley-Davidson-Aftershave und dem mancher Packung beiliegenden T-Shirt signalisiert z. B. der in die Jahre gekommene Altachtundsechziger – inzwischen längst Manager oder Freiberufler – dass er in stillen Stunden von Woodstock und Easy-Rider-Freiheit träumt – „Born to be wild". Das ist klassische Konditionierung. Das Symbol löst Gefühle und Träume aus, weil Harley Davidson es erfolgreich verstanden hat, das eigene Image mit einem Lebensgefühl zu verknüpfen. Und wenn tatsächlich mal wieder ein Motorradkauf ansteht, kann der gute Mensch nichts anderes tun als eine Maschine dieser Marke zu kaufen.

Vereinsemblem

Wie wohl jeder Verein hat auch der FC Bayern sein Wappen oder Logo. Dies hat sich, dem Zeitgeist folgend, über mehrere Generationen recht deutlich verändert. „100 Jahre" (S. 28) listet 15 Variationen auf, unter denen die hier als zweite abgebildete (aus Schulze-Marmeling, S. 497) noch nicht einmal enthalten ist.

Das heutige Emblem des FC Bayern – rund, weiß-blaue Rauten innen, moderne Blockschrift in Weiß auf rotem Grund außen – ähnelt den ursprünglichen, ineinander verschränkten Jugendstil-Buchstaben „FCBM" nicht im Geringsten. Im Laufe ihrer Metamorphose hat man u. a. Buchstaben mit Lorbeeren umkränzt, die Buchstaben durch Rauten und das Wort „Bayern" ersetzt sowie den Lorbeerkranz stilisiert, bevor schließlich das moderne runde Logo mit dem vollen Namenszug entstand.

Selbst dieses hat einige kaum merkliche Veränderungen hinter sich. Neben diversen Modifikationen der Farben und Buchstaben, vor allem des „Y" und des „M", hat der FC Bayern auf einen Schlag sechs Punkte verloren (je zwei in „F.C.", „E.V." und auf dem „Ü"). Damit ist es nutzerfreundlicher geworden. Für die Wiedererkennung unerhebliche Details sind entfallen.

Die Finesse besteht in der Einfachheit. Piktogramme werden weltweit erkannt und kennen keine Schrift- und Sprachbarrieren. Wer international präsent sein möchte, sollte ein Logo haben, dessen Bild überall erkennbar und einzuprägen ist – wie das „M", die beiden goldenen Bögen von McDonalds.

Treue Fans und Kultstatus

Fans – der Begriff „Fan" ist die Kurzform von „fanatisch", was für einen Teil von ihnen durchaus zutrifft – sind Gold wert. Sie sind in erster Linie loyal. Ihre emotionale Verbundenheit ist ein wenig irrational. Sie lassen das Objekt ihrer Zuneigung nicht im Stich. Das kennen nicht nur Fußballvereine, sondern auch Unternehmen. Es gibt nämlich Hersteller oder Produkte, die über eine ähnlich treue Fangemeinde verfügen. In dem Fall spricht man gerne von einem „Kultstatus".

Druck durch Markenidentifikation

Einzelhandelsketten sind mächtig. Viele Hersteller sind auf deren Bereitschaft angewiesen, ihre Produkte ins Sortiment aufzunehmen. Die Ketten nutzen das aus und verlangen bei jeder Gelegenheit Sonderrabatte, die ein Hersteller zähneknirschend gewähren muss. Andernfalls fliegen seine Produkte aus dem Sortiment und lassen sich nicht mehr verkaufen – es sei denn, der Hersteller erzeugt durch geschicktes Marketing eine ausgeprägte Markenidentifikation. Diese sorgt für einen Druck des Publikums auf den Einzelhandel, seine Produkte anzubieten. So wird der Spieß umgedreht. Nun läuft der Einzelhändler Gefahr, Kunden an die Konkurrenz zu verlieren, wenn er gewisse begehrte Produkte nicht anbietet.

Eine gefühlsmäßige Bindung wie im Fußball fällt freilich nicht vom Himmel. Treue Anhänger muss sich ein Unternehmen erarbeiten – und es muss sie pflegen. Ohne herausragende Produkte oder Serviceleistungen, die in irgendeiner Weise einmalig sind (oder das zumindest suggerieren) wird es kaum gelingen, eine derartige Bindung aufzubauen. Ist sie freilich erst einmal vorhanden, dann bleibt sie – wie im Fußball – sehr stabil. So gewonnene Fans halten oftmals über Jahre oder Jahrzehnte unerschütterlich an ihren Vorlieben fest, wobei sie zu kostenlosen Multiplikatoren werden. Beispiele findet man immer wieder.

Mit dem New Beetle hat Volkswagen einen Knüller gelandet. Bereits bei der Präsentation des Prototyps gingen erste Bestellungen ein, ohne dass technische Einzelheiten oder der Preis bekannt gewesen wären. Zehntausende Exemplare wurden blind (bzw. voller Vertrauen) geordert, und als der Wagen 1998 in den USA bereits auf dem Markt war, in Deutschland jedoch noch nicht, zahlten deutsche Fans einen Aufpreis von 25.000 Mark (12.782 Euro) für zunächst noch exklusive Importfahrzeuge, mit denen man Aufsehen erregen konnte.

Dies wäre ohne den Kultstatus des alten Käfers in den Sechzigerjahren nicht denkbar gewesen. Abgesehen davon, dass die Ähnlichkeiten beider Modelle für sich sprechen und z. B. mit der Blumenvase am Armaturenbrett bewusst gepflegt wurden (Wiedererkennungseffekt), hat VW bei der US-Werbung mit Sprüchen wie „Less flower. More power." den seit der Flower-Power-Zeit verlorenen Faden wieder aufgenommen und den Kultstatus der Woodstock-Ära reanimiert. Nicht PS-Stärke oder irgendein Nutzen, sondern Lifestyle sind hier die erfolgreichen Verkaufsargumente. Ergebnis: Die Amerikaner wählten den New Beetle zum Auto des Jahres, und das Time Magazin setzte das flotte Gefährt auf Platz vier der besten Design-Objekte aus 1998 – gleich hinter dem Apple iMac, einem Computer mit revolutionärer Gestaltung („vielleicht bis heute der beliebteste Macintosh-Computer und sicher eins der am leichtesten wiedererkennbaren Produktdesigns aller Zeiten", so die Apple-Werbung im Juli 2000), der die Herzen der Apple-Fans höher schlagen lässt, einer Fangemeinde, die das Schicksal „ihres" Herstellers voller Anteilnahme verfolgt.

In Deutschland haftet dem Käfer vor allem ein verklärtes Wirtschaftswunder-Image an. Aber auch das ist emotional fest verankert, sehr positiv besetzt und für darauf aufbauende Werbekampagnen bestens verwendbar.

Dabei war es durchaus eine kühne Entscheidung von VW, den New Beetle zu produzieren, denn das Auto bewegt sich jenseits jeder ökonomischen Vernunft. Im Preis-Leistungs-Verhältnis ist es ein völliger Unsinn (ADAC motorwelt 1/99). VW hat ganz auf den Kultcharakter gesetzt – und gewonnen.

Nicht viel anders erging es Apple mit seinem iMac und dem ähnlich poppig gestalteten Laptop iBook. Zwar hat Apple nur einen relativ kleinen Marktanteil von weltweit rund drei Prozent, aber in der Werbebranche sind iMac und iBook überaus beliebte Accessoires. „Laut internen Zahlen sind 68 Prozent aller Computer in US-Spielfilmen und -Serien von Apple", schreibt der Spiegel. In der deutschen Werbung ist das nicht viel anders. Während andere Hersteller für die Platzierung ihrer Produkte in Filmen (Product Placement) zahlen müssen, werden Apple „die Türen eingerannt, dass wir unsere Computer überhaupt zur Verfügung stellen", so ein vom Spiegel zitierter Firmensprecher. Der im Januar 2002 vorgestellte neue iMac – die Vision von Steve Jobs war, dass er wie eine Sonnenblume aussehen soll – wurde vom Publikum mit Staunen und Begeisterung aufgenommen und unterstrich den Anspruch von Apple, in Design, Innovation, Funktionalität und Nutzerfreundlichkeit führend zu sein.

Für beispielhaft hält Marketingexperte Wolfgang Momberger (Capital 12/98) die Esso-Werbung. Vor knapp dreißig Jahren packte Esso „den Tiger in den Tank", später gab es nur noch „viel zu tun, packen wir's an". Aber der Tiger im Tank blieb im Gedächtnis des Publikums haften, und es freute sich, als Esso das selbst eine Generation später immer noch wohlbekannte Identifikationsobjekt (oder: Maskottchen) erneut aus dem Käfig und durch die Werbung tigern ließ.

Auch Bundesligavereine besitzen eine Art Kultstatus. Sie haben mit der Gewinnung von Fans kein Problem, denn sie existieren seit Jahrzehnten, und sie haben sich ihre ursprünglich meist auf das Einzugsgebiet beschränkte Anhängerschaft in zahllosen Kämpfen, Siegen und Niederlagen langfristig erarbeitet. Daher fühlen sich die Fans ihrem Verein eng verbunden – und diese Bindung hat Tradition. Erfolg und die daraus resultierende Berichterstattung sorgen dann für eine überregionale Ausweitung der Fangemeinde.

In der Wirtschaft, wo Kauf und Verkauf von Produkten als sachlich-rationale Vorgänge gelten, ist ein derartiger Kultstatus – so attraktiv er auch sein mag – eher selten und nach Ansicht von Experten nicht planbar. Manche Marke taucht aus dem Nichts auf, etwa bei Bekleidung (Fishbone, Helly Hansen), die in einer bestimmten Szene Fuß fasst und ihre Träger als „Insider" ausweist. Sobald die Marke jedoch zu einem allgemeinen Trendartikel geworden ist, verliert sie ihre Exklusivität und wird uninteressant. Das ist die kurzlebige Variante des Kultstatus.

Nicht machbar

Marcel Loko, Mitinhaber der erfolgreichen Werbeagentur Zum goldenen Hirschen, berichtet in einem Interview (Die Zeit 42/00) über seine Erfahrungen mit Kult-Produkten:

„*Loko:* Das Tolle am Kult, das Tolle am Markt generell ist, dass er nicht voraussehbar ist. Plötzlich werden Dinge zum Kult, von denen niemand gedacht hat, dass sie noch eine Chance haben. adidas zum Beispiel war total weit unten. Dann kamen Anfang der Neunzigerjahre die Rapper in New York darauf, dass adidas etwas Ungewöhnliches ist. Das wurde über Musikvideos weltweit transportiert. Dann war asdidas Kult. Nike hat das mit der Werbekampagne geschafft, mit Megastars wie Michael Jordan oder Tiger Woods.

Zeit: C & A hat auch versucht, Kultwerbung zu machen. Warum hat das nicht geklappt?

Loko: Weil man Kult nicht einfach so machen kann. Man muss sich ihn durch Glaubwürdigkeit erarbeiten. Das Produkt muss stimmen. Apple war vor zehn Jahren sowieso das beste Produkt, inzwischen haben sie beim Design die Führung übernommen, was auch wieder zum Kultstatus führt. Wenn ein Laden wie C & A sich nicht von innen her neu einrichtet, dann hilft alles nichts. Da kann ich jede beliebige Werbung draufsetzen ...".

Auch bekannte Marken können zu Kultmarken aufsteigen und bleiben es dann oft über Jahre, Jahrzehnte gar. Notwendig, jedoch nicht ausreichend, ist ein guter Ruf. Seine Voraussetzung, der Aufbau eines großen Namens, braucht Zeit und eine sensible, intensive Betreuung. Nach der Erfahrung eines Marketingexperten (WirtschaftsWoche 45/98) ist eine gute Marke:

1. in der Öffentlichkeit präsent,
2. glaubwürdig in der Kommunikation,
3. eindeutig abgrenzbar zu Wettbewerbern und
4. an den sich wandelnden Zeitgeist angepasst – allerdings meist nur in kleinen Schritten.

Für einen Kultcharakter wichtig scheint obendrein die Deckung von Kundenbedürfnissen auf einer emotionalen Ebene. Dieser Aspekt, von Werbung, Multiplikatoren, Medienecho und Zeitgeist abhängig, ist kaum kalkulierbar und der Kontrolle eines Unternehmens entzogen.

Aldi-Kult

Ein Unternehmen, das sich eine treue Kundschaft erworben hat, ist Aldi. Seit Jahren spricht man vom Aldi-Kult, und zahlreiche Bücher über die Einzelhandelskette und ihre Produkte wie die „Aldidente"-Reihe (an der Aldi keineswegs irgendwie mitwirkt) zeugen davon.

Aldi demonstriert, wie man die genannten vier Punkte erfolgreich umsetzt. Wöchentlich werden bundesweit große Anzeigen mit den Aktuellartikeln geschaltet (Präsenz). Darin werden keine Versprechungen gemacht, sondern gute und preisgünstige Produkte sachlich korrekt angeboten (Glaubwürdigkeit). Durch die einheitliche und markante Gestaltung der Geschäfte findet der Kunde sich in jeder Filiale problemlos zurecht, und die vielen Eigenmarken gibt es nur bei Aldi (Abgrenzung). Eine behutsame Anpassung des Sortiments an Jahreszeiten und Moden – im Herbst 2000 gab es z. B. erstmalig den populären Alu-Roller – sorgt bei aller Einfachheit für ständige Aktualität (Zeitgeist).

Bis in die Neunzigerjahre haftete der Ladenkette das Image des „Billigheimers" an und viele besser betuchte Konsumenten trauten sich nicht in die Geschäfte, weil sie fürchteten, ihr Ruf leide darunter. Wenn sie doch mal bei Aldi einkaufen wollten, taten sie das heimlich an einem entfernten Ort. Dann entdeckten Yuppies in einem Anflug von Rationalität, dass man durch seine Einkäufe bei Aldi mehr Geld für Lifestyle-Produkte übrig hat, und dieser Zusatznutzen, über den z. B. im damals noch existierenden Zeit-Magazin berichtet wurde, machte Aldi für Besserverdienende zum Kult.

FAZIT ZU THESE 17:

Die meisten Produkte sind austauschbar. Kunden können in der Regel zwischen zahlreichen Artikeln auswählen, die sich nur geringfügig unterscheiden.
Hersteller wollen aber, dass genau ihr Produkt gekauft wird. Daher versuchen Unternehmen, ihre Erzeugnisse aus der breiten Masse hervorzuheben. Die gesamte Werbebranche lebt vom Bestreben der Industrie, Produkte in den Augen der Kunden mit Emotionen „aufzuladen" und unverwechselbar zu machen.
Manche Produkte oder Unternehmen gewinnen die besondere Zuneigung ihrer Kunden. Sie haben es z. B. durch einmalige Funktionen der Produkte oder ein besonderes Design verstanden, einen Kultcharakter aufzubauen. Kunden werden zu Fans dieser Marke.
Fans zeichnen sich durch ihre Begeisterung aus. Sie sind treu, interessieren sich kaum für Konkurrenzmarken, tätigen Wiederholungskäufe und sorgen überdies für kostenlose Mundpropaganda, die als besonders effektive Form der Werbung gilt.
Loyale Kunden können zudem für das Überleben eines Unternehmens in kritischen Zeiten (Qualitätsprobleme usw.) entscheidend sein. Sie kaufen im Gegensatz zu den anderen Kunden nicht sofort bei der Konkurrenz, sondern verleihen ihrem Unmut zunächst durch Widerspruch Ausdruck. Das Unternehmen bekommt eine letzte Chance, seine Defizite zu beseitigen. Diesen Mechanismus beschreibt Albert O. Hirschman in seinem interessanten Buch „Abwanderung und Widerspruch".
Daher ist es ein schwerer Fehler, wenn Unternehmen Kundenproteste nicht ernst nehmen. Es können die loyalsten und daher wichtigsten Kunden sein, die man verprellt, wenn man sich nicht mit ihren Anliegen auseinander setzt. ◆

Sponsoring

Durch Sponsoring machen Unternehmen zunächst einmal Werbung. Sie „kaufen" quasi die Flächen der Trikots, weshalb Sportler schon als „wandelnde Litfaßsäulen" verspottet wurden. Darüber hinaus findet sich das Logo des Sponsors selbstverständlich auf Plakaten und Eintrittskarten, und immer häufiger auch an anderen Objekten wie dem Mannschaftsbus oder dezent auf der Alltagskleidung der Akteure (Spieler, Trainer, Manager usw.), die damit immer mehr, wie schon das Trikot, zur Dienstkleidung wird. Werbung erfolgt also bei jedem Bericht, jedem Interview, jeder Gelegenheit.

„Sponsoring" kommt von „Sponsor", das ist der Geldgeber oder Gönner. Früher waren es Herrscher und reiche Kaufleute, die sich in Kunst und Musik engagierten. Heute ist es kaum anders, nur dass der Schwerpunkt sich auf den Sport verlagert hat. Sponsoring bezieht sich aber nicht nur auf die Unterstützung von Sportveranstaltungen, Sportvereinen und Einzelsportlern, sondern hat daneben eine Reihe weiterer Facetten. Es deckt den gesamten Bereich vom ökonomischen Verwertungsinteresse bis hin zur Philanthropie ab.

Es begann mit Toren ...

„Sponsoring beim FC Bayern gibt es genau genommen schon seit der Vereinsgründung. Der Vater der beiden Gründungsmitglieder Fritz und Carl Wamsler spendierte nämlich im Frühjahr 1900, kurz nach der ‚Geburtsstunde', die ersten richtigen Tore und kurz darauf ein Grundstück an der Clemensstraße. Sponsoring im heutigen Sinne gibt es allerdings erst seit Mitte der Siebzigerjahre" (100 Jahre, S. 44).

Ziele

DaimlerChrysler hat die konzerneigene Sponsoring-Philosophie auf seiner Website (www.daimlerchrysler.de) veröffentlicht. Danach werden Gruppen und Organisationen gefördert, „wenn der Partner zur Erreichung der kommunikativen Ziele des Unternehmens beiträgt".

Sponsoring ist für DaimlerChrysler „weder eine Alternative zur klassischen Werbung, noch eine simple Ergänzung, sondern integrativer Bestandteil der Unternehmens- und Markenkommunikation. Sponsoring bedeutet für uns, selbst aktiv zu werden, heißt Ideen aufzugreifen und mitzuentwickeln."

Man denkt sich, dass Zielgruppen „Unternehmen und Marken nicht mehr nur nach Inhalt und Tonalität von Pressetexten oder Werbespots [beurteilen], sondern zunehmend danach, in welchem Themen- und Umfeldkontext das Unternehmen bzw. die Marken auftauchen. Aus diesem Grund nutzen wir Sponsoring-Maßnahmen, um DaimlerChrysler und seine Marken mittel- und langfristig in einen bestimmten Themenkontext zu stellen und/oder in relevanten Welten/Umfeldern zu positionieren. Innovation, Globalität, Leadership, Verantwortung, Offenheit, Agilität, Schnelligkeit und Exzellenz sind unsere Maximen."

In der Praxis sieht das so aus, dass der Weltkonzern folgende Bereiche fördert:

- *Kultur:* Engagement für zeitgenössische Kunst (z. B. Europäischer Kulturpreis, DaimlerChrysler Award for South African Jazz, Schwetzinger Festspiele, Projekt Troja).
- *Soziales:* Unterstützung von Veränderungsbereitschaft und Hilfe zur Selbsthilfe (z. B. Die Tafeln: „Die Tafeln geben Lebensmittel, die täglich beim Bä-

cker oder im Supermarkt übrigbleiben, an bedürftige Menschen ab. Für diese Organisation hat DaimlerChrysler 100 Fahrzeuge zur Verfügung gestellt").

- *Ökologie:* Umweltschutz durch fortschrittliche Technologie (z. B. Projekt Aral-See, „um die drohende Austrocknung des zentralasiatischen Aral-Sees zu verhindern").
- *Wissenschaft und Technik:* Unterstützung von Wissenschaftsprojekten mit visionärem Charakter.

Als Ziele nennt das Unternehmen Imageziele wie die Demonstration gesellschaftspolitischen Engagements sowie eine Unterstützung seines „Global Player"- und „Leadership"-Anspruchs. Des Weiteren möchte man den Bekanntheitsgrad („wo erforderlich") erhöhen. Schließlich soll die Integration der Mitarbeiter im Konzern gefördert werden, wozu nicht zuletzt auch Community-Relations-Programme an wichtigen DaimlerChrysler-Standorten dienen.

Die Allianz-Versicherung unterstützt ebenfalls verschiedene Projekte. Sie hat u. a. eine Umweltstiftung ins Leben gerufen, die sie wie folgt präsentiert: „Gesellschaftliche Verantwortung hat einen hohen Stellenwert. Unternehmerisch tätig zu sein bedeutet auch, die Interessen der Gesellschaft zu achten. Zur gesellschaftlichen Verantwortung der Allianz gehört das Engagement für Umwelt, Kultur, Bildung und Wissenschaft sowie Soziales.

Wir wollen an einem lebenswerten Dasein in einer sicheren Zukunft mitwirken. Deshalb gründeten wir zum Jubiläum des 100-jährigen Bestehens der Allianz eine der bedeutendsten Umweltstiftungen in Deutschland. Seit sie 1990 ihre Arbeit aufnahm, wurde das Förderspektrum kontinuierlich ausgeweitet.

Die Allianz Umweltstiftung verfügt über ein Stiftungskapital von rund 50 Mio. Euro. Seit 1990 hat sie Zinserträge in Höhe von rund 25 Mio. Euro für nachhaltige und innovative Projekte bereitgestellt. Die Anzahl der Vorhaben stieg auf mehr als 40 Groß- und über 600 Kleinprojekte" (www.allianz.com).

Günther Fielmann, größter Augenoptiker Europas, engagiert sich vor allem, aber nicht ausschließlich, im ökologischen Bereich. Darüber informiert die firmeneigene Website. Sein Motto: „Engagement für unsere Zukunft. Ein Unternehmen trägt nicht nur Verantwortung für seine Produkte und für seine Mitarbeiter, ein Unternehmen trägt auch Verantwortung für die Gemeinschaft. Deshalb engagiert sich Fielmann im Umwelt- und Naturschutz. Das ist langfristig gesehen Selbsterhaltung, denn stirbt die Natur, stirbt auch der Mensch.

Der Baum ist für uns Sinnbild immer währender Erneuerung. Wer Bäume pflanzt, pflanzt Zuversicht. Fielmann pflanzt jedes Jahr für jeden Mitarbeiter einen Baum, bis heute weit mehr als 350.000 Bäume und Sträucher."

Günther Fielmann ist auch Öko-Landwirt. „Auf Hof Lütjensee vor den Toren der Stadt Hamburg will er zeigen, dass sich in der Landwirtschaft auch ohne Pestizide und medikamentengestützte Massentierhaltung Geld verdienen lässt. Hof Lütjensee steht für redlichen ökologischen Anbau, wohlschmeckende und gesunde Naturkost, artgerechte Tierhaltung, Landschaftspflege und Naturschutz.

Der angegliederte Hofladen ist Keimzelle für eine neue Generation vorbildlicher Feinkostgeschäfte, die in den nächsten Jahren im norddeutschen Raum eröffnet werden sollen. Das Label Hof Lütjensee steht dabei auch für faire Preise. Hof Lütjensee ist kein Exklusivkost-Geschäft für Wohlhabende, vielmehr wird gedacht an die Familie mit mehreren Kindern, die gesunde, frische Milch und den Laib Brot ohne Chemie zu erschwinglichen Preisen kaufen möchten. Dies ermöglichen eigene Urproduktion, eigene Veredelung und eigene Vermarktung: Der direkte Weg zum Verbraucher" (www.fielmann.de).

Schließlich demonstriert der aus Schleswig-Holstein stammende Fielmann Heimatverbundenheit. Dem Land hat er das marode Plöner Schloss für sieben Millionen Mark (3,6 Millionen Euro) abgekauft, um es für mehr als 30 Millionen (15,3 Millionen Euro) zu renovieren und in den ursprünglichen Zustand zurückzuversetzen (wozu das Land finanziell nicht in der Lage gewesen wäre). Es soll dann nicht nur der Öffentlichkeit zugänglich sein, sondern auch eine Akademie für die Aus- und Fortbildung von Optikern werden.

Imagepflege

Soweit einige Beispiele, die zeigen sollen, wie vielfältig sich Unternehmen betätigen. Tatsächlich stecken manche Unternehmer einen Teil ihrer Gewinne in bestimmte Projekte (Naturschutz, Hilfe für sozial Schwache usw.), weil diese ihnen persönlich wichtig sind – und weil sie es sich leisten können. Positive Auswirkungen auf das Image ergeben sich zwar, sind aber nicht generell das eigentliche Ziel. Auch der ehrenamtliche Einsatz vieler Bürger für „die Allgemeinheit" ist mit ähnlichen Motiven zu erklären, z. B. einem Gefühl der Verpflichtung für das eigene Umfeld. Jedes funktionierende Gemeinwesen braucht ein derartiges Engagement.

Allerdings dürfte die altruistische, selbstlose Form des Sponsoring im Spitzensport eine eher untergeordnete Rolle spielen. Hier geht es vielmehr um Werbung, Präsenz, Imagepflege. Da selbst weniger erfolgreiche Vereine Sponsoren finden, lässt sich vermuten, dass die Sponsoren nicht primär auf den Erfolg an sich, sondern auf die positive Einstellung des Publikums zum Werbeträger – sprich: zum Verein oder Sportler – setzen. Diese Einstellung wollen sie anzapfen. Auf diesem gefühlsmäßigen Band wollen sie ihre Botschaft transportieren. Dafür geben die Sponsoren teilweise sehr viel Geld aus.

Flüüügel

Dietrich Mateschitz? Nie gehört? Dabei ist er durch sein Getränk Red Bull zum vielleicht reichsten Mann Österreichs geworden.

Noch bei der Entwicklung des Getränks 1987 sah es nicht nach einem Erfolg aus. Testpersonen „lehnten die dürren Dosen ab. Sie fanden die kloakige Farbe grauslich. Den klebrigen Geschmack sowieso. Und dann hieß das Zeug auch noch Red Bull. (...) So glatt war noch nie ein Produkt durchgefallen" (Der Spiegel 13/01).

Da half nur eines: Marketing. Nach langer Suche und etwa 50 Entwürfen für ein Werbekonzept kam Mateschitz' Freund Johannes Kastner im letzten Versuch auf „Red Bull verleiht Flüüügel". Das war's, wie allgemein bekannt.

Nach der Markteinführung in Deutschland 1994 schnellte der Umsatz auf 200 Millionen Mark, und nach dem Sprung über den Atlantik explodierte er förmlich auf 1,6 Milliarden im Jahr 2000. In den USA will Mateschitz sogar Coca-Cola angreifen, was Pepsi seit Jahrzehnten vergeblich versucht.

Dabei ist das Gebräu in den teuren Miniaturen nur ein Lifestyle-Getränk, allein vom Marketing getragen, in das jede dritte Mark vom Umsatz fließt. „Er sponsert, was jung und hip ist: Snowboarder und Basejumper. Er ruft Kreativ-Wettbewerbe aus, bei denen mal Aludosen-Blechbikinis, mal selbst gebastelte Fluggeräte prämiert werden. Er lässt Girliekolonnen durch Szenebars tingeln. Und er ist bereit, sich am Formel-1-Rennstall des Teams von Peter Sauber zu beteiligen, das pro Jahr mit 70 bis 100 Millionen Dollar zu Buche schlägt", so der Spiegel.

Das ist ein Paradebeispiel für die Leistungsfähigkeit von cleverem Marketing. Allerdings: Auf ein einziges Produkt zu setzen ist sehr gewagt.

Sponsoren des FC Bayern

Neben anderen Aktivitäten hat der FC Bayern daher das Sponsoring gezielt ausgebaut. Nach adidas, Magirus Deutz, Iveco und Commodore holte man sich 1989 mit Opel einen neuen Hauptsponsor ins Boot, und eine enge Zusammenarbeit zum beiderseitigen Vorteil begann. Die für 2002 bekannt gegebene, überraschend frühzeitige Lösung der Partnerschaft beeinträchtigt die Gültigkeit der Aussagen übrigens nicht, denn es geht hier vor allem um ein *Beispiel* für ein Sponsorenverhältnis, das immerhin rund 13 Jahre lang hielt.

Opel wollte etwas gegen sein konservatives, steifes Image tun, und der FC Bayern profitierte von Sponsorengeldern und dem Marketing-Know-how des Autoherstellers. „Der Sponsor möchte vor allem seinen Bekanntheitsgrad, das Image verbessern. ‚Sport-Sponsoring ist für Opel keine karitative Veranstaltung, sondern eine Frage von Werbung für das Unternehmen, von Leistung und Gegenleistung', ist die Philosophie des Bayern-Hauptsponsors", heißt es in „100 Jahre" (S. 46).

Die Erfolgsbilanz

Opel berichtet stolz: „Die Bilanz der Partnerschaft ist ein Stück Zeit- und Sportgeschichte. Zahlen und Fakten dokumentieren: Sechsmal ist der FC Bayern in der Zeit mit Opel Deutscher Meister geworden (1990, 1994, 1997, 1999, 2000 und 2001), viermal Vizemeister, 1996 gewann das Team den UEFA-Cup, 1998 und 2000 den DFB-Pokal und holte in diesem Jahr noch den Champions-League-Titel. Der Zuschauerschnitt bei Bayern-Spielen im Münchner Olympiastadion stieg von 28.000 in 1989 auf heute fast 60.000, die Zahl der Vereinsmitglieder von knapp 10.000 auf über 82.500. Mehr als 1800 Fanclubs sind derzeit registriert – 1989 waren es weniger als 300" (www.opel.de).

Opel sponserte neben dem FC Bayern andere große Clubs wie den AC Mailand, Paris St. Germain und Lillestrøm SK sowie die Nationalmannschaften von Tschechien, Schweden und der Schweiz. Einige der Vereinsmannschaften trafen alljährlich in Berlin im „Opel-Masters“ aufeinander.

Für die zahlreichen Fanclubs des FC Bayern fand ebenfalls einmal im Jahr ein Turnier statt. Es ging um den attraktiven „Opel-Cup“. Im Bewusstsein der Fans wurde also mit besonderem Aufwand die Verbindung zwischen dem FC Bayern und Opel hergestellt. Diese Kombination wies – wen wundert es – den deutlich höchsten Wiedererkennungswert in der Bundesliga auf.

Opel und Image, Image und Leistung

Langfristig nützt allerdings das beste Marketing wenig, wenn Produkte Mängel aufweisen, an den Konsumentenwünschen vorbei produziert sind oder dem in der Werbung erzeugten Bild nicht entsprechen. Trotz seines Sponsorings im Sportbereich hat bei Opel „vor allem das sportlich-emotionale Image in den vergangenen vier Jahren gelitten.“ Um den „alarmierenden“ Verfall des Markenimages aufzuhalten und Opel als dynamische Marke neu zu positionieren, wollte der neue Opel-Vorstandschef Robert Hendry die Modellpalette auffrischen und vor allem im Motorsport stärker präsent sein. Doch auch er konnte die als notwendig erkannten Maßnahmen nicht realisieren.

Wahrscheinlich ist der Imageverlust entscheidend auf die fragwürdige Einflussnahme der amerikanischen Konzernmutter General Motors zurückzuführen, die in fünf Jahren drei Opel-Chefs verschliss und damit das Management mit lauter akuten Personalproblemen von den eigentlichen Aufgaben ablenkte – nämlich das Unternehmen zu führen. Der aus Detroit ferngesteuerten europäischen Konzerntochter blieb eine eigene Strategie untersagt, und Marktanteile gingen verloren. Für die europäische Führung muss diese Gängelung frustrierend gewesen sein.

Schließlich schienen die Amerikaner etwas gemerkt zu haben. Im Frühjahr 2001 signalisierten sie mehr Eigenständigkeit für Opel, was durch einen weiteren Personalwechsel an der Spitze unterstrichen wurde. Neue Hoffnungen verbanden sich mit Carl-Peter Forster, der aus der Entwicklungsabteilung von BMW kam. Bei Opel atmete man auf. „Endlich mal kein Finanzmann, endlich mal kein Amerikaner."

Mit dem Image ging es jedoch weiter abwärts. Im ADAC-Automarkenindex (ADAC motorwelt 12/01) verschlechterte sich Opel von Rang 11 auf Rang 16. Insofern passte es gar nicht einmal so schlecht, dass noch in demselben Monat ein Ende der Partnerschaft mit dem FC Bayern angekündigt wurde. Die Bayern hatten nunmehr Gelegenheit, standesgemäß ein echtes Spitzenunternehmen als Hauptsponsor auszusuchen statt mit der gegängelten regionalen Tochter eines fernen Weltkonzerns liiert zu sein.

Viele Sponsoren

Aber die Bayern haben nicht nur einen Sponsor. Hewlett-Packard etwa hat im Buch von Dietrich Schulze-Marmeling eine ganzseitige Anzeige geschaltet, darauf ein Mannschaftsfoto des FC Bayern (natürlich im Opel-Trikot) mit Meisterschale vor einem großen HP-Plakat. Unter dem Bild in großen Lettern: „Zwei, die richtig Druck machen. Bayern München und Hewlett-Packard." Und zum 100. Geburtstag platzierten eine Reihe von Unternehmen Gratulationsanzeigen in der Süddeutschen Zeitung:

- Viag Interkom als „Premiumpartner" bot das „fandy" an, ein Handy mit Bayern-Logo und bis zu 30 SMS vom FC Bayern im Monat: „Da scholl noch einer sagen, man kahn mit dem Handy nur babbeln."
- Der Olympiapark München wünschte „dem FC Bayern, dass er stets Grund zum Feiern hat."
- Die Bayerische Landesbank wusste: „Nichts ist überzeugender als Erfolg."
- Opel als Hauptsponsor ließ sich eine ganzseitige Anzeige nicht nehmen: „Bleibt wie ihr seid – und dann schaun mer mal."

Weitere Sponsoren des Vereins waren im Jahr 2000 das Bayernwerk, Boehringer Ingelheim Pharma (Frubiase), Coca-Cola, Erdinger Weissbräu, IBM, Konica, SAP, SKL, Sony, Sunil, TV Spielfilm, Warsteiner, Würth und Weber Haus.

Auch die Medien klinken sich ein. Vor allem das Zweite Deutsche Fernsehen sucht die Nähe des Rekordmeisters. Zur Feier des zehnjährigen Jubiläums als Sponsor des FC Bayern wurde am letzten Spieltag der Saison 1998/99 unter Anwesenheit der gesamten Münchner Meistermannschaft das „Aktuelle Sportstudio" des ZDF aus der Opel-Zentrale in Rüsselsheim übertragen – für das ZDF ein schöner Erfolg mit hohen Einschaltquoten, für Opel nette Werbung. Und die Bayern als seit Wochen feststehender Meister waren ohnehin bester Laune. Die WirtschaftsWoche fragte daraufhin: „Werbebegegnungen aufblasen statt Rechte erwerben: Ist das die neue Programmstrategie der Mainzer [also des ZDF]?"

Genau ein halbes Jahr nach dem eigentlichen hundertsten Geburtstag des FC Bayern (27. Februar 2000) setzte das ZDF noch einen drauf. Am Sonntag, dem 27. August 2000, sendete man um 20:15 Uhr die abendfüllende, von Thomas Gottschalk und Günther Jauch moderierte Jubiläumsshow des Vereins aus der Münchner Olympiahalle. So etwas hatte es in Deutschland noch nicht gegeben. Neben der aktuellen Mannschaft waren auch etliche legendäre Bayernspieler anwesend und kamen zu Wort. Viele historische Tore wurden gezeigt – schönste Tore und Beckenbauers schönste Eigentore. Für Bayern-Fans war das ein gelungener Abend – eine Bestätigung, den richtigen Lieblingsverein gewählt zu haben.

Viele Stars

Nicht nur Fußballmannschaften, sondern auch die Repräsentanten der Vereine sowie individuelle Spitzensportler sind interessant. Wie viele Werbespots gibt (und gab) es, in denen Boris Becker, Steffi Graf, Michael Schumacher, Jan Ullrich, Henry Maske, Franziska von Almsick, Oliver Bierhoff oder Franz Beckenbauer etwa für Telefongesellschaften, Nudeln oder Shampoos posier(t)en? Auch Schauspieler und andere Prominente lassen sich gerne fürstlich für derartige Auftritte bezahlen.

Selbst umstrittenere Persönlichkeiten haben ihren Reiz, wenn Unternehmen deren Image für sich als passend empfinden. Ein aggressiver, aber erfolgreicher Querdenker wie der Bayern-Manager hat seine eigene symbolische Kraft. Daher sah der Nürnberger Discountbroker Consors angesichts der Daum-Krise keinen Anlass, seine Werbekampagne mit Uli Hoeneß zu stoppen: „Wir wussten vorher, dass Hoeneß polarisiert, deswegen haben wir ihn auch für unsere Kampagne ausgesucht." Zur selben Zeit zog RWE seine Kampagne mit Christoph Daum eilig zurück.

Fazit zu These 18:

Sponsoring im Sport dient vor allem einem Imagetransfer. Stars, Vereine oder der Sport insgesamt haben ein positives Image. Nach dem Strickmuster von Pawlows klassischer Konditionierung verspricht der Sponsor sich ein Abfärben des Images auf sein Unternehmen und seine Produkte. Den Mechanismus im Kopf des Fans stellt man sich wie folgt vor:

1. Der Verein/Sportler wird positiv bewertet.
2. Der Sponsor ist dem Verein/Sportler eng verbunden.
3. Der Sponsor wird also auch positiv bewertet.

Der Fan soll denken: Die Freunde meines Lieblingsvereins sind auch meine Freunde. Keine Sachargumente, sondern Symbole kommen hier zum Einsatz und erzeugen ein gutes Gefühl im Bauch des Fans. Dann ist der Schritt zum Kauf des Produktes nicht mehr weit – hofft der Sponsor.

Doch nicht nur Fans der jeweiligen Vereine, sondern alle Konsumenten werden angesprochen. Für alle erkennbar stellen Unternehmen deutlich ihre Nähe zum Sport heraus, denn Sport hat in unserer Gesellschaft ei-

nen hohen Stellenwert. Er steht für Jugend, Gesundheit, Erfolg, Anerkennung, Dynamik, Leistung. Mit diesen Attributen soll die Marke in Verbindung gebracht werden, damit sie für Käufer, die jung, dynamisch und erfolgreich sein wollen, attraktiv ist.
Unternehmen, die eine intellektuelle Elite für sich gewinnen möchten, fördern nicht nur den Sport, dem mit Ausnahme weniger Disziplinen wie Golf, Fechten und Segeln die Exklusivität fehlt, sondern auch kulturelle Ereignisse. Dort soll derselbe Mechanismus greifen, allerdings wird eine andere Zielgruppe angesprochen.
Auch kleinere Unternehmen mit lokaler oder regionaler Reichweite betätigen sich als Sponsoren. Passend zu ihrer „Liga" fördern sie Vereine oder Sportler von lokaler oder regionaler Bedeutung. ◆

Gesehen werden

Für die Sponsoren ist eines natürlich besonders wichtig: Gesehen zu werden. In dem Maße, wie in den letzten Jahren die Kameras rund um das Fußball- bzw. Sportgeschehen immer allgegenwärtiger wurden, nahm auch die Werbung immer weiter zu. Sie erfasste Kragen, Stirnbänder und alles, was sich in Gesichtsnähe befindet. Somit erscheint der Sponsorenschriftzug bei jedem Porträt im Bild. Auch die Werbestellwände hinter den interviewten Sportlern, Trainern und Managern sind nicht mehr wegzudenken. Denn erst per Kamera werden Markenzeichen und Schriftzüge in Zeitungen und auf die Fernsehschirme eines breiten Publikums getragen.

Das wird im Zusammenhang mit Fernsehübertragungsrechten interessant, denn den Sponsoren ist daran gelegen, möglichst ungehindert so viele Haushalte wie machbar zu erreichen. Darin steckt eine gewisse Brisanz, wie die Formel 1 gezeigt hat.

Lektion Formel 1

Alles könnte so einfach sein, gäbe es nicht das Bezahlfernsehen und das Bestreben seiner Eigentümer, so viele Abonnenten wie möglich zu gewinnen – was in Deutschland offenbar nicht so einfach ist, weil die Begeisterung des Publikums sich in Grenzen hält oder die Kosten schlicht zu hoch sind. Die tatsächliche Kundenzahl von Premiere und Premiere World bleibt jedenfalls weit hinter den Erwartungen der Kirch-Gruppe zurück. Und es wären noch weniger, gäbe es keine Liveübertragungen von Bundesliga-Spielen. Sportereignisse sind Zugpferde für das Pay-TV.

Nachdem Leo Kirch erhebliche Anteile an der Formel 1 erworben hatte, wurden Pläne laut, die bislang frei empfangbaren Formel-1-Übertragungen im Bezahlfernsehen zu senden, also nur noch zahlenden Zuschauern zugänglich zu machen. Bei den vielen begeisterten Formel-1-Fans hätte das – so sein Kalkül – viele neue Premiere-Kunden gebracht.

Aber der Autoindustrie gefielen diese Pläne nicht. Sie ließ nach langem Stillhalten ihre Muskeln spielen. Im April 2001 signalisierte sie, eine eigene Rennserie als Konkurrenz zur Formel 1 begründen zu wollen. Autohersteller waren es leid, die Kosten der Formel 1 zu tragen, von den Entscheidungen und Gewinnen aber weitgehend ausgeschlossen zu sein. Während die Fahrer Millionenbeträge erhalten (Michael Schumacher z. B. bis zu 40 Millionen Euro im Jahr), RTL einen Gewinn von über 50 Millionen Euro jährlich macht, Kirch sein Bezahlfernsehen promoten will und Bernie Ecclestone z. B. im Jahr 2000 rund 150 Millionen Euro verdiente, investierten die Hersteller 2001 mehr als eine halbe Milliarde Euro. „Es gibt nur einen, der zahlt, und das sind wir", zitierte der Spiegel einen Auto-Manager.

Vor allem mit dem Bezahlfernsehen wollte die Industrie nichts zu tun haben. Denn was nützt all die Werbung auf Rennstrecken, Autos und Overalls, wenn fast niemand sie sieht? Nein, so nicht. Die Industrie wollte sicherstellen, dass so viele Zuschauer wie möglich die Rennen live verfolgen können, damit sie ausgiebig die Werbung in sich aufnehmen, während sie mit ihren Idolen fiebern.

Emotionen

Warum beteiligen sich immer mehr große Automobilhersteller an der Formel 1? Es ist der globale Konkurrenzkampf. „In Technik und Qualität unterscheiden sich die Autos kaum, der Faktor Prestige gibt beim Kauf immer öfter den Ausschlag", schreibt Die Zeit. „DaimlerChrysler feiert in diesem Jahr das 100-jährige Bestehen der Marke Mercedes. Der erste Mercedes war ein Rennwagen. Auf der Jubelfeier in Monte Carlo machte Mercedes-Chef Jürgen Hubbert klar, worum es den Stuttgartern mit der Formel 1 geht. Es sei an der Zeit gewesen, die Marke wieder ‚emotional aufzuladen'. Und wo gibt es mehr Emotion als am Nürburgring, in Monte Carlo oder im italienischen Imola, wenn Abertausende von Fans die Pisten säumen – und im Schnitt rund 350 Millionen Zuschauer in 209 Ländern die Rennspektakel am Fernsehschirm verfolgen."

Werbeplätze während der Formel-1-Übertragungen sind begehrt. Hohe Zuschauerzahlen und ein wirtschaftlich interessantes Publikum (männlich, jung, kaufkräftig) treiben die Preise in die Höhe, denn in diesem Umfeld lassen sich Namen und Produkte optimal vermarkten. Beim Rennen um den Großen Preis von Brasilien (1. April 2001) hat ein 30-Sekunden-Spot auf RTL jedenfalls 302.000 Mark (154.410 Euro) gekostet.

Helmut Thoma hatte Glück, als er die Übertragungsrechte für RTL günstig erwarb (sie kosten ihn zurzeit nur 17,9 bis 20,5 Millionen Euro jährlich), während er über die Werbung ein Vielfaches verdient. Dieser Vertrag läuft jedoch bald aus. Ab 2003 werden die Rechte erheblich teurer, sodass kaum noch Verdienstmöglichkeiten bleiben. Dann kann es aussehen wie in der Champions League. Dort macht der

Sender jetzt schon 25 Millionen Euro Verluste im Jahr. Wie soll das dauerhaft gut gehen?

Übertragungsrechte sind also nur dann eine sprudelnde Geldquelle, wenn man sie in einer Zeit, da der jeweilige Sport ein Mauerblümchendasein fristet, billig und langfristig erwirbt und es schafft, den Sport zum Publikumsmagneten zu machen, wie das beispielsweise mit dem Skispringen gelungen ist. Davon haben alle etwas – Sender, Sportler und Sponsoren.

Ein Verhältnis zum allseitigen Vorteil ist jedoch nur dann gegeben, wenn niemand versucht, Eigeninteressen allzu dreist zum Nachteil der anderen Parteien durchzusetzen. So musste Kirch sich nicht wundern, dass man plötzlich über Alternativen nachdachte. Das Säbelrasseln der Autoindustrie hatte Erfolg. Kirch & Co. waren schnell gesprächsbereit und es bleibt abzuwarten, wie es in den nächsten Jahren weitergeht.

Die Drohung der Unternehmen mit eigenen Rennställen (Mercedes, BMW, Ferrari/Fiat, Renault, Jaguar/Ford, Honda), die in den letzten Jahren verstärkt in diesen Sport eingestiegen sind, steht jedenfalls im Raum. Sie wünschen viele Zuschauer, in deren Köpfen ihre Produkte emotional aufgeladen werden. Dafür treiben sie den Aufwand, und der lohnt sich nur, wenn ihr Sport im Fernsehen ungehindert zugänglich ist.

Würden die Autohersteller mit ihrer Drohung ernst machen, dann gäbe es die Formel 1 auf dem Papier zwar weiterhin, doch ohne die bekannten Teams. Das wäre eine böse Pleite für Leo Kirch, dem 75 Prozent der Anteile von Bernie Ecclestones SLEC Holding gehören. Kirch hätte dann zwar teure, aber nahezu wertlose Rechte. Vielleicht erhalten bei zukünftigen Verhandlungen über Verwertungsrechte die Preise angesichts solcher Risiken einen kleinen Dämpfer – und die Verträge zusätzliche Klauseln.

Besitzstände

Und wie sieht es in der Fußball-Bundesliga aus? Dort ist die Situation insofern anders, als das Publikum und die Sponsoren keine regelmäßigen Liveübertragungen gewöhnt sind. Es gibt diesbezüglich kein Gewohnheitsrecht, keine Besitzstände. Den Fernsehzuschauern muss nichts „weggenommen" werden (bei Länderspielen sieht es allerdings anders aus). Die Liveübertragung im TV ist also ein zusätzliches Angebot, und wenn sie von Anfang an nur im Bezahlfernsehen auftaucht, gibt es keine Probleme.

Den Vereinen wird es ohnehin relativ gleichgültig sein, welcher Sender die Übertragungsrechte kauft, solange dies für möglichst viel Geld geschieht. Vielleicht ist es einigen Vereinen sogar lieber, nicht jedem Fernsehzuschauer zugänglich zu sein, damit mehr Zuschauer ins Stadion kommen. Deshalb ist – wenn nicht die Vereine es wollen – eine einheitlich ablehnende Front der Fußball-Bundesligisten gegenüber dem Bezahlfernsehen unwahrscheinlich.

Die Sponsoren wollen, wie die der Formel 1, natürlich von vielen Zuschauern gesehen werden. Doch für sie gilt dasselbe wie für das Publikum. Sie sind einen bestimmten Zustand gewöhnt, und solange dieser sich nicht verschlechtert (wie bei der Verlegung des Sendetermins der Bundesliga-Sendung „ran“ auf 20:15 Uhr im August 2001), ist alles in Ordnung. Außerdem sind sie viel weiter weg vom Geschehen als die Hauptsponsoren der Formel 1, die Autohersteller nämlich, die ja selbst Akteure sind. Die Bundesliga-Sponsoren hingegen können ihre Wünsche nur indirekt geltend machen. Ihr Ansprechpartner ist der jeweilige Verein, auf dessen Strategie sie nur bedingt Einfluss haben – manche mehr, manche weniger.

Vermarktungsgesellschaften

Der FC Bayern hat immer großen Wert auf absolute Unabhängigkeit gelegt. Seine Stärke und Profitabilität hat allerdings begehrliche Blicke von Vermarktungsgesellschaften angezogen. Selbst Uli Hoeneß, „in Finanzfragen an allerhand gewöhnt und einigermaßen schockresistent, ‚wäre fast einmal umgefallen‘, als er hörte, mit welcher Summe ein Interessent dem Rekordmeister die Kasse füllen wollte“ (100 Jahre, S. 26).

Andere Vereine haben sich zumeist aus finanziellen Nöten heraus in die Abhängigkeit von Vermarktungsgesellschaften begeben, was man gerne mit dem Begriff „strategische Partnerschaft“ umschreibt. Beispiele: Eintracht Frankfurt und Octagon oder der HSV und Ufa. Allein aufgrund dieser völlig unterschiedlichen Ausgangspositionen lassen sich die heterogenen Interessen der Bundesligavereine kaum unter einen Hut bringen.

Octagon, einer der weltweit führenden Vermarkter bekannter Athleten verschiedener Sportarten (z. B. Fußball, Tennis, Golf, Schwimmen, American Football), gehört zur Interpublic Group of Companies (siehe www.octagon.com). Die Partnerschaft mit Eintracht Frankfurt sah „so aus, dass Octagon als Erstes rund 20 Millionen Mark in den damals konkursreifen Fußballverein gesteckt hat. Irgendwann, so der Masterplan, wird das US-Unternehmen 50 Millionen Mark in das Joint Venture gepumpt haben“, um „die Marke Eintracht Frankfurt zur führenden Marke“ zu machen (Der Spiegel 13/01).

Mit dieser Strategie im Kopf lebt Steven Jedlicki, von Octagon eingesetzter Vorstandsvorsitzender der „Eintracht Frankfurt Fußball AG“, in einer ganz anderen Welt als die Fans. Er wollte im Februar 2001, als im Abstiegskampf Felix Magath als Trainer entlassen wurde, Lothar Matthäus als dessen Nachfolger einsetzen, weil dieser „eine Marke – ein ‚Brand‘“ sei. Für die Fans hingegen war Matthäus nur der „Grabi-Killer“ (so ein Fan-Transparent), der „vor gut 20 Jahren Frankfurts damals 35-jähriges Idol Jürgen Grabowski in den frühzeitigen Ruhestand getreten hatte.“ Das hatten sie ihm noch immer nicht verziehen.

Fußball-Fans denken in anderen Kategorien, und das muss ein Marketingmann wie Jedlicki erst lernen. Hier zeigt sich wieder: Wer in einer Branche tätig ist, sollte sich mit den dortigen Gepflogenheiten und Denkweisen auskennen.

Doch zunächst gilt es, kleinere Brötchen zu backen. Denn 2001 ist Eintracht Frankfurt erstmals wieder in die Zweite Bundesliga abgestiegen.

In den Sternen

So stehen nicht nur die Sendeplätze von Fußballspielen in den Sternen, sondern auch die Zukunft des derzeit noch wenig lukrativen Bezahlfernsehens. Fußball braucht das Bezahlfernsehen nicht, aber Pay-TV braucht Fußball, denn dieser populäre Sport ist neben der bereits davongefahrenen Formel 1 vielleicht der einzige Anreiz für neue Abonnenten, und ohne die sieht es düster aus.

Jedenfalls scheint die Entwicklung nicht so gelaufen zu sein, wie ausgebuffte Strategen der Medienlandschaft – vor allem Leo Kirch selbst – es erwartet haben. In Deutschland nutzten im Jahr 2000 gerade einmal 6,1 Prozent aller Fernsehhaushalte das Pay-TV – weitaus weniger als erwartet, als etwa die 32,6 Prozent in Großbritannien oder 34,2 Prozent in Frankreich. Möglicher Grund: Mit über 30 frei empfangbaren Programmen haben die Bundesbürger schon reichlich Auswahl.

Das bleibt für den Fußball und andere Sportarten nicht ohne Folgen. Möglicherweise bleiben die von Fernsehmachern erhofften Synergieeffekte aus, weil das Interesse am Bezahlfernsehen sich durch Fußball-Live nicht ankurbeln lässt. Möglicherweise können die Sender ihre Ausgaben für Übertragungsrechte nicht mehr über Werbung refinanzieren, weil die geforderten Preise sich aufgrund der geringen Zuschauerzahl am Markt nicht durchsetzen lassen. Möglicherweise bringt der Weiterverkauf von Rechten nicht die erwünschte Rendite, weil auch für potenzielle Käufer die Kosten den Nutzen übersteigen. Dann sind Medienmogule wie Leo Kirch irgendwann nicht mehr in der Lage, die riskanten Spekulationen der Vergangenheit, mit denen sie bislang Glück hatten (Stefan Ziffzer, Sportrechtechef der Kirch-Gruppe, spricht von „Risikoinvestment"), zu wiederholen. Dann können die Sportverbände, Vereine oder Vermarktungsgesellschaften nicht mehr so hohe Preise aushandeln, haben also geringere Einnahmen. Die Vereine ihrerseits können sich auch nicht beliebig verschulden und müssen daher ihre Ausgaben nach unten korrigieren. Damit erreichen die Steigerungsraten für Transfers und Spielergehälter ihre Grenzen.

Auch diese Argumentationsschiene führt zu dem Schluss, den Uli Hoeneß bereits gezogen hat: Ein Ende der grenzenlosen Aufblähung von Einnahmen und Ausgaben ist in Sicht, auch wenn Bayern München mit der Umwandlung in eine Kapitalgesellschaft vielleicht noch einmal richtig aufdreht.

Wie kann der einzelne, gewinnmaximierende Fußballverein aus dieser Situation das Beste machen? Wie kann er die Gewinne selbst kassieren, die sonst irgendwelche Fernsehstationen mit der Vermarktung ihrer Übertragungsrechte einstreichen? Nun, er kann einen eigenen Fernsehsender gründen. Manchester United hat das bereits getan. Uli Hoeneß hat auch schon daran gedacht.

Manchester United und die New York Yankees

Im Februar 2001 vereinbarten Manchester United (Fußball) und YankeeNets, Eigentümer der New York Yankees (Baseball, Gewinner von vier der letzten fünf World Series Championships) eine Marketing-Allianz. Der Firma YankeeNets gehören auch das Basketball-Team New Jersey Nets und der Eishockeyverein New Jersey Devils. Die amerikanischen Vereine werden von ManU's Fernsehsender MUTV präsentiert, die Fanartikel aller vier Vereine in den amerikanischen, englischen und weltweiten Fanshops der Clubs angeboten.

Was veranlasst einen europäischen Spitzen-Fußballverein und einen US-Spitzen-Baseballverein, ihre Marketingbemühungen zu vereinigen? Es ist eine neue Dimension der globalen Vermarktung. Fußball ist in den USA zwar auf dem Vormarsch, kommerziell aber noch recht wenig erschlossen. Manchester versucht, mit seiner frühen Präsenz Pflöcke einzuschlagen, also einen möglichst großen Vorsprung im Bekanntheitsgrad gegenüber anderen europäischen Vereinen zu erlangen. Die amerikanischen Vereine verfolgen auf europäischem Boden ähnliche Ziele. Da sie aus unterschiedlichen „Branchen" (Sportarten) stammen, sind sie keine Konkurrenten.

Manchester United hat ungefähr sieben Millionen Fans auf der Insel und 42 Millionen im Ausland, vor allem in Asien. Kein Wunder, dass der Marketingchef von YankeeNets ManU lobt und von dessen Marketinggeschick lernen möchte.

FCB-TV?

Beim FC Bayern könnte ebenfalls irgendwann „ein eigener Fernsehkanal eine Rolle spielen. Sein Programm: Tägliche Berichte vom Training, Liveübertragungen der Pressekonferenzen, Interviews. Denkbar wäre zudem eine Samstagabend-Show rund um den Verein", heißt es in „100 Jahre" (S. 41). Interessant für die Fans wären auch alte Spiele und Interviews aus dem Archiv. Die Sponsoren könnten sich vorstellen und ein wenig Werbung machen. Über befreundete Vereine, auch aus anderen Sportarten, könnte berichtet werden. Aber insgesamt wäre ein solches Programm schon eine Herausforderung, die wohl überlegt sein will. Alternativ käme ein Bundesliga-Kanal aller Vereine in Betracht.

An einer Trickfilmserie für das Fernsehen mit Stars aus der Bayern-Mannschaft wird bereits gearbeitet (Welt am Sonntag, 28.01.01). Die Charaktere sollen möglicherweise „Tiger" (Stefan Effenberg), „Reflector" (Oliver Kahn) und „Torminator" (Giovane Elber) heißen, und mit passenden Spielzeugfiguren soll erstens das Interesse des jüngeren Publikums geweckt und zweitens das Merchandising angekurbelt werden. Auch dies ist ein Beispiel für die Erschließung neuer Märkte.

Es ist außerdem ein Beispiel für die durchaus problematische und von manchen Eltern kritisch gesehene Entwicklung, immer jüngeren Konsumenten, inzwischen nämlich bereits Kindern, ein Markenbewusstsein aufzudrängen. Und es zeigt bei den Kleinen, was auch bei den Großen droht. Wer nämlich zum Fan einer Marke wird, begibt sich in Abhängigkeit und Unfreiheit. Sachliche Distanz und Urteilsvermögen bleiben zumindest teilweise auf der Strecke.

So zeigt sich: Sport und Wirtschaft gehen über das Sponsoring ein symbiotisches Verhältnis ein. Sportler erhalten Geld, Unternehmen erkaufen sich ein positives Image. Das funktioniert im großen Stil aber nur dank der Medien, die die Botschaft zum Publikum transportieren. Auch die Medien partizipieren an dieser Symbiose.

Das hat inzwischen zu unterschiedlichen Interessen, Abhängigkeiten und Geschäftsmodellen geführt, deren Vielfalt hier einmal grob skizziert werden soll:

- Unternehmen sponsern Sportler und werben im Fernsehen, um ihre Produkte besser zu verkaufen.
- In der Formel 1 betreiben Unternehmen sogar selbst einen Sport, der das Image ihrer Produkte verbessern und weltweit frei im Fernsehen empfangbar sein soll.
- Sportler und Vereine lassen sich dafür bezahlen, dass sie Unternehmen eine Werbeplattform zur Verfügung stellen. Je häufiger sie in den Medien auftauchen, desto mehr bezahlen die Sponsoren.
- Vermarktungsgesellschaften lassen sich dafür bezahlen, dass sie Sportler, Sponsoren und Medien in möglichst profitabler Weise zusammenbringen.
- Frei empfangbare Fernsehsender berichten über Sport und transportieren Sponsorenlogos zum Publikum. Gleichzeitig bieten sie Unternehmen eine weitere Werbeplattform, indem sie Sendezeit verkaufen. Je größer das Interesse am jeweiligen Sport, je höher die Einschaltquoten, desto höher die Werbeeinnahmen. Sportler partizipieren daran durch den Verkauf von Übertragungsrechten.
- Bezahlfernsehsender werden vom Publikum für ein exklusives Programm bezahlt. Sie bezahlen Sportler ebenfalls für Übertragungsrechte. Sportlern ist egal, welcher Sender für Übertragungsrechte bezahlt, solange es nur viel ist. Sponsoren ist das nicht egal. Sie wollen möglichst viele Zuschauer erreichen. Für sie ist das Bezahlfernsehen daher nur die zweite Wahl.
- Große Vereine wie Manchester United werden selbst zu Medienunternehmen.

Vereine, Unternehmen und Medien bilden also von ihren Interessenlagen her ein Gemenge, das kaum noch zu entwirren ist. Alles ist Geschäft. Preise regeln sich nach Angebot und Nachfrage. Jede Liga hat ihr Preisniveau. Selbst auf Kreisligaebene, selbst im Jugendfußball werden nennenswerte Handgelder bezahlt. Der Sport verkaufe seine Seele und werde unattraktiv, behaupten Kritiker.

Doch Sport ist nicht nur Geschäft, sondern auch Kampf, Hochleistung, Spannung, Unterhaltung, Sensation, Ästhetik und mehr. Deshalb wird er die Menschen weiterhin begeistern, und deshalb können Sponsoren weiterhin auf einen Imagetransfer hoffen.

Für große und kleine Unternehmen bedeutet das, dass sie unverdrossen weiter als Sponsoren auftreten können, jedes in seiner Liga. Sponsoren werben um das Publikum, das Publikum möchte Sportler sehen und die Sportler brauchen Sponsoren.

Fazit

Wenn hier von verschiedenen Aspekten des Marketing die Rede war, dann nicht, weil Fußballvereine für sich selbst werben müssten, sondern weil sie als Werbeträger für das Marketing der verschiedensten Unternehmen von großer Bedeutung sind.

Mit der Erfindung der Trikotwerbung fing es an. Inzwischen ist das Sponsoring zu einer Begleiterscheinung des Fußballs geworden, ohne die dieser Sport kaum überleben könnte.

Unternehmen werden zu Sponsoren der Vereine. Das bringt ihnen Werbung bei jedem Pressefoto und jeder Fernsehübertragung, denn der Schriftzug des Sponsors auf den Trikots ist unübersehbar, und über Fußball wird in den Medien viel berichtet. Damit hoffen die Sponsoren, ihren Bekanntheitsgrad zu erhöhen und ihr Image zu verbessern. Sie zapfen gewissermaßen die Beziehung zwischen Verein und Fan an. Die Sympathie der Fans zu ihrem Verein soll auf den Sponsor abfärben. Den Vereinen bringt das einige Millionen im Jahr. Für Unternehmen ist es eine Form von Marketing.

Immer weiter zugenommen hat auch das Merchandising. Vorreiter in Deutschland war einmal mehr der FC Bayern. Gegen ein angemessenes Entgelt gestatten Fußballvereine (oder andere Rechteinhaber beliebter Motive) die Verwendung ihres Logos auf diversen Produkten. Mit dieser Maßnahme lassen sich Umsätze oder Marktanteile der Lizenznehmer steigern, weil Konsumenten Artikel mit dem geliebten Motiv bevorzugen oder sich wegen des Motivs überhaupt erst für einen Kauf entscheiden.

Fußballvereine sind in der komfortablen Lage, solchermaßen begehrte Rechte zu besitzen und verkaufen zu können. Der Marktwert der Rechte steigt mit dem Bekanntheitsgrad und Erfolg des Vereins und mit der Zahl seiner Fans. In all diesen Bereichen ist der FC Bayern München führend, weshalb er in der Bundesliga die höchsten Einnahmen aus Sponsoring und Merchandising zu verzeichnen hat.

Unternehmen wollen, dass Kunden bei aller verfügbaren Auswahl sich für ihre Produkte, Marken und Dienstleistungen entscheiden. Sie müssen ihren Kunden gewissermaßen den schönsten Stein anbieten. Sie müssen den Kunden auffallen. Deshalb machen sie Werbung. Fußball bietet ihnen zwei Möglichkeiten dafür: Merchandising und Sponsoring.

Merchandising kann praktisch jedes Unternehmen nutzen, sofern es die Lizenz für die Verwendung eines Logos erworben hat. Das kann vom Logo des FC Bayern über Harry Potter und die Peanuts bis hin zu Prominenten alles sein. Die eigene Marke tritt dabei oft in den Hintergrund. Produkte sollen sich über das beliebte Logo verkaufen. Ein Imagetransfer ist nicht vorgesehen.

Beim Sponsoring hingegen ist der Imagetransfer das eigentliche Ziel. Gefördert werden Sportler, Vereine, andere Organisationen oder auch Ereignisse. Der Name des Sponsors soll mit ihnen in Zusammenhang gebracht und dadurch aufgewertet werden. Auch hier kann grundsätzlich jedes Unternehmen im jeweils angemessenen Umfeld aktiv werden.

Man sollte aber nicht übersehen, dass Merchandising und Sponsoring nur helfen, die Umsätze zu steigern oder das Image zu verbessern. Begehrte Produkte und attraktive Leistungen müssen die Unternehmen schon selbst entwickeln und anbieten.

8. Die Zukunft: Globalisierung und Gegenmacht

Weltweiter Handel ist nicht neu. Neu sind jedoch Geschwindigkeit und Unkontrollierbarkeit des globalen Austauschs von Gütern und vor allem von Informationen. Der Abbau der Handelsschranken, die Internationalisierung der Konzerne und der Marken, die Reise- und Gewerbefreiheit und nicht zuletzt das Internet machen es möglich. Waren und Dienstleistungen überwinden scheinbar mühelos die Ländergrenzen.

Was neu und unbekannt ist, erzeugt Angst. Vielen Menschen bereitet die Globalisierung Magengrimmen. Viele Handwerker beobachten argwöhnisch die neuen Niederlassungsfreiheiten innerhalb der EU. Ist die Globalisierung wirklich so gefährlich wie ihr Ruf? Das Fußballbusiness hat Erfahrung, wenn es um internationalen Vergleich und Wettbewerbe geht.

Denn man muss auf internationalen Märkten gegen eine finanziell deutlich stärkere Konkurrenz gewinnen, um die Marke weiterhin aufbauen zu können und an die Fleischtöpfe der UEFA zu gelangen. Und man muss sich vor Ort um seine Fans, sein Image als ortsansässiger Verein kümmern. Der bekannte Spruch „think global, act local" wird hier immer schon praktiziert.

These 19: Wer mit den bestehenden Regeln oder Gesetzen nicht zufrieden ist, kann versuchen, zusammen mit anderen für bessere Bedingungen zu sorgen. Zum Zweck seiner Interessenvertretung gegenüber den Funktionären in den Verbänden hat der FC Bayern mit anderen europäischen Topvereinen die G14 gegründet. Aus demselben Grund bilden Unternehmen regionale, nationale und internationale Interessenverbände. Aktive Mitarbeit in solchen Gremien ist meistens sinnvoll.

These 20: Der Blick auf globale Zusammenhänge und internationale Märkte ermöglicht es, dortige Entwicklungen frühzeitig auch auf dem eigenen lokalen Markt umzusetzen. Die Beobachtungen von Vereinen wie Real Madrid oder Manchester United versetzen die Bayern in die Lage, eigene Strategien im Hinblick auf internationale Bewegungen zu entwickeln.

Multikulti

Fußball – das ist auch ein Mikrokosmos, der makroökonomische Sachverhalte pointiert sichtbar macht. So schreibt Die Zeit (21/01): „Energie Cottbus bestritt ein Bundesligaspiel ohne einen einzigen deutschen, geschweige denn sächsischen Profi. Der Schlachtruf ‚Cottbus, Cottbus' freilich bleibt der alte – nur der Fußball ist verrückt genug, bedingungslos Lokalpatriotismus und Globalisierung miteinander versöhnen zu können.“ Auch wenn Cottbus in Brandenburg liegt – wir verstehen, was gemeint ist.

Das also ist Globalisierung. Grenzen und Nationalitäten verlieren an Bedeutung. Unternehmen, Produkte und Arbeitskräfte überschreiten nicht nur die Grenzen zu Nachbarstaaten, sondern sind weltweit präsent. Franz Beckenbauer und der FC Bayern sind im Fernen Osten, in Afrika und in Südamerika ein Begriff – fast wie Mercedes-Benz und Coca-Cola. Spieler des Vereins kommen für die Saison 2001/02 aus Brasilien (Giovane Elber, Paulo Sergio), Paraguay (Roque Santa Cruz), Kanada (Owen Hargreaves), Ghana (Samuel Osei Kuffour), Frankreich (Bixente Lizarazu, Willy Sagnol), Bosnien (Hasan Salihamidzic), Schweiz (Ciriaco Sforza), Kroatien (Niko und Robert Kovac), Peru (Claudio Pizarro), Guinea (Pablo Thiam) – und doch beschäftigt der FC Bayern noch vergleichsweise wenige ausländische Spieler.

Globalisierung und „Leitkultur“

Für Ewald Lienen, Ex-Trainer des 1. FC Köln, ist der Weg zur multikulturellen Gesellschaft vorgezeichnet, wie er gegenüber Spiegel Online (23.02.01) feststellt:

„*Spiegel Online:* In Köln bauen Sie auf junge Spieler. Insgesamt aber wird in Deutschland immer wieder der fehlende Nachwuchs bemängelt. Müssen wir verstärkt auf die Arbeit in Fußballinternaten setzen?

Lienen: Erfolgreiche Vorbilder gibt es genügend, vor allem in Frankreich, wo man Weltklassespieler en masse produziert hat. Natürlich kann man dort auf die Spieler kolonialer Abstammung zurückgreifen, die vielleicht mit einem besonderen Bewegungstalent ausgestattet sind. Wenn man in die Jugendabteilungen hier zu Lande schaut, dann finden sich auch bei uns junge Spieler aus aller Herren Länder. Wer hier geboren wurde und hier aufgewachsen ist, der hat sich durch die deutsche ‚Leitkultur‘ gekämpft, und das ist eine stramme Leistung.

Spiegel Online: Warum gelingt es nicht, dieses Potenzial auszuschöpfen?

Lienen: Uns fällt es traditionell schwer, Leute zu integrieren. Wir drohen ihnen mit dieser deutschen ‚Leitkultur‘, die scheinbar etwas Erstrebenswertes sein soll. Ich glaube aber, dass der Trend zu einer multikulturellen Gesellschaft nicht aufzuhalten ist. Da versuchen wir ein vereintes Europa aufzubauen, und irgendwelche Politiker faseln von der deutschen ‚Leitkultur‘. Das ist ungeheuerlich in einer Zeit, wo Gewalt von Rechts wieder zunimmt. Wer so etwas von sich gibt, sollte zurücktreten.“

Bietet der Fußball eine Lektion in Sachen Einwanderung und Integration? Oder stellt er eher eine Subkultur dar, in der – ähnlich wie in der Popmusik – Farbige ausnahmsweise toleriert werden?

„‘Wenn beim Spiel Bayern gegen Cottbus nur zwei Germanen in den Anfangsformationen stehen, kann irgendetwas nicht stimmen.‘ Das sagte Gerhard Mayer-

Vorfelder, der Präsident des Deutschen Fußballbundes. ‚Was wird aus der Bundesliga', fragt er, ‚wenn die Blonden über die Alpen ziehen und stattdessen die Polen, diese Furtoks und Lesniaks, spielen?' Ist der Chef des weltgrößten Sportverbandes das heimliche Vorbild der Rassisten in den Stadien?" (Die Zeit, 4/02).

Ein Problem ist das nicht nur für Mayer-Vorfelder, der noch nicht verstanden hat, dass der Fußball im Land der Reformstaus international ins Hintertreffen gerät. Ausländische Profis sind keine ungelernten Billigarbeitskräfte (wie vielleicht in einigen Branchen vor zwanzig Jahren), sondern – im Gegenteil – hervorragende und kreative Spieler, die das mitbringen, was vielen deutschen Spielern fehlt. Deshalb werden sie verpflichtet.

Wertvoll sind sie jedenfalls, denn sie bringen Esprit und frischen Wind in das Spiel, wie man bei dem in Ghana geborenen Gerald Asamoah bei seinem Debüt in der deutschen Nationalmannschaft beobachten konnte. Der Stern (18/01) schreibt: „Welch kreative Wirkung Vielfalt entwickelt, kann man jedes Wochenende auch beim Fußball beobachten. In den Siebzigerjahren, als die Nationalmannschaften noch das Maß des Fußballs waren, spielten alle Länder typisch: die Deutschen effektiv, die Italiener taktisch, die Brasilianer elegant, die Engländer kampfbetont und die Franzosen so lala. Heute bieten weltweit agierende Fußball-Firmen wie der FC Bayern, Real Madrid oder Manchester United den attraktivsten Fußball. Die Besten der Welt kommen zusammen in Internationalmannschaften. Wer heute erfolgreich sein will, spielt nicht mehr nur elegant oder effektiv oder taktisch, sondern alles gleichzeitig. Und die stärkste Nationalmannschaft ist heute die bunte Einwanderertruppe aus Frankreich." Dies gilt in Teilen auch für die Wirtschaft: Die Diskussion um die Greencard in Deutschland zeigt den Bedarf an gut ausgebildeten Fachkräften aus dem Ausland. In den innovativen Zukunftsbranchen herrscht Unverständnis über nationale Schranken und Zuwanderungsbeschränkungen. Die Warenströme, Technologien und Marketingmaßnahmen sind längst länder- und kontinenteübergreifend angelegt, eine Beschränkung der Personalpolitik auf nationale Grenzen zieht fast zwangsläufig Nachteile für die betroffenen Unternehmen nach sich.

Einwanderer schaffen nicht nur Vielfalt statt Einfalt, sie sind auch erfolgshungriger. Das kann man in Einwanderungsländern wie den USA sehen, wo viel wirtschaftliche Dynamik von begabten und qualifizierten Zuwanderern ausgeht. Allerdings muss man gleichzeitig feststellen, dass unter den (illegalen) Einwanderern aus Mittel- und Südamerika derweil bitteres Elend herrscht: zwei Seiten derselben Medaille, die Globalisierung heißt.

Globalisierung und US-Dominanz

Eine wachsende Zahl von Aktivitäten findet über nationale Grenzen hinweg statt. Nichts zeigt dies so deutlich wie das Internet, mit dem man sich in Sekundenschnelle von nahezu jedem Ort der Welt in eine Bibliothek in Deutschland, Japan oder den USA einloggen kann.

Die Globalisierung betrifft freilich nicht nur Wirtschaft und Konsum, sondern auch Kultur und Sport, und sie hat spätestens nach dem Zweiten Weltkrieg begonnen. In der Wirtschaft brachten multinational agierende US-Unternehmen den Segen amerikanischen Wirtschaftens über alle Welt, und Hollywood vermittelte durch seine erdrückende Vorherrschaft in Kinos rund um den Globus den „American way of life". Daher ist die Globalisierung vor allem amerikanisch, Shareholder-Value ein amerikanisches Konzept und Englisch die Sprache der internationalen Kommunikation.

Warum waren ausgerechnet US-Unternehmen so erfolgreich? Warum haben amerikanische Managementmethoden zumindest in westlichen Industrieländern eine derartige Dominanz gewonnen? Weil in einem Pionierland wie den Vereinigten Staaten des 19. Jahrhunderts keine Traditionen (die allerdings auch gelegentlich als Ansammlung kultureller Altlasten angesehen werden können) Innovationen erschwerten.

Während in Europa Relikte aus dem Mittelalter wie Zunftordnungen Bestand hatten (selbst heute noch wirken sie nach, indem z. B. in Deutschland kein Handwerksbetrieb ohne Meister gegründet werden darf), waren die USA frei von solchen Restriktionen. Ungehindert konnte man sich auf eine Verbesserung der Arbeitsleistung konzentrieren und Arbeits-, Zeit- und Bewegungsstudien durchführen, um Arbeitsabläufe und die Arbeitsplatzgestaltung zu optimieren (während in Londons Fleet Street die Zeitungen noch bis 1986 mit Bleilettern handgesetzt wurden, weil die Drucker mit ihren Gewerkschaften sich jeglichen Modernisierungen widersetzten). Nicht zufällig entstand die Fließbandarbeit in diesem Land der unbegrenzten Möglichkeiten. Damit erlangten US-Unternehmen schnell einen Produktivitätsvorsprung gegenüber der restlichen Welt, der das Land vom Industrialisierungsspätstarter an die Spitze der Industrieländer katapultierte. Ihre Führungsrolle haben sie nicht mehr abgegeben.

Die These des oben zitierten Stern-Artikels lautet: Erfolgshungrige Einwanderer(kinder), die ihre Chance genutzt haben, machten Frankreichs Fußballnationalmannschaft zum Welt- und Europameister. Verallgemeinert und auf die Wirtschaft übertragen ist das ein Plädoyer für offene Grenzen. Aber man braucht dafür mehr als grüne Karten für Computerexperten.

Champions und ihre League

Im Europa nach dem Zweiten Weltkrieg ging der Traum von einer Vereinigung der Nationen um. Zugleich herrschte Kalter Krieg. Man suchte Mittel und Wege, die unüberwindlichen politischen Hürden zu beseitigen: Den so genannten „unpolitischen" Sportverbänden wie der UEFA gelang es, die Spaltung zu überbrücken. Um europäischen Fußball-Vereinsmannschaften die Möglichkeit zu geben, auf internationalem Parkett regelmäßig gegeneinander anzutreten, wurden Mitte der Fünfzigerjahre diverse Pokalwettbewerbe begründet.

Viele Jahre lang lebte man nun mit einem „Dreigestirn". Für die Meister aller Ligen gab es seit 1955 den Wettbewerb der Landesmeister. Dieser Landesmeister-Pokal war das Höchste, was eine Vereinsmannschaft in Europa erlangen konnte. Die Pokalsieger hatten ihren eigenen Wettbewerb, und einige weitere Vereine – darunter aus Deutschland zuletzt meist vier bis fünf – trafen im Messe- oder später UEFA-Pokal aufeinander.

1962/63, in der letzten Saison vor Einführung der Bundesliga, nahm der FC Bayern erstmalig am Messepokal (der unter diesem Namen zwischen Vereinen aus Messestädten ausgetragen wurde) teil und erreichte immerhin das Viertelfinale. In seiner ersten Bundesliga-Saison 1965/66 gewann der FC Bayern den DFB-Pokal und war damit für den Pokalsieger-Wettbewerb qualifiziert, den man im Folgejahr auf Anhieb gewann. Das war der erste internationale Erfolg, aber nicht der letzte.

Sie nannten ihn „Bulle"

„Bulle" Franz Roth war im Sommer 1966 aus dem eigenen Jugend-Nachwuchs hervorgegangen. Am 31. Mai 1967 stand er mit dem FC Bayern im Endspiel um den Pokal der Pokalsieger in Nürnberg gegen die Glasgow Rangers. In der Verlängerung (108. Minute) machte Roth das einzige Tor des Abends. Er erinnert sich: „Rainer Ohlhauser schlägt einen weiten Pass an den Sechzehner der Rangers. Der Ball hat Effet, ist raffiniert angeschnitten. Deshalb saust McKinnon mit dem Kopf dran vorbei. In dem Moment reißt mich ein Schotte um. Im Fallen gibt's für mich nur eine Möglichkeit, mit links die Kugel Richtung Tor zu schlenzen. Als ich wieder aufstehen will, reißen mich die anderen gleich wieder zu Boden und schreien wie die Wahnsinnigen – 1:0. Nach dem Abpfiff kommt [Trainer] Tschik [Cajkovski] weinend auf den Platz und hat uns alle geküsst. Zu mir sagt er: ‚Junge, Du sein König'. Als wir mit dem Pott in die Kabine kommen, ist schon Sekt da. Auf Bestellung von Robert Schwan, der wusste, dass wir gewinnen."
Das war das erste von drei Roth-Toren in vier Europacup-Endspielen. Am 28. Mai 1975 schoss Roth das 1:0 (Endstand 2:0) gegen Leeds United und am 12. Mai 1976 das entscheidende 1:0 gegen AS St. Etienne.

Unvergessen sind die glorreichen Jahre 1974 bis 1976, in denen der FC Bayern dreimal in Folge die europäische Krone gewann, den Pokal der Landesmeister. Von nun an sah sich der FC Bayern München als der naturgegebene Repräsentant des deutschen Vereinsfußballs auf internationalem Parkett. Auf diesem war man nun auch fast ständig vertreten. Von einem Gewinn des UEFA-Pokals 1996 abgesehen blieben zählbare Erfolge allerdings aus – bis 2001 der Champions-League-Titel und ein halbes Jahr später der Weltpokal errungen wurden.

Die ganzen international mageren Jahre hindurch meinten die Bayern, eine europäische Topmannschaft zu sein, was sie aus den von Jahr zu Jahr weiter zurückliegenden Triumphen und ihrer Vorherrschaft in Deutschland ableiteten. Die Umgebung akzeptierte den Anspruch ebenso wie die Bayern selbst an ihn glaubten. Ihre unentwegte Präsenz gab ihnen tatsächlich Recht. Außer in drei verlorenen Endspielen (1982 Aston Villa, 1987 FC Porto, 1999 Manchester United) mussten die Bayern während ihrer 36 Bundesligajahre in zehn Halbfinal- (1968 AC Mailand, 1972 Glasgow Rangers, 1980 Eintracht Frankfurt, 1981 FC Liverpool, 1985 FC Everton, 1989 SSC Neapel, 1990 AC Mailand, 1991 Roter Stern Belgrad, 1995 Ajax Amsterdam, 2000 Real Madrid) und sieben Viertelfinalbegegnungen (1971 FC Liverpool, 1973 Ajax Amsterdam, 1977 Dynamo Kiew, 1983 FC Aberdeen, 1986 RSC Anderlecht, 1988 Real Madrid, 1998 Borussia Dortmund) ihre Hoffnungen begraben. Diese teils sehr unglückliche, aber doch beeindruckende Bilanz sagt andererseits aus, dass der Verein in 36 Jahren nur zehnmal (!) nicht wenigstens das Viertelfinale eines europäischen Wettbewerbs erreicht hat.

Lobbyismus

Natürlich gehören die Bayern zur Vereinigung der größten europäischen Clubs „G14". 14 Vereine haben sich 1998 zusammengeschlossen, um ihre Interessen als Großvereine besser bündeln und durchsetzen zu können. Sie hatten zunächst das Ziel, eine Teilnahme am höchsten europäischen Wettbewerb sicherzustellen – möglichst unabhängig vom nationalen Erfolg. Das heißt, selbst wenn man versehentlich mal nicht Meister würde, wollte man die Chance haben, im eigentlich verdienten Meisterwettbewerb dabei zu sein. Schließlich gab es dort das meiste Geld zu verdienen.

G14

Zu der G14 (Group of 14, UEFA-Clubkommission) gehören folgende Vereine: Real Madrid, FC Barcelona, FC Liverpool, Manchester United, AC Mailand, Inter Mailand, Juventus Turin, Ajax Amsterdam, PSV Eindhoven, Paris St. Germain, Olympique Marseille, FC Porto, Borussia Dortmund und Bayern München. Seit 1999 ist Karl-Heinz Rummenigge einer von zwei stellvertretenden Präsidenten in diesem Gremium.

Fünf Vereine (Hertha BSC, AS Rom, FC Parma, Lazio Rom und Glasgow Rangers) haben im Januar 2001 offiziell die Aufnahme in die G14 beantragt. Sieben weitere Vereine haben ihr Interesse an einem Beitritt bekundet.

Der Landesmeister-Wettbewerb mit nur einem Teilnehmer pro Land war dafür zu klein. Spanien, England, Italien, Frankreich, die Niederlande und Deutschland hatten schließlich mehrere ambitionierte, große, wichtige, ja unverzichtbare Clubs.

Ihre zum Teil gigantischen Ausgaben für Spielertransfers mussten irgendwie wieder eingespielt werden. Den Vereinen war also daran gelegen, möglichst sicher hohe Einnahmen zu erzielen. Ausrutscher, seit jeher attraktiver Bestandteil von im K.-o.-System gespielten Pokalwettbewerben, waren da höchst unwillkommen. Ihre Wahrscheinlichkeit musste also reduziert werden.

Ein erster Schritt in die „richtige" Richtung war die Champions League. Sie trat in der Saison 1992/93 an die Stelle des Landesmeister-Wettbewerbs. In Vierergruppen spielte zunächst jeder gegen jeden, auswärts und daheim, und diese sechs garantierten Spiele sollten genügen, um etwaige Überraschungen auszubügeln oder wenigstens kräftig daran zu verdienen. Anschließend ging es im K.-o.-System weiter. Dank der Fernsehübertragungs- und Werbeeinnahmen sprudelte das Geld in Strömen.

Die großen Vereine wollten möglichst lange im Pokalwettbewerb bleiben, und die Fernsehsender wollten dies ebenfalls, um in attraktiven Begegnungen mit hohen Einschaltquoten die Werbezeiten besser verkaufen zu können. Da der europäische Fußballverband seinerseits nicht leer ausging – jeder, der mitzureden hatte, verdiente daran – rannten Spitzenclubs und Fernsehanstalten offene UEFA-Türen ein mit ihrem Drängen, den Großen weitere Vorteile zu bescheren. Der Modus der Champions League wurde mehrfach verändert.

Am 10. Dezember 1998 entschied das Exekutivkomitee der UEFA, die Teilnehmerzahl in der Champions League ab 1999 von 24 auf 32 (acht Gruppen mit je vier Teams) zu erhöhen, eine Zwischenrunde einzuführen, in der die beiden Besten einer jeden Gruppe in vier Gruppen mit je vier Mannschaften aufeinandertreffen, und insgesamt die möglichen Einnahmen für einen Verein auf etwa 35 Millionen Mark (17,9 Millionen Euro) zu verdreifachen (in der Saison 2000/01 bescherte die Champions League alleine dem FC Bayern 53,9 Millionen Euro). Der Pokal der Pokalsieger sollte in den UEFA-Pokalwettbewerb, dieser nun erweitert auf 96 Teams, integriert werden.

Der Rolls-Royce unter den Ligen

UEFA-Präsident Lennart Johansson begründete die erweiterte Champions League folgendermaßen: „Sportpolitik ist Realpolitik, wir mussten die Alternative beurteilen: Das wäre die künstliche Superliga gewesen, die 16 große Clubs unter sich ausgespielt hätten. Also haben wir die Champions League zu einem Rolls-Royce gemacht. Die kleinen Verbände bekommen weiter ihr Geld, und auch wenn ihre Chancen gering sind: Es können sich alle qualifizieren" (Der Spiegel 2/99).

Selbst der Bundesliga-Tabellenvierte (bzw. aufgrund einer Rückstufung der Bundesliga mangels internationaler Erfolge ab 2002 nur noch der Dritte, denn für das Kontingent eines jeden Landes zählt das internationale Abschneiden seiner Vereine in den letzten fünf Jahren) konnte sich nun für die Champions League qualifizieren. Damit war ein wesentliches Ziel des FC Bayern erfüllt und eine Dauerpräsenz auf der höchsten europäischen Ebene weitgehend gewährleistet, sofern man von Erfahrungen der Vergangenheit auf die Zukunft schließen kann. In ihrer 36-jährigen Bundesliga-Zugehörigkeit sind die Bayern nur zehnmal nicht unter den ersten drei gewesen.

Allerdings brachte dieser neue Modus der Champions League Probleme mit sich. „Es hat im letzten Jahr viel Kritik gegeben. Zu viele (schlechte) Spiele, zu viele Mannschaften, die einer Champions League nicht würdig waren. Weil eben nicht nur allein die Champions mitmachen dürfen, nicht wie einst im Europapokal der Landesmeister oder in den Anfängen der Champions League. Die Aufstockung auf 32 Teams bedeutete einen Anstieg von 85 auf 157 Spiele. Jetzt versuchen die Clubs eine Rolle rückwärts. Zum Beispiel wird ein neuer Modus verlangt, sodass die Teams weniger Spiele bestreiten müssen. Aber: Die Einnahmen sollen natürlich mindestens gleich hoch bleiben. Es wird zu einem neuen Machtkampf [zwischen G14 und UEFA] kommen", schreibt der Tagesspiegel (Berlin, 26.08.00).

Halb so wild ...

Wen Kommerzialisierung und Globalisierung des Fußballs stören, den beruhigt Norbert Bolz mit einer eigenwilligen These: „Fußball ist die 90-Minuten-Religion der modernen Welt. Hier kann man das Unvorhersehbare genießen, hier spürt man die Macht der Gefühle, hier findet Weltkommunikation statt. Das funktioniert zur Not auch ohne deutsche Spieler, denn die Fans identifizieren sich mit ihrem Verein wie mit einer Marke. Bayern München funktioniert wie Nike. Deshalb ist Fußball die Vorzeigewirklichkeit des Multikulti. Es ist nicht wichtig, woher die Spieler kommen. Sie sind auswechselbare Module, die unter dem Dach einer großen Marke arbeiten. Das ist auch deshalb faszinierend, weil es eine Arbeit ist, die Spaß macht: hard fun, wie die Amerikaner sagen. Die Kommerzialisierung des Fußballs hat ihn nicht zerstört, sondern das Erlebnis perfektioniert.
Wie jede Religion stiftet der Fußball Sinn, und zwar durch gute Geschichten: die Phantommeisterschaft für vier Minuten auf Schalke, der Elfmeter-Krimi der Champions League am letzten Mittwoch. Die Kirche der 90-Minuten-Religion ist für den Durchschnittsfan die ‚ran'-Sendung. Hier holt man sich seine wöchentliche Dosis Heil, Verzweiflung und Trost ab. Wer kein Fußballfan ist, kann einem Leid tun" (Welt am Sonntag, 27.05.01).

Auch der FC Bayern, ein Befürworter der erweiterten Champions League, merkte, dass bis zu 17 Spiele neben dem Bundesliga-Alltag viel Kraft und Konzentration fordern, die in der Meisterschaft eventuell fehlen. Umso höher war die Leistung der Bayern zu bewerten, in der Saison 2000/01 beide Wettbewerbe gleichzeitig zu gewinnen, doch da ruderte man bereits zurück.

Und in der Tat schrieb die UEFA die Champions League für die Saison 2003/04 neu aus. Neben dem bekannten Format mit 17 Runden wurde ein „alternatives Format" mit 13 Runden – einer Gruppenrunde mit anschließendem K.-o.-System – vorgeschlagen, und nun durften Sportagenturen sich um die Vermarktung bewerben. „Die UEFA hatte die Agenturen aufgefordert, ‚Minimum-Garantien' für die Erlöse aus Fernsehen und Sponsoring zu nennen, und zwar sowohl für 17 wie auch für 13 Spieltage. Welche Offerten nun konkret vorliegen, ist noch nicht durchgesickert. Die europäischen Spitzenvereine, die sich in der G14 zusammengetan haben, sind laut Hoeneß aber in die Sichtung der Angebote eingebunden. Auch Bayern-Vizepräsident Karl-Heinz Rummenigge sitze mit am Tisch, sagt Hoeneß" (Süddeutsche Zeitung, 13.11.01). Dem alternativen Format, u. a. von den Bayern bevorzugt, wurden freilich keine großen Chancen eingeräumt. Die UEFA entschied dann auch im Dezember, bis zunächst 2006 bei 17 Runden zu bleiben.

Dabei darf eine gewisse Gefahr für die Attraktivität der Champions League nicht übersehen werden. Eine zu massive Einflussnahme der G14 könnte nämlich den Wert der Veranstaltung infrage stellen. Und zwar folgendermaßen (rein hypothetisch):

Ein selbstbewusster Spitzenverein würde angesichts des Risikos von Pokalwettbewerben idealerweise sagen: „Wahrhaft große Clubs sind solchen Belastungen gewachsen, und wer ihnen nicht gewachsen ist, ist definitiv kein Champion. Nehmen wir also die Herausforderung an, und wenn wir scheitern, wissen wir, dass wir noch besser werden müssen." Eine solch aufrechte und gradlinige Haltung von allzu vielen Clubs zu erwarten, ist jedoch ein wenig kühn und unrealistisch. Schließlich handelt es sich inzwischen um Wirtschaftsunternehmen, und für die ist Geldverdienen wichtiger als Siegen.

Daher wird die Mehrheit der großen Clubs nach einem Sicherheitsnetz rufen, das ihnen selbst bei schlechtem Abschneiden Exklusivität und hohe Einnahmen verspricht. Dies kann nur durch eine Abschottung nach außen geschehen, die anderen, inzwischen in die Spitzengruppe vorgerückten Vereinen den berechtigten Zugang zum exklusiven Zirkel erschwert. Eine geschlossene Euroliga eben anstelle der offenen Champions League, für die sich jeder Teilnehmer alljährlich neu qualifizieren muss.

Eine Euroliga freilich wäre ein Spiel mit gezinkten Karten. Fairness bliebe zugunsten von Macht und Profitgier auf der Strecke. Wenn Vereine mit schlechtem Management oder falscher Personalpolitik nicht durch fehlendes Erreichen oder frühes Ausscheiden aus einem europäischen Pokal bestraft, sondern durch eine quasi garantierte Teilnahme sogar noch belohnt würden, wäre das unfair und würde die falschen Signale setzen, denn nicht Leistung, sondern Macht würde honoriert. Würden mächtige Clubs sportlich überlegenen Vereinen die wohlverdiente Teilnahme verwehren, dann würde das die Qualität des Wettbewerbs infrage stellen. Dann könnte man gleich Schaukämpfe stattfinden lassen und Ergebnisse vorgeben – und die UEFA wäre eine Euroliga-Schutzbehörde im schlechtesten Sinne.

Marktzutrittsbarrieren

Überall dort, wo von Interessengruppen, Berufsverbänden usw. Marktzutrittsbarrieren aufgebaut und neue, oft innovative Konkurrenten abgeblockt werden, besteht der Verdacht einer Abschottung vor intensiverem Wettbewerb. Zwar werden als Begründungen gerne Verbraucherschutz, ominöse Marktbedürfnisse, ruinöser Wettbewerb oder sonstige Scheinargumente bemüht, aber wozu ist Wettbewerb sonst da, wenn er schwache Anbieter nicht durch drohenden Ruin diszipliniert und zu höheren Leistungen anspornt? Was schützt Verbraucher besser vor Anbietern schlechter Produkte als deren Ende?

Natürlich bedarf es geeigneter Rahmenbedingungen. Die müssen den Markt offen halten, Transparenz herstellen, kleine Anbieter vor Übergriffen mächtiger Konkurrenten schützen und illegale Aktivitäten unterbinden. Sie dürfen jedoch nicht schlechte Anbieter vor einem Ausscheiden aus dem Wettbewerb schützen, denn dann hätte der Wettbewerb seinen Zweck verfehlt.

Daraus lässt sich im Fußball die Forderung ableiten: Ein starker, attraktiver Wettbewerb um die europäische Fußballkrone darf keinerlei Abschottungstendenzen kennen. Jeder Verein muss ihn im Prinzip erreichen können. Ebenso muss jeder Verein ausscheiden können, egal wie reich und mächtig er ist. Und schließlich können europäische Pokalwettbewerbe nur neben den nationalen Ligen bestehen und nicht in Form einer übergeordneten Euroliga über ihnen thronen (was nach dem Prinzip der Risikostreuung eigentlich auch gar nicht im Interesse der Spitzenvereine liegen kann, denn nur durch parallele Wettbewerbe haben sie im Falle eines Ausscheidens noch andere Eisen im Feuer). Weiter als es bei der Champions League geschehen ist, darf man den Großvereinen nicht entgegenkommen.

FAZIT ZU THESE 19:

Lobbyismus heute bedeutet meist, dass sich erfolgreiche Organisationen noch zusätzlich Gehör verschaffen. Wer als Unternehmer wirtschaftlich in der Defensive ist, kann sich in der Regel keine eigene Lobbyarbeit leisten. So ist es heute meist Realität, dass gut organisierte Gruppen die Interessen weniger, aber mächtiger Akteure durch geschickten Lobbyismus beim Gesetzgeber durchsetzen können (wie die G14 in der UEFA), während die Interessen der schlecht organisierten Mehrheit auf der Strecke bleiben.

Mancur Olson hat diesen Mechanismus anschaulich beschrieben. In Deutschland wurde im Januar 2001 das Ministerium für Verbraucherschutz mit Renate Künast an der Spitze gegründet, in dem u. a. das Land-

wirtschaftsministerium aufging. Spätestens zu dem Zeitpunkt offenbarten schwere Skandale („BSE-Krise", „Schweinemastskandal" usw.) im Zusammenhang mit Tierhaltung und „Fleischproduktion" schonungslos, dass das Lebensmittelrecht die Agrarindustrie und nicht die Verbraucher schützt. „Keine Macht in der Bundesrepublik ist so gut abgesichert wie die der Agrarlobby" (Die Zeit 3/01).
Natürlich versucht jeder (sowohl Leo Kirch als auch Bill Gates), seine Interessen bestmöglich durchzusetzen. Umso wichtiger ist es, *Gegengewichte* und Korrektive zu übermächtigen Monopolen und Oligopolen zu schaffen. ◆

Lokale Verwurzelung

Was für sämtliche großen Vereine in allen europäischen Ligen gilt, trifft auch auf den FC Bayern zu. Die Bundesliga benötigt den Verein, weil er ein Zugpferd und Vorbild ist, Zuschauer in die Stadien lockt und das Niveau insgesamt hebt. Der Verein benötigt zugleich die Bundesliga, und zwar nicht nur, um den Kontakt zu seinen Fans zu halten. Sie ist auch wichtig, um sich als nationaler Champion definieren zu können.

Die Erfolge im eigenen Land, der immer wieder neu zu erkämpfende (und oft genug nicht erreichte) Titel des Deutschen Meisters, die immer wieder von der Gefahr peinlicher Schlappen bedrohte Teilnahme am DFB-Pokal – das sind Leistungen, durch die man sich den Anspruch erwirbt, als nationale Topmannschaft auf internationaler Ebene aufzutreten. Erst weil diese Titel jedes Jahr erneut erkämpft werden müssen, was selbst den Bayern meistens nicht gelingt, sind sie wertvoll.

Nach drei Meisterschaften schadet es nicht, sie mal wieder zu verlieren, um neue Motivation zu tanken und bei der Konkurrenz die Hoffnung am Glimmen zu halten. Außerdem besteht die Gefahr, dass man bei zuviel Erfolg überheblich und leichtsinnig wird. Je größer der Hochmut, desto tiefer der Fall.

Selbstverständlich wollen die Bayern alles daran setzen, doch ein viertes Mal Meister zu werden. Ottmar Hitzfeld kennt die Fallstricke, und so drückte er sich vor Beginn der Vorbereitung auf die neue Saison sehr deutlich aus: „Ich werde den Spielern klarmachen, dass sehr viel Disziplin notwendig sein wird. Es gibt keinen Bonus für Champions-League-Gewinner. Wer ausschert, wird verkauft. Die Spieler sollen wissen, dass meine Antennen ausgefahren sind."

Die Meisterschaft ist also nach wie vor das vorrangige Ziel. Die phasenweise diskutierte Euroliga oberhalb der nationalen Ligen ist zurzeit glücklicherweise kein Thema. Denn wie soll ein Verein seine treuesten Fans behalten, die ihm überallhin folgen wollen, wenn er im Falle einer Euroliga nur teilweise im eigenen Land und sonst zumeist tausende von Kilometern entfernt spielt? Würde der FC Bayern nicht mehr in der heimischen Spitzenliga antreten, keine aufgeheizten Lokalderbys mit dem ihnen eigenen Flair und hundert Jahren Tradition (wie gegen 1860 München) oder Begegnungen gegen klassische Gegner absolvieren, an die sich große Erinnerungen knüpfen (Borussia Mönchengladbach, HSV, Werder Bremen, Schalke 04 usw.), wäre er dann nicht uninteressant, einfach weg vom Fenster?

So muss es nicht, aber so kann es kommen. Ein gewisser Heimatbezug ist nicht alles, aber ohne ihn ist alles nichts. Die Fans brauchen ihn zur Identifikation, und die Vereine brauchen ihre Fans. Nur mit Fernsehübertragungen aus der Ferne, dem Ausland, landet man allzu bald in einer virtuellen Welt mit virtuellen Fans, die sich per Knopfdruck zur Konkurrenz verabschieden. Schließlich ist niemand darauf angewiesen, Bayern-Fan zu sein. Man kann sich auch einen anderen Verein suchen. Deshalb betont Uli Hoeneß: „Der Fan ist das Allerwichtigste. Alles, was wir tun, ist, dem Fan etwas zu bieten, damit er sich mit dem Verein identifiziert. Wenn du keine Fans mehr hast, kannst du den Laden zumachen."

Das Mäuschen und die Kuh

Der deutsche Biermarkt ist mit über 1200 Braustätten aus Konsumentensicht erfreulich zersplittert und daher vielfältig. Selbst die größten Gruppen (Holsten als einzige mit über zehn Prozent Marktanteil, Binding, Brau + Brunnen) sind nach internationalen Standards eher klein.

Im Jahr 2001 hat Holsten die Lüneburger Kronenbrauerei stillgelegt, weil in der Konzernstrategie kein Platz für sie war. Zwar wehrte sich die ganze Region gegen den Verlust ihrer lieb gewonnenen Biere (Lüneburger Pilsener, Moravia Pils), doch vergeblich. Die Firmenpolitik wird in Hamburg gemacht, und wen in der Hamburger Zentrale interessiert schon Lüneburg, wo man doch in globalen Kategorien denkt …

Auch in anderen Branchen, z. B. bei den Banken, ist ein fortschreitender Verlust der regionalen Wurzeln zu beobachten: Immer mehr Kreditinstitute fusionieren überregional, um auf dem europäischen Markt bestehen zu können – sagen sie. Und wenn sie groß genug sind, verlieren sie ihre Kunden aus den Augen und schließen die kleineren Niederlassungen.

Sind Größenwahn und Fusionitis mit Denkfaulheit der Verantwortlichen zu erklären? Ist es eine Mode, propagiert von wenigen internationalen Schwerverdienern? Folgen Manager, weichgespült vom unentwegten Globalisierungsgemurmel, einfach nur nervös dem Herdentrieb, um bloß keine Fehler zu machen, bis sie – wie Lemminge – über die Klippe stürzen?

Der Holsten-Konzern geriet jedenfalls im November 2001 ins Trudeln. Die polnische Tochter Brok S.A. produzierte massive Defizite, Holsten hatte 360 Millionen Euro Bankschulden und galt bereits als Übernahmekandidat. Größe geht eben auch mit Komplexität und unangenehmen Überraschungen einher.

Dass es anders geht, auch in der Bierbranche, zeigen viele kleinere, in ihrer Region verwurzelte Brauereien, die durchaus erfolgreich sind und ihren Kunden ein heimisches Bier anbieten. Rainer Pott etwa, Inhaber der Potts Brauerei in Oelde in Westfalen, hält wenig von der Konzernstrategie mit ferngesteuerten Braustätten und glaubt, dass kleinere Brauereien, die ganz auf ihren lokalen Bezug setzen, sich gut am Markt behaupten können: „Als Mäuschen hat man doch kein Problem, unter einer Kuh zu leben."

Die lokale Verbundenheit eines Unternehmens oder eben auch eines Vereins sorgt gleichzeitig für eine Bindung der regionalen Bevölkerung zu dem Unternehmen oder Verein. Das ist zwar nur eine begrenzte Zahl von Kunden oder Fans, aber die kennen ihren Anbieter und sind treu, solange Produkte und Qualität in Ordnung sind.

Manchmal ist der Spatz in der Hand besser als die Taube auf dem Dach. Den regionalen Markt zu bedienen ist eine mögliche Nischenstrategie für kleine und mittlere Betriebe. Wenn fusionierende Unternehmen mit globalem Anspruch regionale Märkte aus den Augen verlieren, lassen sie Betätigungsfelder für kleine Anbieter zurück. Zahlreiche neu gegründete Gasthausbrauereien füllen das Vakuum aus, das globalisierungsdurstige Braukonzerne mit ihren standardisierten Einheitsbieren hinterlassen. Die Konsumenten danken es den Kleinen mit reger Nachfrage.

„Schuster, bleib bei deinen Leisten", sagt der Volksmund. Die Manager kleiner und mittlerer Unternehmen sollten darüber nachdenken. Bescheidenheit ist in der heutigen Zeit zwar nicht modern, hat aber durchaus Vorteile. Da der angestammte heimische Markt überschaubar ist, halten sich böse Überraschungen in Grenzen. Auf dem regionalen Markt kann ein Unternehmen Marktführer sein, das als Konkurrent zu irgendwelchen Weltunternehmen nie eine Chance hätte.

Die „Welt-AG"

Die Zahl internationaler „Mega-Fusionen" hat in den letzten Jahren erheblich zugenommen. Zusammenschlüsse von Daimler-Benz und Chrysler, der Deutschen Bank und Bankers Trust, von Hoechst und Rhône-Poulenc zu Aventis usw. krempeln das nationale und internationale Wirtschaftsgefüge um. Hinzu kommen weltweite Allianzen wie zwischen großen Fluglinien.

Vom „Zwang zur Größe" (WirtschaftsWoche 29/99) ist die Rede und dass dies alles erst der Anfang sei. So könnten Unternehmen Größenvorteile nutzen. Explodierende Entwicklungskosten seien anders nicht mehr aufzubringen. Der weltweite Vertrieb werde erleichtert. Global Player könnten rund um die Uhr arbeiten, weil irgendwo immer Tag sei. Freier Welthandel eben.

Aber die wenigsten Fusionen sind erfolgreich. Wenn sie nicht bereits im Vorfeld scheitern (z. B. Deutsche Telekom und Telecom Italia, Deutsche Bank und Dresdner Bank), kann es bei der Umsetzung aufgrund unüberbrückbarer Differenzen der Unternehmenskulturen, wegen Sprachproblemen oder verletzten Eitelkeiten der

Topmanager gravierende Probleme geben. Oft schlägt dann die Stunde der Headhunter, die viele der fähigsten und wichtigsten, aber frustrierten Spitzenkräfte für die Konkurrenz abwerben, wodurch unkalkulierbarer Schaden entsteht und die erwarteten Vorteile infrage gestellt werden.

Optimistische Fachleute glauben freilich an eine Lernkurve. Nächstes Mal klappt es besser. Nächstes Mal werden Fehler vermieden. Aber auch DaimlerChrysler, wo man mit einem ehrgeizigen Pensum zunächst alles richtig zu machen (und die Fehler von BMW bei seinem Rover-Engagement zu vermeiden) glaubte, bekam bald große Probleme, und für Daimler-Benz erwies sich Chrysler als regelrechter „Klotz am Bein", der den Börsenwert erheblich minderte.

Wer im Streben nach Größe die lokale Verbundenheit aufgibt, sollte bedenken: Größe mag wohl höhere Umsätze bringen, aber die gehen mit steigenden Kosten, komplexeren Strukturen, unübersichtlicheren Märkten, höheren Risiken einher, ohne dass es eine Garantie für höhere Gewinne gibt. Als Preis dafür setzt man das spezielle Verhältnis zu den Kunden aufs Spiel, für die man aufgrund der Nähe einst etwas Besonderes darstellte. Man wird austauschbar. Ob Brauerei oder Sparkasse – es genügt nicht mehr, auf örtlichen Schützenfesten präsent zu sein.

Tatsächlich scheint die „Fusionitis" oft mit einem schwachen Management erklärbar. Die angeblich zu geringe Größe wird als Ausrede für schlechte Ergebnisse benutzt und vom Publikum allzu bereitwillig akzeptiert. Doch wenn ein Management, das bereits mit den alten Strukturen nicht zurecht kam, sich noch komplexere Strukturen aufhalst, sind bessere Ergebnisse unwahrscheinlich. Analysten sollten daher, statt Größenwachstum reflexhaft zu feiern, in jedem Einzelfall genau untersuchen, ob nicht gerade ein Ablenkungsmanöver stattfindet, bei dem Manager auf Zeit spielen und interne Probleme zu kaschieren versuchen.

„Größe ist kein Ersatz für Strategie", hat Rolf-Ernst Breuer einmal die Megafusionen kommentiert, und die Automobilindustrie bestätigt dies. Während die größten Hersteller, General Motors, Ford und DaimlerChrysler, im ersten Quartal 2001 Umsatzeinbußen hinnehmen mussten, florierten kleinere Unternehmen wie BMW, Honda und Porsche. „Ich kann mich nicht entsinnen, jemals einen klaren Zusammenhang zwischen Größe und Erfolg gesehen zu haben", so BMW-Chef Joachim Milberg in Detroit. „Zurzeit scheint es eher, als würden mit der Größe die Probleme zunehmen" (Time 24/01). Für diese Erkenntnis hat auch BMW mit seinem Rover-Abenteuer viel Lehrgeld zahlen müssen.

Globalisierung in Verruf

Im Zuge der Globalisierung treten also strukturelle Defizite und andere Mängel auf. Aber: Sie waren in der Regel schon vorher vorhanden. Erst die Vergleichsmöglichkeiten durch steigende Transparenz und zunehmendes Wissen über andere Länder haben sie sichtbar gemacht. Das eigentliche Problem liegt also nicht bei der Globalisierung, sondern bei den Strukturen. Diese müssen geändert werden, was jedoch durch Reformunwillen oder -unfähigkeit verhindert wird.

„Brain gain" statt „brain drain"

Deutschland laufen die fähigsten Forscher davon, wie etwa Die Zeit in ihrem Dossier (21/01) aufzeigte. Grund sei der Reformunwille deutscher Universitäten, mangelnde Kontakte unter und zwischen Forschungsestablishment (Professoren) und Nachwuchs, mangelnde Interdisziplinarität, mangelnde Offenheit gegenüber neuen Ideen und Ansätzen, mangelnde Innovationsfähigkeit. Und die etablierten Professoren in den Habilitationskommissionen sorgen für die Erhaltung des guten, alten Status quo.

Da gehen vielversprechende Nachwuchsforscher doch lieber ins Ausland, in die USA beispielsweise, wo sie gefördert werden. Eine Juristin wird zitiert: „In den USA hörte ich den Satz: *You will flourish here.* In Deutschland hieß es: Du musst hier die Ochsentour absolvieren."

Globalisierung sorgt für Transparenz. Schonungslos offenbart sie die Schwächen einzelner Länder, weil Vergleiche möglich sind. Das gefällt den Schwachen natürlich nicht. Sie schreien nach Protektion und schimpfen auf den globalen Wettbewerb, während eine Abstimmung mit den Füßen stattfindet. Dieser „brain drain" (Abzug von Intelligenz) setzt sich aber so lange fort, wie die Missstände nicht beseitigt werden. Der Reformdruck nimmt zu, und das ist gut so. Denn warum soll der Steuerzahler für ein ineffektives System zur Kasse gebeten werden, wenn es auch besser geht?

In seinem Buch „Fehldiagnose Globalisierung" warnt Daniel Cohen vor einer Globalisierungsangst. Vermeintliche Probleme der Globalisierung seien zumeist hausgemacht. „Indem sich die reichen Länder einreden, dass die Gefahr von außen kommt, werden sie blind für die Veränderungen, die sie selbst auf den Weg gebracht haben; indem sie draußen nach Sündenböcken suchen, vergessen sie, sich zu Hause ums ‚Gemeinwohl' zu kümmern" (S. 171).

Sündenböcke

Die Suche nach Sündenböcken ist immer eine billige Methode, von eigenen Versäumnissen abzulenken. Dadurch, dass man sich einredet, nicht selbst für Missstände und strukturelle Defizite verantwortlich zu sein, gaukelt man sich vor, nichts dagegen tun zu können. Statt Reformen auf den Weg zu bringen, legt man resignierend seine Hände in den Schoß und lamentiert. Bequemer ist das jedenfalls.

Doch kann man ein solches Verhalten von hoch bezahlten Fachleuten in Wirtschaft und Politik nicht durchgehen lassen. Und so wird tatsächlich langsam ein gewisser Reformdruck „von unten" aufgebaut.

Fazit zu These 20:

Häufig wird die Globalisierung als Ursache für Missstände beklagt, die jedoch hausgemacht sind. Vor lauter Lamentieren übersieht man, dass der Druck zur Beseitigung struktureller Defizite eigentlich willkommen sein sollte. Und man übersieht, dass sich für Unternehmen neue Chancen bieten.

Der FC Bayern beobachtet die Entwicklungen im internationalen Fußball genau und entwickelt daraus seine Strategien.

Die Möglichkeit, Nischen auf dem heimischen Markt auszufüllen, wurde bereits erwähnt. Daneben bleibt ein Engagement auf den Weltmärkten nicht nur Großunternehmen vorbehalten. Auch Mittelständler können sich in ausgewählten Ländern oder weltweit betätigen, wenn sie entsprechende Produkte anzubieten haben. Und wenn ihnen das Know-how fehlt, können sie durch Kooperationen mit in- oder ausländischen Partnern erste Erfahrungen sammeln. Beratungsunternehmen oder die zuständige IHK helfen ebenfalls. ◆

Kontrolle

Nicht nur Wirtschaftsunternehmen haben die Möglichkeiten weltweiten Agierens erkannt und zu nutzen begonnen, sondern allmählich hat sich ein – wenn auch noch bescheidenes – Gegengewicht herausgebildet. Als Kontrollinstanz gewissermaßen, die eine wichtige Lücke schließt, die Staaten nicht füllen können. Es handelt sich um Nichtregierungs- oder Bürgerorganisationen, oft auch als NGOs (Nongovernmental Organizations) bezeichnet. Einige der wichtigsten sind amnesty international (Menschenrechte), World Wide Fund for Nature, Greenpeace (beide Umweltschutz) und Transparency International (Korruptionsbekämpfung). Sie sind zum Teil in einem rechtsfreien Raum tätig, und doch haben sie eine gewisse Akzeptanz und Anerkennung erworben, sogar seitens der Industrie.

Es handelt sich um eine Reaktion auf die Strategie multinationaler Unternehmen, sich staatlichen bzw. öffentlichen Kontrollen zu entziehen. Und es ist eine flexible, pragmatische Form der Kontrolle, wie sie von Behörden nie praktiziert werden könnte. Denn die NGOs brauchen nicht nach Zuständigkeiten und Hoheitsgebieten zu fragen, weil sie sich als weltweit zuständig sehen. Diplomatische Rücksichten brauchen sie nicht zu nehmen. Ihre Aktivisten arbeiten mit spektakulären, medienwirksamen Aktionen, mit Rufschädigung und Verbraucherboykotten. Es ist keineswegs immer legal, was sie tun, aber sie glauben dennoch, die Moral auf ihrer Seite zu haben, weil einerseits Gesetze oft nicht regeln, was sie sollten, und andererseits ökologische und soziale Probleme an nationalen Grenzen nicht Halt machen.

„‚Nach und nach ist da ein komplexer Wirkungszusammenhang deutlich geworden', meint Virginia Haufler, Konzernexpertin am Carnegie Endowment for International Peace in Washington. Der typische Verlauf einer Protestaktion – vom Medienrummel bis zum Verbraucherboykott – ist nur der Anfang. Mitarbeiter gehen auf Distanz zu ihrem verrufenen Arbeitgeber, das Engagement lässt nach, und vielversprechende Nachwuchskandidaten lassen den in ein schiefes Licht geratenen Betrieb links liegen. Nach außen müssen Firmen mit schlechtem Leumund erleben, wie Politiker misstrauisch werden, Gerichtsprozesse in Gang kommen und Genehmigungsverfahren immer länger dauern" (Die Zeit 23/01). Die Konzerne sind nicht mehr so übermächtig, wie sie einst waren.

Zu Pfingsten 2001, als die deutschen Benzinpreise bereits einen Höchststand erreicht hatten, riefen Verbraucherverbände die Verbraucher auf, Tankstellen zu boykottieren, die den üblichen „Feiertagszuschlag" erheben, also angesichts des bevorstehenden Reiseverkehrs den Preis nochmals um einige Pfennige anheben. Tatsächlich blieben Preissteigerungen aus. Verbände und Verbraucher merkten einmal mehr, dass sie nicht nur reagierende, ohnmächtige Konsumenten sind, sondern ihre Interessen durch organisierte Aktionen vertreten können. Was freilich nicht heißt, dass ihre Interessen über jeden Zweifel erhaben wären …

Fans setzen sich durch

In der Fußball-Bundesliga hat Anfang 2001 die Aktion „Pro 15:30" für ein gewisses Aufsehen gesorgt. Dabei wehrten sich die Fans gegen die auf drei Tage und vier Zeiten (Freitagabend, Samstagnachmittag und -abend, Sonntagabend) zerrissenen Spieltage, weil sie in dieser fernsehgerechten Gestaltung Auswüchse der Kommerzialisierung und vor allem eine zuschauerfeindliche Terminierung sahen. Denn die genaue Festsetzung der Spiele erfolgt wenige Wochen vorher, was eine langfristige Planung der Reisen zu Auswärtsspielen erschwert. Die Abendspiele, vor allem am Sonntag, führen zu einer nächtlichen Heimkehr der Fans – unzumutbar für viele, die am nächsten Tag arbeiten müssen.

Pro 15:30

Auszüge aus dem Forderungskatalog der Initiative „Pro 15:30" zur Spielplangestaltung in der Bundesliga (www.Pro1530.de):

1. Bundesliga

- Abschaffung des Sonntags als regulärer Spieltag/Belegung des Sonntags ausschließlich als Ausweichtermin im Sinne der am UEFA-Cup teilnehmenden Mannschaften und dies nur an unmittelbar auf entsprechende UEFA-Pokalspiele folgenden Wochenenden.

- Abschaffung des Samstagabend-Spiels.
- Die Ansetzung der Spieltage und genaue Terminierung der Begegnungen ist einmalig je Hin- bzw. Rückrunde verbindlich festzulegen.
- Es ist darauf zu achten, dass eine ausgewogene Verteilung der Spieltermine auf alle Mannschaften vorgenommen wird. Bisher waren einige Vereine auf den Samstagnachmittag „abonniert“, während andere regelmäßig freitags oder sonntags spielten.

1. und 2. Bundesliga

- Bei der Terminierung der Spieltage soll ein Vertreter aus den Reihen der Fanbeauftragten der Lizenzvereine in beratender Funktion hinzugezogen werden, um bei der Ansetzung der Spiele im Rahmen der Möglichkeiten stärker die Interessen der Fans zu berücksichtigen.
- Zudem sollten der Modus der Spielterminierung und die Begründung für die Ansetzungen öffentlich gemacht werden.
- Grundsätzlich sollte darauf geachtet werden, dass Abend- und Sonntagstermine nicht mit Spielen belegt werden, die eine Anreise von mehr als 200 bis 300 km erfordern.

Die Fan-Initiative hatte einigen Erfolg. Für die Saison 2001/02 wurden die Freitag- und Samstagabend-Spiele gestrichen. Dafür kam neuer Ärger auf die Fans zu, denn die samstägliche Bundesliga-Sendung „ran“ auf Sat 1 wurde von 18:30 Uhr auf 20:15 Uhr verlegt. Dadurch sollte der Abstand zu den Übertragungen auf Premiere World größer werden und das Bezahlfernsehen mehr Kunden finden.

Kirch pokerte jedoch zu hoch. Es unterschätzte eine Alternative zum Bezahlfernsehen, die in den letzten Jahren ständig an Beliebtheit gewonnen hat und an Spannung fast unübertroffen ist: Die Bundesliga-Sendung im öffentlich-rechtlichen Rundfunk mit ihrer Schlusskonferenz, natürlich live. Tatsächlich schalteten die Fans zunehmend das gute, alte Radio ein und verzichteten weiterhin auf einen teuren Decoder, zumal man beim Radiohören gut sein Auto waschen oder Unkraut jäten kann, und die weithin zu hörende Reportage schnell zum Anziehungspunkt für Nachbarn wird, womit sie sogar dem menschlichen Bedürfnis nach Geselligkeit entgegenkommt.

In der neuen Saison stürzte die Zuschauerquote der abendlichen Bundesliga-Sendung auf Sat 1 von über vier auf 1,68 Millionen. Nur vier Spieltage lang hielt „ran“ den Sendetermin durch. Dann gab Sat 1 klein bei und verlegte die Sendung auf 19:00 Uhr vor. Premiere senkte sogar seine Gebühren. Das komplette Bundesliga-Angebot soll bei einem Einjahresvertrag nun 420 statt vorher 514,67 Euro kosten.

Um es jedoch deutlich zu sagen: Es gibt kein Recht der Zuschauer auf eine kostenlose Bundesliga-Sendung außer dem Gewohnheitsrecht, und das ist nicht viel wert. Von daher war Kirchs Aktion nicht illegal. Es war allerdings eine Machtfrage, ob er sich durchsetzen konnte, und Kirch hat verloren. Weitere Machtkämpfe mit Fanbewegungen sind nicht ausgeschlossen, werden nach diesem ermutigenden Erfolg sogar wahrscheinlicher. Selbst im Fußball regt sich inzwischen also der eine oder andere Bürgerprotest, und es ist nicht abzusehen, was sich in Zukunft herausbilden wird.

Speerspitze für Verbraucherschutz

Diese Entwicklung ist ganz im Sinne von Bundesministerin Renate Künast, die betont, dass der Staat nicht alles richten kann. „Denken Sie an die USA, wo die Verbraucherschutzbewegung mit Ralph Nader eine personifizierte Speerspitze hat. Bei uns dagegen wird der Verbraucherschutz noch viel zu sehr verwaltet. Ich will die Verbraucher in die Lage versetzen, bewusste Entscheidungen treffen zu können. Dafür brauchen sie an der Ladentheke Transparenz und Wahlfreiheit. Die will ich ihnen verschaffen. (...) Ich will beileibe keiner Zwangsbeglückung das Wort reden. Aber als Politikerin habe ich die Pflicht, den Menschen ehrliche Informationen zu geben. Den Rest müssen sie dann selbst erledigen" (Die Zeit 38/01).

Andere Unternehmen haben bereits ähnliche Erfahrungen wie Kirch gemacht. Großes Aufsehen erregte 1995 der Einsatz von Greenpeace gegen die Versenkung der Lager- und Verladeplattform „Brent Spar" durch Shell U.K. Einige Tage lang bemühte sich der Ölkonzern um eine Aufklärung der Öffentlichkeit, während die Sympathie der Bevölkerung den Öko-Aktivisten gehörte und Tankstellenboykotte den Pächtern erhebliche Verluste bescherten. Schließlich verzichtete Shell auf die Versenkung und schaltete in vielen deutschen Tageszeitungen am 27. Juni 1995 eine ganzseitige Anzeige. Unter der fetten Überschrift „Wir werden uns ändern" hieß es u. a.:

„Das hat uns gezeigt, dass die Übereinstimmung einer Entscheidung mit Gesetzen und internationalen Bestimmungen allein nicht ausreicht. Hinzukommen muss die notwendige Akzeptanz in der Gesellschaft.

Wir haben gelernt, dass die Öffentlichkeit unsere Argumente nicht nachvollziehen konnte. Aber nicht nur das. Uns ist auch bewusst geworden, dass wir auf Sie, unsere Kunden, mehr und genauer hören müssen.

Damit haben wir auch gelernt, dass für bestimmte Entscheidungen Ihr Einverständnis genauso wichtig ist wie die Meinung von Experten oder die Genehmigung durch Behörden. Tatsachen, denen in Zukunft sicher nicht nur wir, sondern auch andere Unternehmen bei wichtigen Entscheidungen gerecht werden müssen.

Wir sind daran erinnert worden, dass wir als Unternehmen unsere Größe und Stärke letzten Endes Ihnen, unseren Kunden, verdanken.

Und wir sind daran erinnert worden, dass – wie bei uns rund um die ‚Brent Spar' geschehen – viele gute Leute aus ihrer Sicht das Vernünftigste und Beste tun können und dass dies dennoch zu einer Gesamtentscheidung führen kann, die die Gesellschaft nicht akzeptiert.

Aus den Ergebnissen der letzten Tage werden wir mit Sicherheit Konsequenzen ziehen und nach Wegen suchen, unterschiedliche gesellschaftliche Strömungen und Entwicklungen über die Landesgrenzen hinaus wahrzunehmen und entsprechend zu berücksichtigen.

Auch wenn das Lernen manchmal schmerzt – nur wer lernt, hat Zukunft. Und natürlich wollen wir Zukunft haben. Wir wollen erreichen, dass Sie uns wieder akzeptieren. Und wir wünschen uns, dass das, worauf wir stolz sind, von Ihnen wieder anerkannt wird: unsere Glaubwürdigkeit und Integrität."

So sind bekannte Unternehmen bemüht, als anständig und gut zu gelten, um es sich ja nicht mit Kunden und Mitarbeitern zu verscherzen. „Corporate Citizenship" (etwa: Unternehmen als Staatsbürger) heißt das zeitgenössische Stichwort. Unternehmen wollen „good corporate citizen" sein – oder wenigstens als solche gelten. Entsprechend lauten ihre Absichtserklärungen, wie sie z. B. in Unternehmensleitbildern aufgenommen oder in Sonntagsreden verkündet werden.

Aus dem Unternehmensleitbild von Siemens

„Wir tragen gesellschaftliche Verantwortung.
Mit unserem Wissen und unseren Lösungen leisten wir einen Beitrag für eine bessere Welt.
Wir bekennen uns zum Umweltschutz. Wir sind ein anerkanntes Mitglied der Gesellschaft in allen Ländern, in denen wir uns unternehmerisch betätigen. Qualifizierung durch Wissen sichert die Zukunft unserer Mitarbeiter. Integrität prägt den Umgang mit unseren Geschäftspartnern, Mitarbeitern, Aktionären und der Öffentlichkeit. Kulturelle Unterschiede bereichern unser Unternehmen."
(www.siemens.de).

Doch Papier ist geduldig. Daher fragt Die Zeit (23/01): „Wie weit kann [die Gesellschaft] sich auf solche Selbstläuterungskräfte der Wirtschaft verlassen? Wird ein Unternehmen nicht irgendwann immer vor dem Dilemma stehen: Geld oder Moral? Dies ist ein Grundproblem der Wirtschaftsethik – die sich im Gegensatz zur Unternehmensethik auch um die Rahmenordnung kümmert, um ein anständiges Verhältnis zwischen Gesellschaft und Unternehmen, Markt und Staat."

Und es darf der Hinweis nicht fehlen, dass auch NGOs sich strategisch verhalten, auf Publikumswirksamkeit achten und sich nicht in aussichtslosen Scharmützeln aufreiben. „Der Mechanismus zur Selbstregulierung – Unternehmer verhalten sich anständig, weil sie Rampenlicht, Skandale und Proteste scheuen – funktioniert nicht immer. Der drohende Druck von außen kommt nur bei einer Handvoll Reizthemen zum Tragen, oft hält er nicht lange an, und er gilt in der Regel nur bekannten Unternehmen, die einen Ruf zu verlieren haben. Für namenlose Firmen in der Provinz oder chinesische Staatskonzerne machen sich Schornsteinkletterer nicht die Finger schmutzig."

Man steht hier noch ziemlich am Anfang. Die im Zuge der Globalisierung entstandenen Strategien der Unternehmen, Gegenstrategien der NGOs und Gegen-Gegenstrategien der Unternehmen werden neue Gegen-Gegen-Gegenstrategien erzeugen. Medien und – ganz entscheidend – auch das Internet werden genutzt und ausgenutzt. Alle Seiten lernen schnell. Es bleibt spannend.

Gerade im Fußball, wo sehr viel Geld fließt, können Medienunternehmer wie Leo Kirch nicht mehr ganz so sicher sein, ihre für Übertragungsrechte ausgegebenen Milliardenbeträge zu refinanzieren. Ob es gelingt, Fußballübertragungen aus dem frei empfangbaren Fernsehen zu verbannen, wenn sich unter den Zuschauern erst Widerstand gegen das Bezahlfernsehen formiert und kreative Aktionen durchgeführt werden? Zumal Politiker nicht frei von Egoismen sind und sich gerne an die Spitze populistischer Bewegungen setzen …

Auch im Fußball wächst die Kluft zwischen Groß und Klein, zwischen Reich und Arm. Dies kann Neid und Widerstand provozieren, von dem man noch nicht ahnt, wo und wie er sich äußern wird. Spitzenvereine wie der FC Bayern, Bayer Leverkusen und Borussia Dortmund tun gut daran, den Bogen des Eigennutzes nicht zu überspannen und die Geduld der Konkurrenten und Fans nicht übermäßig zu strapazieren. „In Holland und Schottland, wo die Meisterschaft seit Jahren nur noch zwischen zwei, drei Vereinen entschieden wird, gehen (..) die Zuschauerzahlen kontinuierlich zurück. Diese Entwicklung sagt Willi Lemke auch der Bundesliga voraus: ‚Wenn die Liga sich in drei Klassen aufteilt, interessiert das die Leute eines Tages nicht mehr.'" (F.A.Z., 01.12.01). Großunternehmen sollten ebenfalls vorsichtig agieren.

Informationsfreiheit

Bürgerbewegungen machen Furore. Sie legen sich mit dem Ölmulti Shell ebenso an wie mit dem Medienmogul Leo Kirch – und setzen sich durch. Sie stören Weltwirtschaftsgipfel und politische Großereignisse in Seattle, Stockholm, Davos und Genua ganz empfindlich. Sie setzen sich über Gesetze hinweg und haben dennoch die Sympathien breiter Bevölkerungsschichten sowie mancher Gesetzgeber auf ihrer Seite. Sie erzeugen Unsicherheit in den Führungsetagen von Wirtschaft und Politik – und das ist gut so. Denn sie bilden eine Gegenmacht zu den Mächtigen, die bislang ungestört Kosten externalisieren und Gewinne internalisieren konnten.

Selbst der Gefahr weltanschaulich nicht neutraler und politisch nicht unabhängiger Medien mit ihrer einseitigen Berichterstattung wird bereits entgegengewirkt. Gruppierungen kritischer und besorgter Journalisten und Wissenschaftler sorgen u. a. mit Hilfe des Internets dafür, dass sich Informationen nicht mehr so leicht zurückhalten lassen und die Öffentlichkeit nicht mehr so leicht manipuliert werden kann. Einige seriöse Beispiele sind

- www.projectcensored.org: Project Censored ist ein Projekt der Sonoma State University in Californien. Es berichtet über Themen, die trotz zum Teil globaler Bedeutung von der Medienberichterstattung weitgehend ausgeschlossen sind.
- www.inthesetimes.org: In These Times ist ein Nachrichtenmagazin, das die wirtschaftliche und politische Demokratie fördern möchte. Es richtet sich „gegen die Dominanz transnationaler Unternehmen und die Tyrannei ökonomischer Werte über menschliche Werte." Dabei werden höchste journalistische Maßstäbe angelegt.
- www.altpress.org: Das Alternative Press Center (APC) verschafft Zugang (hunderte direkter Internet-Links) zu alternativen Presseerzeugnissen, Websites und anderen Auftritten von Umweltschützern, ethnischen und religiösen Minderheiten, Randgruppen, Radikalen usw. in den USA und weltweit, die andere Perspektiven (von moderat über bizarr bis subversiv) zu zeitgenössischen Themen einnehmen.
- www.attac.org: Attac verbindet nach eigenen Worten „Menschen und Organisationen, die für soziale und ökologische Gerechtigkeit im Globalisierungsprozess streiten. Mit über 55.000 Mitgliedern in 30 Ländern ist Attac ein wichtiger Teil der globalisierungskritischen Bewegung. Attac wurde 1998 in Frankreich gegründet. Seit Anfang 2000 gibt es Attac auch in Deutschland als ein breites gesellschaftliches Bündnis, das vom BUND über ver.di und Pax Christi bis zu kapitalismuskritischen Gruppen reicht."

Fazit

Ob man die Globalisierung nun befürwortet oder nicht – sie schreitet voran und ist nicht aufzuhalten. Also muss man sich mit ihr arrangieren. Das schließt nicht aus, dass man sich bemüht, ihr ein humanes Antlitz zu verleihen.

Im Fußball ist sehr gut zu erkennen, was auch in Wirtschaft und Kultur stattfindet. Menschen unterschiedlicher Nationalitäten und Hautfarben sind ein Team, und das ist durchaus im metaphorischen Sinne gemeint. Sie spielen zusammen, gehören zusammen und lernen voneinander.

Eine solche Vermischung überlagert herkömmliche nationale Identitäten. Es gibt nicht mehr die deutsche, die englische, die brasilianische, die japanische

Vereinsmannschaft, sondern Internationalmannschaften, deren Mitglieder in verschiedenen Sprachen kommunizieren. Trotzdem ist ein FC Bayern in München, eine Hertha in Berlin und eine Borussia in Dortmund beheimatet und verwurzelt. Beides gehört zusammen – die Weite und die Nähe.

Das müssen auch Unternehmen begreifen. So kommen Global Player nicht umhin, sich an ihren Standorten sozial zu engagieren, wenn sie als „good corporate citizen" akzeptiert werden wollen. Tun sie dies nicht, laufen sie Gefahr, von Bürgerorganisationen auf die eine oder andere Weise abgemahnt zu werden. Bürgerbewegungen haben nämlich inzwischen erkannt, dass sie etwas bewegen können, wenn sie sich geschickt mit Hilfe moderner Technologien (Internet, Mobiltelefon) und hellhöriger Medien in Szene setzen. Das alles ist recht neu und man kann noch nicht genau sagen, wohin die Entwicklung gehen wird, aber offensichtlich kann keine Seite mehr ungestört schalten und walten. Eine gegenseitige Kontrolle ist notwendig und scheint sich herauszubilden.

Der FC Bayern als internationales Aushängeschild des deutschen Vereinsfußballs hat diesen Ruf und dieses Selbstverständnis in den Jahren 1974 bis 1976 mit drei Siegen im Pokal der Landesmeister begründet. Er ist am Ball geblieben, ständig international präsent gewesen und oft dem Finale oder gar einem Pokalgewinn sehr nahe gekommen. Damit ist er zu einem europäischen Spitzenverein geworden, und als sich eine kleine Gruppe Gleichgesinnter zur G14 formierte, war er mit von der Partie.

Diese Gruppe als Lobby der „Großen" hat Gewicht und kann eigene Interessen, etwa die Umgestaltung von Strukturen, zum eigenen Vorteil durchsetzen, wie die Einführung und Modifikation der Champions League gezeigt hat. Die explodierenden Fernsehgelder sorgten für eine Goldgräberstimmung, in der der FC Bayern seine Claims abgesteckt hat. Damit hat er gezeigt, wie wichtig es ist, Entwicklungen frühzeitig zu erkennen, und welche Einflussmöglichkeiten man hat, wenn man sich den Änderungen nicht verschließt, sondern seine Chance ergreift und von Beginn an gestaltend mitwirkt.

Die Globalisierung hat viele Facetten. Sie birgt Chancen und Risiken. Neue Strukturen entstehen. Sie begünstigen nicht nur große und mächtige Unternehmen oder Organisationen, sondern bieten auch kleinen Unternehmen neue Chancen durch neue Nischen. Neue Technologien und eine für Umweltthemen sensibilisierte Bevölkerung können die regionale Vermarktung bestimmter Waren verbessern.

Die Nachspielzeit

Viele Faktoren sind notwendig, um erfolgreich zu sein. Strategisch gewiefte Führungskräfte können wenig ausrichten, wenn schlechte Arbeitsbedingungen die Mitarbeiter vergraulen. Das beste Marketing ist vergeblich, wenn die Produkte durch miserable Qualität von sich Reden machen. Nur Anstrengungen auf *allen* Ebenen *gleichzeitig* versprechen Erfolg. Alles hängt mit allem zusammen.

Wie jedes Unternehmen hat auch der FC Bayern München einmal klein angefangen. Bei seinem verspäteten Aufstieg in die Bundesliga konnte noch niemand ahnen, welche dominierende Rolle er schon bald übernehmen und über Jahrzehnte beibehalten würde – eine Erfolgsgeschichte ohne Parallele im deutschen Fußball.

Der FC Bayern München hat seine Dominanz und Vormachtstellung über einen langen Zeitraum konstant halten können in einer Branche, die von Wechseln, Transfers und kurzfristigem Medieninteresse geprägt ist. Wie hat es der Verein geschafft, auf dem Platz, hinter den Tribünen, in den Medien und bei den Fans so erfolgreich zu sein?

Die beeindruckenden Erfolge des FC Bayern München haben, wie in diesem Buch herausgearbeitet wurde, in wenigen Stichworten zusammengefasst die folgenden Ursachen:

- *Visionäres Management:* Der Verein verfügt über ein Management, das neue Entwicklungen frühzeitig erkennt und darauf hinarbeitet, sie lange vor der Konkurrenz für den Verein zu nutzen.
- *Praxiserfahrene Vereinsführung:* Die Vereinsführung besteht zum großen Teil aus ehemals herausragenden Fußballprofis, die das Geschäft aus ihrer eigenen Erfahrung kennen. Es sind ehemalige Spieler, die in diesem Verein groß geworden sind, die sich mit ihm identifizieren, für die er wesentlich mehr ist als irgendein Arbeitgeber. Daher ihre besondere Verbundenheit und Motivation.
- *Professionelle Strukturen:* Neben den Fußballpraktikern sind auch ausgewiesene Betriebswirtschaftler an der Führung des Vereins beteiligt. Sie sorgen für angemessene Strukturen und haben den Verein schon früh wie ein Wirtschaftsunternehmen gestaltet und damit bereits umgesetzt, was andere Vereine noch nicht einmal erkannt haben.
- *Personelle Konstanz:* Das langfristige Festhalten an denselben Personen hat es der Vereinsführung ermöglicht, Strategien in aller Ruhe zu verfolgen und ihre Visionen umzusetzen. Ständige Wechsel hingegen hätten zu immer neuen, wechselnden Strategien und beträchtlicher Unruhe geführt.

- *Unabhängigkeit:* Aufgrund ihrer stets aufrecht erhaltenen Unabhängigkeit ist die Führung weitgehend frei in ihren Entscheidungen. Sie muss keine störende Rücksicht auf Partner mit anderen Interessen nehmen.
- *Mut zu unkonventionellen Maßnahmen:* Wenn sie ungewöhnliche Maßnahmen für nötig hält, hat die Vereinsführung auch den Mut, sie zu ergreifen. Dabei achtet sie wenig auf Proteste oder wechselnde Moden und wankelmütige herrschende Meinungen.
- *Menschlichkeit:* Bei allem Streben nach sportlichem und wirtschaftlichem Erfolg zeichnet sich die Vereinsführung durch eine bemerkenswerte Menschlichkeit aus. Sie engagiert sich ständig für wohltätige Zwecke und hat manchen verdienten Spieler nach seiner aktiven Zeit im sozialen Netz des Vereins aufgefangen.

Jeder dieser Punkte lässt sich in Unternehmen umsetzen. Im Weg stehen höchstens Menschen, die sich nicht trauen, oder Strukturen, die bestimmte Verhaltensweisen nicht zulassen. Beides kann man ändern, und wenn nicht von unten her, dann von oben. Das Management ist gefordert.

Die Führung des FC Bayern München wagt es jedenfalls, ihren Weg zu gehen, ihre Vorstellungen zu realisieren. Natürlich muss sie das betriebswirtschaftliche Einmaleins beherrschen, doch das ist nur die selbstverständliche Grundlage, zu der noch einiges hinzukommen muss.

Viele Unternehmen sind zu einem gewissen Grad inhuman. Sie fordern von den Mitarbeitern, sich vorbehaltlos den Gesetzen des Marktes zu fügen, bedingungslos mobil zu sein, ungesunde Arbeitsbedingungen, krank machenden Stress und unfähige Vorgesetzte zu akzeptieren, Familie und Privatleben der Firma zu opfern usw. Sie huldigen dem Phantom Shareholder-Value und interessieren sich derweil nur marginal für Betriebsklima, Lebensqualität und die Gesundheit der Mitarbeiter.

Kein Wunder, wenn manch einer dann vom „Terror der Ökonomie" spricht – was nicht einmal korrekt ist, denn die Missstände sind wohl in der Praxis anzutreffen, nicht aber in der Theorie gefordert. Aus Arbeitsmedizin, Betriebspsychologie, Motivations-, Konflikt- und Gruppenforschung – um nur einige zu nennen – ist bekannt, warum Menschen unter ungünstigen Bedingungen weniger leisten und wie man es besser machen kann. Letztlich ist es aber gleichgültig, welche Sichtweise man hat. Wer humanistisch orientiert ist, für den ist *moralisch nicht haltbar*, wie in vielen Betrieben mit Menschen umgegangen wird. Wer Mitarbeiter als Produktionsfaktoren sieht, für den muss es *ökonomisch untragbar* sein, wie wenig diese gepflegt, wie sie stattdessen „verheizt" werden. Mitarbeiter schlecht zu behandeln ist Führungsversagen.

Beim FC Bayern scheint man es besser zu machen. Zwar werden von den Mitarbeitern Höchstleistungen verlangt, wie sie nötig sind, wenn man ein europäischer

Spitzenverein sein möchte. Aber im Gegenzug tut der Verein *alles*, um seinen Akteuren die Höchstleistungen leicht zu machen. Von der technischen Ausstattung über die medizinische Betreuung bis hin zur Bezahlung stimmt alles. Nur so ist man für Spitzenspieler attraktiv, und das muss man sein, wenn man Spitzenleistungen präsentieren und Erfolge ernten möchte.

Die äußeren Bedingungen stimmen beim FC Bayern. Das Betriebsklima jedoch ist nicht immer gut. Den Unterschied kann man an den Leistungen sehen. In Phasen mit vielen inneren Konflikten ist der Verein *ziemlich* erfolgreich. In ruhigen Zeiten hingegen, wenn „die Chemie stimmt", ist er *sehr* erfolgreich.

Vor einigen Jahren hat Robert Axelrod mit einem spannenden Vergleich zahlreicher ihm zugesandter Strategien gezeigt, welchen Wert Freundlichkeit und Verlässlichkeit haben. In seinem Buch „Die Evolution der Kooperation" ist es beschrieben. Die kürzeste, einfachste und erfolgreichste Strategie war im direkten Vergleich nie besser als eine andere, hat aber in dem Turnier, wo es auf Beständigkeit in unterschiedlichsten Situationen ankam, *alles* gewonnen. Sie kannte nur zwei Regeln: Sei freundlich, aber bestrafe jeden Versuch, dich übers Ohr zu hauen, sofort. Keine andere Strategie, so komplex, raffiniert oder bösartig sie auch gestrickt war, konnte ihr das Wasser reichen.

Menschlichkeit und Entgegenkommen, wenn möglich – Härte und Unnachgiebigkeit, wenn nötig. Das praktizieren Uli Hoeneß, Ottmar Hitzfeld und der FC Bayern München.

Wenn es einen Fußballverein gibt, der selbst denen, die ihn nicht mögen, bei halbwegs fairer Betrachtung Achtung und Respekt abnötigt, weil er einfach gut geführt ist, dann ist es der FC Bayern München.

Wie gesagt – auch dieser Verein hat einst klein angefangen. Dass er so groß geworden ist, hat vor allem einen Grund: Er war besser als die anderen.

Seine Erfolge sind bekannt. Sie sind das Ergebnis guten Managements, dessen Bestandteile in diesem Buch zusammengetragen wurden. So bietet der FC Bayern München Wirtschaftsunternehmen viele Anregungen. Und damit sind jetzt Unternehmer und Führungskräfte an der Reihe, den Ball aufzunehmen und weiterzuspielen.

In der Kabine

Erfolge des FC Bayern München seit seiner Gründung

Münchner Stadtmeister 1902, 1903, 1904, 1905
Münchner Gaumeister 1907, 1908
Süddeutscher Ostkreismeister 1910
Bayerischer Ostkreismeister 1911
Südbayerischer Meister 1915, 1917, 1918, 1920, 1923, 1928, 1929, 1930, 1931, 1932, 1933, 1944, 1945
Bayerischer Ligameister 1926
Süddeutscher Fußballmeister 1926, 1928, 1932, 1965 (Regionalliga)
Süddeutscher Pokal 1957
Deutscher Fußballmeister 1932, 1969, 1972, 1973, 1974, 1980, 1981, 1985, 1986, 1987, 1989, 1990, 1994, 1997, 1999, 2000, 2001
DFB-Pokal 1957, 1966, 1967, 1969, 1971, 1982, 1984, 1986, 1998, 2000
DFB-Supercup 1987, 1990
Ligapokal 1997, 1998, 1999, 2000
UEFA-Cup 1996
Europacup der Pokalsieger 1967
Europacup der Landesmeister/Champions League 1974, 1975, 1976, 2001
Weltpokal 1976, 2001
Deutschlands Fußballer des Jahres: Franz Beckenbauer (1966, 1968, 1974, 1976), Gerd Müller (1967, 1969), Sepp Maier (1975, 1977, 1978), Karl-Heinz Rummenigge (1980), Paul Breitner (1981), Lothar Matthäus (1999), Oliver Kahn (2000, 2001)
Europas Fußballer des Jahres: Gerd Müller (1970), Franz Beckenbauer (1972, 1976), Karl-Heinz Rummenigge (1980, 1981)

Literaturverzeichnis

Axelrod, Robert: Die Evolution der Kooperation – R. Oldenbourg Verlag, München 1988

Bauer, Gerhard/Ueberle, Heiner: Fußball. Faktoren der Leistung, Spieler- und Mannschaftsführung – BLV Verlagsgesellschaft, München 1984

Bausenwein, Christoph: Geheimnis Fußball – Verlag Die Werkstatt, Göttingen 1995

Beckenbauer, Franz: WM 74 – Pamir Verlag, Bern 1974

Berkel, Karl: Konflikttraining – Sauer, 2. Aufl., Heidelberg 1990

Bisanz, Gero/Gerisch, Gunnar: Fußball. Training, Technik, Taktik – Rowohlt, Reinbek 1988

Cohen, Daniel: Fehldiagnose Globalisierung – Campus, 2. Aufl., Frankfurt/New York 1998

Collins, James C./Porras, Jerry I.: Werkzeug Vision – in: Harvard Manager 4/1992, S. 108–118

Eisenkolb, Andreas/Müller-Dalhoff, Gernot: Tatort Betrieb – Haufe, Freiburg/Berlin/München 1999

FC Bayern München (Hrsg.): 100 Jahre FC Bayern München – powerplay-Verlag, Berlin 2000

FC Bayern München (Hrsg.): Die Meister-Chronik 1999/2000 – Sportverlag Berlin, Berlin 2000

Forrester, Viviane: Der Terror der Ökonomie – Paul Zsolnay Verlag, Wien 1997

Gebert, Diether: Arbeitsgruppe – in: Gaugler, Eduard/Weber, Wolfgang (Hrsg.): Handwörterbuch des Personalwesens – Poeschel Verlag, 2. Aufl., Stuttgart 1992, S. 120–129

Glasl, Friedrich: Konfliktmanagement – Verlag Paul Haupt, Bern 1990

Grunwald, Wolfgang: Führung in der Krise: Rückbesinnung auf die Tugend-Ethik – in: io Management Zeitschrift Nr. 9/1993, S. 34–40

Grunwald, Wolfgang: Wie man Vertrauen erwirbt: Von der Misstrauens- zur Vertrauensorganisation – in: io Management Zeitschrift Nr. 1-2/1995, S. 73–77

Grunwald, Wolfgang/Rudolph, Hagen: Qualifikation von Spitzenkräften: Was erfolgreiche Manager auszeichnet – in: Würtele, Günther: Lernende Elite – Gabler Verlag/F.A.Z., Wiesbaden/Frankfurt 1993, S. 195–220

Hammer, Michael/Champy, James: Business Reengineering – Campus, 2. Aufl., Frankfurt am Main/New York 1994

Hentze, Joachim/Brose, Peter: Unternehmensplanung – Paul Haupt, Bern/Stuttgart 1985

Hirschman, Albert O.: Abwanderung und Widerspruch – Mohr Siebeck, Tübingen 1974

Imai, Masaaki: Kaizen – Langen Müller/Herbig, 9. Aufl., München 1993

Koslowski, Peter (Hrsg.): Shareholder-Value und die Kriterien des Unternehmenserfolgs – Physica-Verlag, Heidelberg 1999

KPMG Consulting (Hrsg.): Shareholder-Value-Konzepte – Frankfurt am Main 2000

Krüger, Wolfgang: Teams führen – STS-Verlag, Planegg 2000

Leibfried, Kathleen H. J./McNair, Carol Jean: Benchmarking – Haufe, Freiburg i. Br. 1993

Lindner, Rolf (Hrsg.): Der Satz „Der Ball ist rund" hat eine gewisse philosophische Tiefe. – Transit Buchverlag, Berlin 1983

Marr, Rainer: Kooperationsmanagement – in: Gaugler, Eduard/Weber, Wolfgang (Hrsg.): Handwörterbuch des Personalwesens – Poeschel Verlag, 2. Aufl., Stuttgart 1992, S. 1154–1164

Neuberger, Oswald: Führen und geführt werden – Enke, 3. Aufl., Stuttgart 1990

Neue Zürcher Zeitung (Hrsg.): Shareholder value. Schwerpunkt-Dossier der NZZ – Zürich 1996

Olson, Mancur: Die Logik des kollektiven Handelns – Mohr Siebeck, 4. Aufl., Tübingen 1998

Peters, Thomas J./Waterman, Robert H.: Auf der Suche nach Spitzenleistungen – mvg-Verlag, 3. Aufl., München 1991

Porter, Michael E.: Wettbewerbsvorteile – Campus Verlag, 3. Aufl., Frankfurt am Main/New York 1992

Porter, Michael E.: Wettbewerbsstrategie – Campus Verlag, 8. Aufl., Frankfurt am Main/New York 1995

Rudolph, Hagen: Erfolgsfaktoren japanischer Großunternehmen – Campus Verlag, Frankfurt am Main/New York 1996a

Rudolph, Hagen: Erfolg von Unternehmen – Plädoyer für einen kritischen Umgang mit dem Erfolgsbegriff – in: Aus Politik und Zeitgeschichte (Beilage zur Wochenzeitung Das Parlament) B 23/96 vom 31. 5. 1996b, S. 32–39

Rudolph, Hagen: Flexibilisierung von Arbeitszeiten als Mittel zur Verbesserung der eigenen Wettbewerbsposition – in: Knauth, P./Wollert, A. (Hrsg.): Human Resource Management, 11. Ergänzungslieferung, Juli 1998, Teil 6.3.4, S. 1–38

Schulze-Marmeling, Dietrich: Die Bayern – Verlag Die Werkstatt, Göttingen 1997

Schwarz, Gerhard: Konfliktmanagement – Gabler, Wiesbaden 1990

Simon, Hermann: Die heimlichen Gewinner (Hidden Champions) – Campus, 4. Aufl., Frankfurt am Main/New York 1997

Sprenger, Reinhard K.: Mythos Motivation – Campus, 9. Aufl., Frankfurt am Main/New York 1995

Stengel, Martin: Psychologie der Arbeit – Psychologie Verlags Union, Weinheim 1997

Streeck, Wolfgang: Korporatismus in Deutschland – Campus, Frankfurt am Main/New York 1999

Womack, James P./Jones, Daniel T./Roos, Daniel: Die zweite Revolution in der Autoindustrie – Campus, 6. Aufl., Frankfurt am Main/New York 1992

Websites

Neben gedruckten Presseerzeugnissen (Quellenangaben im Text) habe ich auch die Onlinedienste namhafter Zeitungen und Zeitschriften sowie Unternehmen und anderer Organisationen genutzt. Hier ihre Internet-Adressen (auch wenn sie sich zumeist fast von alleine ergeben):

www.allianz.com = Allianz

www.altpress.org = Alternative Press Center (APC)

www.attac.org = Association for the Taxation of financial Transactions for the Aid of Citizens (Netzwerk zur demokratischen Kontrolle der internationalen Finanzmärkte)

www.autostadt.de = Volkswagen Autostadt

www.basf.de = BASF-Gruppe

www.bundesliga.de = Die Bundesliga

www.daimlerchrysler.de = DaimlerChrysler AG

www.dfb.de = Deutscher Fußball-Bund (DFB)

www.faz.de = Frankfurter Allgemeine Zeitung, FAZ.NET

www.fcbayern.de = FC Bayern München e.V.

www.fielmann.de = Fielmann AG

www.fifa.com = Internationaler Fußballverband (FIFA)

www.greenpeace.de = Greenpeace

www.hypovereinsbank.de = HypoVereinsbank

www.inthesetimes.org = Nachrichtenmagazin In These Times

www.kicker.de = kicker Sportmagazin, kicker Online

www.octagon.com = Octagon

www.opel.de = Adam Opel AG

www.otto.de = Otto Versand

www.Pro1530.de = Protestbewegung „Pro 15:30“

www.projectcensored.org = Project Censored, ein Projekt der Sonoma State University in Californien

www.sid.de/vid = Informationsservice der ARAG Sportversicherung (Düssel dorf) in Zusammenarbeit mit dem Sport-Informations-Dienst sid (Neuss)

www.siemens.de = Siemens AG

www.spiegel.de = Der Spiegel, Spiegel Online

www.sport1.de = Sat 1/ran, DSF, Sport-Bild

www.sueddeutsche.de = Süddeutsche Zeitung, SV Online

www.tsv1860.de = TSV München von 1860 e.V.

www.uefa.com = Europäischer Fußballverband (UEFA)

www.volkswagen.de = Volkswagen AG

www.welt.de = Die Welt, Welt am Sonntag

www.wiwo.de = WirtschaftsWoche, WirtschaftsWoche heute (Online)

www.zdf.de = Zweites Deutsches Fernsehen, zdf.online

Den Autor dieses Buches erreichen Sie über folgende Mailadresse:

E-Mail: Dr.Hagen.Rudolph@t-online.de